本书为2019年度中央宣传部宣传思想文化青年英才自主选题资助项目——"数字出版理论体系重构"研究成果。

智能出版

现代出版技术原理与应用

张新新◎著

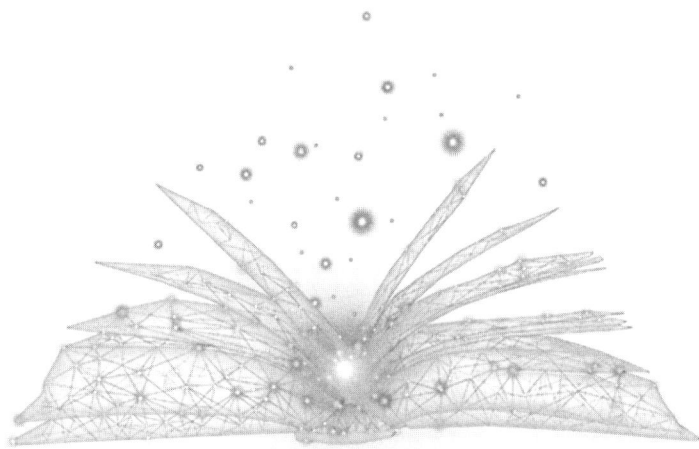

人民出版社

自序：变革时代之数字出版——智能出版之前身与由来

马克思指出："我们判断这样一个变革时代也不能以它的意识为根据；相反，这个意识必须从物质生活的矛盾中，从社会生产力和生产关系之间的现存冲突中去解释。"[①] 从宏大时代背景来看，我们身处百年未有之大变局，理念之革新、实践之创新、制度之更新，时刻在给予考验。考验的对象不仅包括单独的个体，还包括企业，以及一个个产业。现代信息技术革命的飞速发展，互联网、移动互联网的不断迭代，不断变革着人们的思维方式、工作方式和生活方式。

"尝一脔肉，而知一镬之味，一鼎之调"。处于变革时代的数字出版，经历了音像出版、电子出版、网络出版、手机出版、知识服务等多种业态，走过了复制化、数字化、碎片化、数据化、智能化的不同历程，跨越了转型升级、融合发展、深度融合的不同阶段。变化的是数字出版的不同产品形态、不断技术迭代、不停人事更迭，不变的是所坚守的出版导向、双效统一的效益观以及前沿技术的赋能价值等。

"我们不停地走着，不停地走着的我们也成了一处风光。走向远方，从少年到青年，从青年到老年，我们从星星走成了夕阳。"[②] 数字出版，自概念之源起，列入国家级规划，迄今已16年。一代人赶上了开头，一代人赶上了发展，一代人赶上了繁荣，还有一代人在期待着未来。最早一批数字出版的启蒙人，很多已经纷纷离开了工作岗位或是退居二线，但是他们

[①] 《马克思恩格斯选集》（第二卷），人民出版社2012年版，第3页。
[②] 汪国真：《走向远方》，《作文》2018年第9期。

1

在数字出版发展史上所做出的有益尝试和杰出贡献，是有目共睹的，是世所公认的。他们揭开了出版业发展史上的一页辉煌篇章。

从生产力与生产关系的辩证视角来看，数字出版代表着新的生产力，旨在变革生产关系，用网络化、数字化、智能化的技术实现对传统出版流程进行重塑，实现出版产品与服务的数字化、智能化供给，通过变革出版业内部流程和外部业态，来不断满足人民日益增长的美好精神生活需要。科学技术是第一生产力，以技术赋能为显著特征的数字出版，自然是把"第一生产力"内化于自身，进而涌现出数字图书馆、出版大数据、出版知识服务、AR 出版物、5G 数字出版物等一系列代表着先进生产力的数字出版产品与服务。而旨在图书产品和数字出版产品一体化策划、协同化生产、同步化上市的数字出版生产管理系统的研发和应用，进而更加有效地服务于出版从业者本身，服务于出版产业链各环节，则一直是数字出版人孜孜不倦的追求与理想。

在数字出版发展史上，党和政府主导作用，是数字出版得以蓬勃发展的先导动力。数字出版的宏观调控体系得以建立健全，规划调控、财政调控、税收调控、标准规范等多种调控手段综合作用于新兴的数字出版业，成为数字出版提质增效、高质量发展的引导力和驱动力。在党和主管部门的规划调控体系中，坚持马克思主义在意识形态领域指导地位根本制度，坚持主题出版、精品出版、融合出版的发展方向，是数字出版高质量发展的根本制度保障和正确方向。财政调控体系以项目为重点，以中央文化企业国资预算规划支持和地方财政文产资金为主要抓手，始终坚持将数字出版及其不同的发展阶段——转型升级的初级阶段、融合发展的较高阶段——作为重要的扶持方向和支持内容。"十二五"期间，"基础软硬件改造、特色资源库、行业级运营平台"三步走的出版转型战略，累计投入了190 个项目、20.39 亿元的财政资金，撬动社会资金、地方资金 30.34 亿元，为传统出版和新兴出版融合发展奠定了扎实的产品、技术、人才基础，实现了新闻出版企业在产品研发、技术革新、人才建设、效益转型方面的优化升级。"十三五"期间，落实国家重点文化发展战略、推进文化领域供给侧结构性改革、调整文化领域国有资本布局结构成为中央文化企业国有资本经营预算金的支持重点方向，每年动辄以十多亿元的资金予以重点扶持。

在数字出版历程中，市场机制在配置资源中，由基础性作用上升到决定性作用。数字出版的顶层设计不断优化，体制机制不断创新，发展模式由部门制纷纷转为公司制，并走向了"出版+高新技术企业"的快车道。包含着数字出版产品体系、技术体系、营销体系的数字出版市场调节体系逐步形成，并在提质增效、高质量发展中扮演着日渐重要的角色。数字出版的产品体系不断完善，数字出版产品已不再局限于原有的音像出版物、电子书、数字图书馆，而是呈现出更加丰富、更加多元、更加便捷的发展特点：出版大数据、知识服务、AR 图书、智能机器人+阅读、出版+人工智能等多形态多终端多平台的数字出版产品体系渐成规模。数字出版技术体系不断创新：采取"拿来主义"的原则，注重转化运用的方式，不断将知识服务技术、人工智能技术、大数据技术、增强现实与虚拟仿真技术、5G 技术的应用原理运用于新兴出版业态，不断探寻这些高新技术的应用场景。数字出版营销体系不断成熟：B2B、B2G 商业模式成为国有数字出版企业创收盈利的主要模式，B2C 商业模式的用户规模和消费转化率不断扩大和提高，数字出版整体产值已逼近万亿元大关，国有数字出版产值突破2000 万元的企业，如雨后春笋不断涌现。

在数字出版生态圈演进过程中，伴随着宏观调控和市场调节实践日臻丰富，数字出版的理论创新趋势也在同步强化，理论自省、理论自觉、理论自足促使着数字出版从业者思考、研究数字出版基本概念、指导思想、基本属性、发展阶段、介质演变、功能定位和话语体系等基础理论体系问题。作为出版学所属的二级学科，数字出版理论体系建构存在的问题有：其一，本位主义：各院校往往基于学科优势而设置数字出版课程，课程名称尽管一致，但是课程内容大相径庭；其二：实践脱节：存在坐而论道的特点，较少关注前沿实践发展，较少关注国家宏观调控趋势；其三，体系不周延：大部分数字出版基础或数字出版学的内容体系不能形成闭环，未能完全反映数字出版的意识形态属性、文化属性、产业属性、技术属性，而是更多聚焦于产业层面，即便是产业层面研究，也没有对数字出版产品、技术、项目、营销、管理形成完整链条论述。鉴于此，以"数字出版理论自足"为主要的研究视角，立足数字出版调控、规制和学理的宏观布局，对于数字出版领域的理论体系进行重新梳理，打破以往叙事模式和研究框架，可重新定义数字出版理论体系，构建：（1）数字出版基础理论："本体论、意识论、价值论、规范论、运行论"在内的数字出版基础理论体系；（2）数字出版宏观调控体系："规划调控、财政调控、税收调控、价格调控、标准调控"等在内的数字出版宏观调控体系；（3）数字出版市场调节体系："产品体系、技术体系、营销体系、管理体系、制度体系、人才体系"在内的数字出版市场调节体系。

回溯过往，自从事数字出版工作已整十年，十年前的"五一"节后，正式调整至数字出版领域工作。十年内，于数字出版发展而言，可谓沧海桑田：经历过"十二五"期间辉煌的文产资金支持时期，欣喜过 ISLI 国际标准正式通过，历经政府主管部门机构改革，亲历了出版企业对数字出版的两重天态度，参加过数字出版研修战略班，亲身见证了所在单位数字出版企业从无到有、从小到大、成为国家高新技术企业的发展历程，而今，又将迎着融资扩股，甚至是上市的方向前行。

十年的职业生涯，且存些许感悟：数字出版作为出版业转型的未来，作为新兴出版的最主要业态，作为现代出版业的有机组成部分，作为出版融合的半壁江山，是每个出版企业都应该认真进行战略规划、组织强有力的队伍去钻研和推进的，是新时代出版业必须完成的时代答卷。战略层面，应该及时优化顶层设计，进行战略调整，将数字出版作为重要战略组成，在人力、物力、财力等方面重点予以投入和支持；而不能视之为战略后备或战略补充，否则，融合出版将无法推进，出版业将仍然是图书出版唱独角戏的舞台。战术层面，在企业内部，应保持战略定力，久久为功，多一些耐心、宽容心，营造出鼓励、包容新兴出版的企业文化氛围，优先确立做大做强数字出版主业的导向，不宜过于短视，追求眼前的利益，甚至是围绕项目、股权、绩效采取杀鸡取卵、涸泽而渔的做法。随着出版业宏观调控站位更高、力度更大，更加注重管方向、管资本、管人事，调控的科学性、合理性更加彰显，那些真正抓住时代机遇、赶上数字经济风口的出版企业将在下一轮竞争中脱颖而出，布局未来五年，制胜下一个十年。

数字出版的未来，

属于那些视野长远、格局宏大的出版企业，

属于那些格物致知、与时俱进、夙夜在公、治企有方的数字出版人。

张新新

2020 年 5 月 4 日于丰台·恒泰

目　录

绪 论

在"十三五"期间，一批数字出版资深专家曾就未来出版，提出四大重点领域：智能出版、知识服务、在线教育和全版权运营。其中，智能出版是最具前瞻性、战略性的方向。那么，什么是智能出版？

智能出版，是数字出版发展的高阶段，是将智能化的数字技术应用于出版产业链的结果，是出版业内部流程和外部产品都呈现出自动化、智能化特点的出版新模式、新阶段与新业态。以下是关于智能出版的场景描述：

以5G、区块链、人工智能等技术为支撑，建立健全众智众创、协同创新的生产管理流程，提高数字内容生产、流程管控、发行传播的智能化水平，研发、应用和推广支持智能选题策划、智能审校、智能排版、智能印刷、智能发行等技术工具集，研发支持战略研判、决策的智能化管理集成平台，研发为用户提供智能化服务的集成平台，提供智能化的精神文化产品和服务，全面提升新闻出版业的数字化、数据化和智能化水平。

一、智能出版研究背景

智能出版对数字技术的应用，采取"拿来主义"的方法，无论是5G技术、区块链技术，还是人工智能所属的大数据、增强现实、虚拟现实、知识服务、语义分析等技术，都可以为智能出版所用。

关于人工智能 具体来讲，2018年出版管理体制发生巨大变革，中央文化企业的公司制改制落下大幕，新闻出版机构改革一锤定音；这一年，新闻出版事业与产业的协同发展正式提上日程，事业属性在产业属性的基础上被着重强调；这一年，转型升级、融合发展之后，数字出版的提质增效刻不容缓地摆在出版人面前，新旧动能转换、推动高质量发展成为数字出版的当务之急；这一年，由人工智能统领的新闻出版大数据、知识服务、智库建设、增强现实、虚拟现实等新业态蓬勃发展。

随着科学技术的快速发展，人工智能已经深入到经济社会的多个领域，作为新一轮产业变革的核心驱动力，必将重构生产、分配、交换、消费等经济活动各环节。但就人工智能整体发展水平而言，目前仍处于弱人工智能/限制领域人工智能的发展阶段，仅在个别领域达到了强人工智能的发展阶段。人工智能所积蓄的巨大能量还没有完全释放，其推动产业变革、重塑产业生态的价值还没有充分实现，对于新闻出版业而言是一次难得的机遇。

2017 年 7 月，国务院发布《新一代人工智能发展规划》，明确了人工智能进入新阶段，将人工智能定位为国际竞争的新焦点、经济发展的新引擎和社会建设的新机遇。人工智能的加速发展，正在引发链式突破，推动经济社会各领域从数字化、网络化向智能化加速跃升。《新一代人工智能发展规划》规定了八项关键共性技术，其中有六项关键共性技术与新闻出版业紧密相关，包括知识计算引擎与知识服务技术、跨媒体分析推理技术、群体智能关键技术、虚拟现实智能建模技术、自主无人系统的智能技术、自然语言处理技术；所涉及的新闻出版业态包括 AR 出版、VR 出版、知识服务、复合出版流程再造、新闻出版大数据、智能机器人应用等。

当前，国内外传统出版企业也在积极探索"人工智能+出版"新模式。国外出版业以"作家"人工智能技术平台的 Wordsmith 为代表，雅虎、《福布斯》及《纽约时代》等企业机构都有所应用；国外的书呆网、阿歇特出版集团等大中型出版社，都尝试了通过人工智能进行文学创作；国外的里德·爱斯唯尔出版集团、施普林格科学与商业媒体集团等专业出版商，通过研发分析技术推动客户数据的智能化和知识数据的可视化。国内的新华社于 2015 年 11 月启用机器人写稿系统"快笔小新"，同时为体育部、经济信息部和中国证券报供稿。2017 年 8 月 8 日，四川九寨沟发生 7.0 级地震，中国地震台网机器人率先用时 25 秒完成全球首条地震速报，震惊新闻出版业。以"今日头条"为代表的资讯类平台通过人工智能技术，实现了为用户实时推荐其感兴趣的新闻报道。2018 年 11 月 7 日，在乌镇的世界互联网大会上，搜狗以新华社主播邱浩为原型，和新华社合作开发了全球第一个"AI 合成主播"，并在大会上隆重推出。2020 年 5 月，两会召开之际，新华社以记者赵琬微为原型，推出了全球首个 3D AI 主播"新小微"，同时首次采用 5G 全息异地投影同屏的方式，讲述全国人大代表履职的情况。

目前实现的机器撰稿、新闻推荐、增强现实、智能机器人等技术应用范围越来越广，但是并没有对新闻出版业产生颠覆性的改革，包括流程再造、内容重塑、业态创新、大范围高新技术的应用、传统生产方式的变革以及传统出版业态的智能化改造等；也没有专门机构、专职人员长期致力于人工智能对新闻出版业发展的专项研究。展望未来，人工智能对新闻出版业来说是一次重要的战略机遇，出版的数字化、数据化、智能化研究值得深入开展和纵深推进。

关于 5G 技术　2019 年是 5G 元年，5G 已经成为社会各行各业热衷探讨的热门话题，相信将会成为 2019 年度媒体十大流行语之一。"4G 改变生活，5G 将改变社会"，5G 时代的到来，必将带来一场影响深远的变革。5G 技术作为新一代移动通信技术，将会成为 2020 年以后移动通信的主要发展方向和主体内容。

5G 技术的国际发展态势，主要包括：（1）标准研制："全球移动通信标准化组织 3GPP 已经在 2016 年开始 5G 标准预研，R15 的标准化工作于 2017 年正式展开，致力于推出第一套 5G 标准。"[①] 中国已经成为 5G 全球标准的重要主导者，"全球 5G 标准立项通过的中国有 21 项、美国 9 项、欧洲 14 项、日本 4 项、韩国 2 项"[②]。（2）业务场景：国际电信联盟无线电通信局定义了 5G 典型的业务场景：增强型移动宽带、大规模机器通信

---

① 杨骅：《全球 5G 标准、频谱规划与产业发展素描》，《中国工业和信息化》2018 年第 5 期。

② 项立刚：《5G 时代：什么是 5G，它将如何改变世界》，中国人民大学出版社 2019 版，第 126 页。

以及超可靠、低时延通信。以数字视听为首的诸多新业务将在 5G 条件下得以重塑和变革。（3）国际竞争战略布局：发达国家加速将 5G 技术迭代应用于网络视听领域的趋势日渐显性化。美国最早实现视听新媒体产业跨界发展，目前正在布局 5G、抢占先机方面积极发力。2017 年，法国视频游戏市场增长 18%，创下了 43 亿欧元的创纪录销售额[①]。2018 年上半年，德国视频游戏市场销售额增长 17%[②]，拥有 4430 万名游戏玩家，超越英国成为欧洲最大的视频游戏市场[③]。2019 年，韩国电信运营巨头 SK Telecom 将其移动视频服务平台升级为 Oksusu Social VR 内容平台，并推出在 12K 超宽屏上观看 VR 视频的服务。

5G 技术在数字内容产业的国内发展态势包括：（1）新闻出版业：5G 技术的应用和推广，对新闻传播领域的作品生产能力、传播能力和监管能力都提出了新的要求；5G 技术的普及和泛在，将有助于数字视听产品、AR 出版、VR 出版、新闻出版大数据、知识服务、电视数字图书馆等新兴出版的创新与发展。5G 为新闻出版业带来战略机遇的同时，也对政策调控、标准研制、队伍建设、内容监管等带来了一系列的挑战。（2）网络视听产业链："5G 技术的出现、应用和普及，将分别在内容生产、产品形态、用户体验和营销体系等方面推动数字出版、数字视听领域产业性新变革。"[④]（3）网络视听新业务：5G 技术将全面赋能网络视听新业态，创新业务布局："5G 将驱动超高清采集，消费终端实现链接；依靠 5G+云计算等技术，实现素材云编辑；5G 助力新的应用场景，解决 VR、AR 等技术应用问题；将支撑 8K 超高清视频业务的加速发展"[⑤]。第一梯队网络视听

---

① Union of Video Game Publishers, "The Video Game Market Grew 18% in France and Posted Record Sales of 4. 3 Billion Euros", http：//www. sell. fr/sites/default/files/press_release_french_market_ report_sell_feb18. pdf.

② Puppe M, "Deutscher Games‐Markt wächst im ersten Halbjahr um 17 Prozent", https：// www. game. de/blog/2018/08/15/deutscher-games-markt-waechst-im-ersten-halbjahr-um-17-prozent/.

③ Newzoo, "Germany Games Market", https：//newzoo. com/insights/infographics/germany- games-market-2018/.

④ 张新新、陈奎莲：《坚持出版导向，引领 5G 时代数字出版新变化》，《出版发行研究》2020 年第 3 期。

⑤ 许惟一、贾子凡：《5G 时代 技术全面赋能网络视听》，《国际商务周报》2019 年 12 月 31 日。

企业正在加强与科技、演艺等业态紧密合作，"网络视听＋"的产业生态圈正在形成。① 爱奇艺布局 Zoom AI 视频增强解决方案、5G＋8K＋VR 直播系统；芒果 TV 设立实验室，发力智能影像视觉、AR/VR、5G 全息等领域；咪咕视讯成立上海 5G 超高清视频产业联盟。2020 年在新冠疫情防控中，武汉医院系统已经实现了 5G 全覆盖，成功实施了远程医疗视频会诊。

关于区块链技术　我国政府主管部门高度重视区块链技术在技术和产业变革中的重要作用，国务院《"十三五"国家信息化规划》《新一代人工智能发展规划》《关于积极推进供应链创新与应用的指导意见》等多个调控政策都提到区块链，工信部、商务部、教育部等多部委密集出台的政策中也均涉及区块链。关于单独的区块链政策，早在 2016 年 10 月，工业和信息化部信息化和软件服务业司、国家标准化管理委员会工业标准二部联合指导发布了《中国区块链技术和应用发展白皮书（2016）》，阐明政府对于区块链技术的态度："积极探讨推动区块链技术和应用发展"②。2018 年 5 月，工业和信息化部信息中心主编发布了《2018 年中国区块链产业白皮书》，指出："区块链作为一项颠覆性技术，正在引领全球新一轮技术变革和产业变革，有望成为全球技术创新和模式创新的'策源地'，推动'信息互联网'向'价值互联网'变迁。"③ 国家网信办于 2019 年 1 月发布《区块链信息服务管理规定》，2019 年 3 月 30 日发布了"第一批共197 个境内区块链信息服务名称及备案编号"，2019 年 10 月 18 日发布了"第二批共 309 个境内区块链信息服务名称及备案编号"④，规定"区块链信息服务者应当在其对外提供服务的互联网站、应用程序等显著位置标明备案编号"⑤。2019 年 10 月 24 日，中共中央政治局就区块链技术发展现状和趋势进行集体学习。中共中央总书记习近平在主持学习时强调："区块

---

①　赵京文：《网络视听内容发展的现状、特点与趋势传媒》，《传媒》2019 年第 14 期。
②　工业和信息化部：《中国区块链技术和应用发展白皮书（2016）》，《中国区块链技术和产业发展论坛》2016 年。
③　工业和信息化部：《2018 年中国区块链产业白皮书》，2019 年。
④　国家互联网信息办公室：《国家互联网信息办公室关于发布第一批境内区块链信息服务备案编号的公告》，2019 年 3 月 30 日。
⑤　国家互联网信息办公室：《国家互联网信息办公室关于发布第一批境内区块链信息服务备案编号的公告》，2019 年 3 月 30 日。

链技术的集成应用在新的技术革新和产业变革中起着重要作用。我们要把区块链作为核心技术自主创新的重要突破口，明确主攻方向，加大投入力度，着力攻克一批关键核心技术，加快推动区块链技术和产业创新发展。"① 自此，区块链技术已上升到国家战略层面，迎来了发展的最强风口。此后，区块链作为 2019 年度十大网络流行语，持续掀起社会热潮，并在国民经济各行业都引起了思考和关注，新闻出版业也不例外。

区块链技术在新闻出版业的应用场景包括：新闻溯源、版权保护、选题策划、编校印发、知识服务、新闻出版大数据和新闻出版智库建设等。2020 年 6 月，《区块链技术在版权保护中的应用技术要求——文学、图片作品》行业标准，作为第一项新闻出版领域的区块链行业标准也正式获批立项。

二、智能出版研究的目的和意义

"无行业不 AI，无应用不 AI，无芯片不 AI"。人工智能时代的来临，对新闻出版业的各个方面、各种业态都将产生深刻影响，对出版业的理念、制度和实践都将进行颠覆性的变革。人工智能对新闻出版业最大的启迪在于智能出版流程再造与新闻出版智能产品服务，这是新闻出版业数字化转型升级应有之义，也是传统出版与新兴出版融合发展的必然要求。

在新闻出版业内部流程智能再造方面：通过运用各种智能算法，在群体智能、大数据智能、混合增强智能的理念指导下，开展人工智能与新闻出版业发展研究，形成课题研究报告并在出版业进行推广运用。出版企业可以基于人工智能技术面向用户提供智能化服务的集成平台。通过研发、应用和推广支持智能选题策划、智能审校、智能排版、智能印刷、智能发行等技术工具集，一键定制，自助程度高，费用低，操作方便、便捷，降低成本，作品传播范围广、传播时间久，作品及作者影响力显著提升，销售利润对作者透明分成，回报率高。

---

① 中共中央政治局：《习近平主持中央政治局第十八次集体学习并讲话》，2019 年 10 月 25 日。

在新闻出版业对外提供智能服务方面：数据将被作为智能时代的能源和生产要素，大数据技术将全面作用于新兴出版的各种形态，包括在线教育、知识服务和 AR 出版等。机器人写作、机器人主播、内容推荐等技术在新闻业的应用将会不断加强；出版的智能化升级将会推进知识计算引擎的研发和智能知识服务的提供，并进一步催化出各个行业的知识解决方案；AR、VR 智能出版将以智能建模作为新的突破口，聚焦于虚拟对象行为的智能化、社交化和交互性；智能教育将会体现在智能教育助理、智能教育机器人以及在线教育的智能化等方面；随着人工智能产业升级，智能机器人、增强现实和虚拟现实的标准体系亟待健全和完善，同时，版权的碎片化、版权的复合性问题以及网络监管的复杂性会得到法律层面的回应。

三、智能出版研究内容与方法

智能出版的研究应聚焦于将数字技术与出版产业环节相结合，在学懂、弄通数字技术原理的基础上，找寻大数据、人工智能、区块链、5G 技术等在出版产业的应用场景。

（一）研究内容

本书由九个部分组成，开篇对研究背景、目的及意义做了介绍，之后对人工智能与我国新闻出版业转型升级的发展现状进行了梳理，分析研究了人工智能作用于新闻出版业内部与外部的原理及意义，并对人工智能在新闻出版业的发展提出建议与展望。报告主要包括以下五个部分内容：

第一部分是绪论。主要介绍了此次研究的背景、目的与意义、研究内容与方法。

第二部分（第一章）是我国新闻出版业转型升级历程回顾。主要介绍新闻出版业转型升级的概念、特征、本质以及数字化、碎片化、数据化和智能化四个发展阶段。

第三部分（第二章）是现代出版技术概论。介绍了数字技术、人工智能、区块链、5G 技术等现代技术的概念、特征、技术原理等，并着重介绍了几种技术之间的联系与区别。

第四部分（第三章）是人工智能作用于新闻出版业的内部流程原理。论述了人工智能各项技术、业态和模式作用于出版产业链所形成的智能选题策划、智能编辑加工、智能校对、智能发行、智能印刷等智能化流程再造。

第五部分（第四、五、六章）是人工智能在新闻出版业的应用场景。选取了新闻出版大数据建设、智能 AR 出版、智能 VR 出版、机器撰稿与新闻推荐、知识服务与知识计算、机器学习等场景，进行案例解读和分析。

第六部分（第七章）介绍了 5G 技术在新闻出版业的应用原理与场景。包括对出版流程内部的变革，以及对外部提供智能化产品服务的内容。

第七部分（第八章）介绍了区块链技术在新闻出版业的应用原理与场景。具体包括区块链技术的基础架构、技术原理以及在新闻出版业的应用场景。

第八部分（第九章）介绍了智能机器人在知识服务中的应用场景。对机器人的由来以及最新发展、应用原理、应用场景等内容做了较为全面细致的阐述。

最后一部分（第十章）介绍了如何迎接智能出版，如何应用现代技术。在市场侧提出了出版转型体系，在政府侧介绍了出版调控体系，并针对智能出版提出了政策资金、标准规范、人才培养、法律法规四个方面的具体对策建议，最终提出"现代出版技术原理与应用作为数字出版理论体系重构的重要组成部分"这一命题。

（二）研究方法

数字出版方法论一直是学界和业界悬而未决的问题，也是需要通过艰苦的理论钻研和实践总结才能打通的重要关口，是数字出版基础理论体系的重要组成部分。本书对方法论的论述停留在具体的研究方法运用方面，尚不能上升到方法论体系的构建高度。本课题研究采用的方法主要有实地调查法、文献研究法、问卷调查法。

实地调查法 深入到从事人工智能研究的国内外一线科技公司进行调

研，实地了解当前人工智能与新闻出版的应用情况。

文献研究法 综合搜集国内外针对人工智能在出版业应用的研究成果，对其进行系统梳理和归纳。

问卷调查法 对从事该行业的科技公司技术人员和报社、出版社、期刊社相关人员发放问卷，了解其研究情况和观点。

信息分析法 通过学术交流和讲座的形式，搜集业内前沿学术观点和研究成果，进行分析优化。先后赴南京大学出版研究院、广东机器人协会、河北地质大学、四川省委宣传部、江苏凤凰出版集团、贵州出版集团、广东出版集团、北京印刷学院、上海理工大学、上海出版传媒学院、广东高等教育出版社、广东教育出版社、广东科技出版社等数十家单位进行了学术交流、观点采集和理论研讨。

第一章　我国新闻出版业转型升级历程回顾

智能出版的发展，先后经历了数字化、碎片化、数据化和智能化四个发展阶段，每个阶段的典型业态、代表性产品和发展特征都有所不同，既体现了智能出版的客观性、继承性特点，也反映出智能出版的阶段性、扬弃性规律。

第一节　我国新闻出版业转型升级的概念与特征

文化产业转型升级，即文化向着更有利于经济、社会繁荣的方向发展。文化产业转型升级的途径有很多种，包括技术升级、管理升级和市场升级等等，新闻出版数字化转型升级正是其中重要一环。

一、新闻出版业转型升级的概念

新闻出版转型升级的内涵即运用新技术，挖掘新业态，优化生产要素，重塑生产流程，赋能新闻出版，改造传统出版动能，强化网络空间话语权，协同推进数字出版产业发展与事业的提升。其外延包含：产品数字化转型升级、技术数字化创新应用、流程数字化转型升级、销售渠道的数字化转型升级以及人员素质的数字化转型升级。其中，产品的数字化转型升级是指由传统纸质图书产品升级为数字化产品，包括电子书、数据库、知识库、大数据产品、MOOC（Massive Open Online Courses，大型开放式网络课程)、SPOC(Small Private Online Course,小规模限制性在线课程)等数字产品;技术的数字化创新应用是指将一系列高新技术应用到新闻出版业的过程,也就是技术赋能出版的过程,包括互联网技术、移动互联网技术、知识服务、增强现实、虚拟现实、大数据、人工智能等;流程的数字化转型是指建构和完善一套能够同时支撑图书产品和电子书、数据库等数字产品一体化生产、制作和上线的复合型生产管理流程;销售渠道的数字化转型升级是指将传统图书销售渠道转化为数字化产品销售渠道以及独立建构数字产品销售渠道;人员素质的数字化转型升级是指传统图书编辑学习和培养数字化产品研发、编辑、加工、技术应用、数字销售等人员相结合的过程。

广义的转型升级,包括产业转型升级和企业转型升级。产业的转型升级要追溯到 2010 年的出版社转企改制,几乎所有的经营性出版社实现了由事业单位转变向企业的转型;至 2018 年 2 月,财政部、中共中央宣传部印发了《中央文化企业公司制改制工作实施方案》的通知,要求中央文化企业实现公司制改制,仍然是在延续产业转型升级的顶层设计和实施路径。

狭义的转型升级,主要是指企业转型升级,是企业的产业结构高级化的过程,其关键因素在于技术进步和应用,配套措施包括政策和资金的扶持,主要由产品、流程、渠道、人才的全面数字化转型升级所构成。

二、新闻出版业转型升级的特征

新闻出版业转型升级的主要特征包括:

1. 低附加值向高附加值转变。传统的出版业向读者所提供的产品仅仅是纸质图书,所提供的服务几乎没有附加值,在转型升级的语境下,通过二维码、微信公众号、关联数据库平台或者网站,为用户提供增值知识服务,使得用户在原有的图书知识基础上能够享受到额外的知识服务,这是低附加值向高附加值转变的体现之一;功能上,传统出版主要提供的是整体阅读功能,转型升级语境下的新兴出版,向着碎片化阅读、查询、复制、粘贴、知识关联和知识图谱的方向进化,这也是高附加值的重要体现。

2. 高耗能高污染向低耗能低污染转变。传统出版业对于纸张、油墨等原材料高度依赖，属于高耗能高污染的典型代表；转型升级语境下的新兴出版，一方面强化对绿色印刷的评估和考核，在财政项目的绩效评估中旗帜鲜明地强调绿色印刷指标；另一方面，以数字化为主题的新兴出版，主要依靠互联网、移动互联网进行传播，直接摆脱了纸张这一物理载体的局限性，从源头上摒弃了高耗能高污染的帽子。

3. 粗放到集约转变。相对而言，传统出版业的生产方式和盈利模式较为粗放，以静态的"种、册、件"作为主要盈利点，以单本图书作为盈利最小单元，通过扩大销量的方式来实现营业收入扩大和利润增长。转型升级视角下的新兴出版，则是要将最小盈利单元进一步细化，以"篇、章、节"甚至是"条目"作为最小销售单位，开展数字化、碎片化、数据化的知识服务。二者之间的关系好比生猪养殖业和猪肉批发零售业之间的关系：前者是粗放式的、整体打包的销售模式，后者是碎片化、拆分零售的方式，后者的利润空间和精细化程度远远超过前者。

4. 依赖技术创新。新闻出版业转型升级最明显的特征在于：高度依赖科技创新，重视技术赋能出版的价值。作为一个古老的行业，出版业经历过的技术飞跃相对较少：雕版印刷、活字印刷是技术飞跃，"告别铅与火，迎来光与电"是技术跨越，如今，以数字化、数据化、智能化为引领的转型升级，更是一次技术创新应用。实践证明，近几年中央财政和地方财政对文化产业的支持重点，始终离不开技术创新应用。无论是基础软硬件改造、资源数字化加工、数字运营平台搭建，还是出版影视融合、大数据、增强现实、虚拟现实、人工智能、区块链等方面的新闻出版项目，都是在找寻高科技与新闻出版业的结合点，把科技领域最新的成果应用到新闻出版业，以打开"出版+技术"的突破口。所以说，出版转型升级的过程也是出版与科技融合的过程。

5. 依赖政策扶持。任何产业的转型升级都不离开政策支持、资金支持和政府引导；文化产业转型升级，尤其是新闻出版业转型升级更是如此。回顾"十二五"时期、"十三五"开局之年到现在，政府主管部门在文化产业发展专项资金、国有资本经营预算金、新闻出版改革发展项目库等政策方面，对新闻出版业的转型升级给予了极大力度的支持。支持范围涵盖实体书店转型、融合发展重点实验室、基础软硬件改造、特色资源库建设、行业级数字内容运营平台搭建、知识服务工程等方向。政策、资金支持的过程，其实也是政府主管部门在履行宏观调控职责，保障新闻出版业向着健康、可持续和高质量的方向发展。

6. 多层次与全方位。新闻出版业转型升级是全方位、立体化、多层次的，具体包含技术的创新应用、产品的数字化转型、流程的协同化升级、渠道的数字化转型、人员素质的全方位提升等。转型升级几乎涵盖了新闻出版的所有产业链条，从选题策划、内容审校、印制发行到衍生产品；转型升级的题中应有之义是新闻出版与外部产业的融合——新闻出版与影视、科技、农业、地质、法律等其他国民经济各行业的融合发展，一方面是落实传统媒体与新兴媒体融合发展的国家战略部署，另一方面也是转型升级高级阶段的重要抓手和主要举措。

三、新闻出版业转型升级的本质

新闻出版业转型升级的本质是生产关系的变革，是在互联网、移动互联网的共同作用下，对原有的新闻出版生产关系进行调整和重塑，旨在提高生产效率、提升生产力，推动新闻出版产业实现跨越式发展。

我国新闻出版业转型升级包含三种属性：意识形态属性、文化属性和商业属性。就意识形态属性而言，转型升级的初衷和归宿在于推进传统新闻出版业增强网络空间话语权，牢牢掌握意识形态的领导权，确保新闻出版导向正确，坚持传递正能量，坚持弘扬主旋律。就文化属性而言，转型升级是为了在更广阔的渠道、媒体，向更大多数用户传承知识，传播文明。就商业属性而言，转型升级是在第三次信息技术革命的大背景下，提升和改进传统的"种、册、件"的商业模式，培育壮大信息、数据、技术、标准等新动能要素的商业价值贡献度。

第二节　我国新闻出版业转型发展的三阶段

数字出版大致经历了以数字图书、数字期刊、数字报纸为代表的数字化发展阶段；经历了以数据库产品、网络原创文学为代表的碎片化阶段；正在经历以知识体系为逻辑内核、以语义标引为技术基础、以云计算为技术支撑和以大数据知识服务为外在表现形态的数据化发展阶段，数据化发展有可能催生出数据出版这一新的出版业态。

一、数字化阶段（2009~2010 年）

2009 年，开启了日本的电子书元年；2010 年，被誉为中国的电子书元年。彼时中国的电子书市场处于方兴未艾的阶段，无论是以终端阅读为代表的电子书产品，还是以数字图书馆为代表的在线电子书均展示出了强劲的市场前景，数字出版数字化阶段的代表性产品形态——数字图书从那时起开始发力。

对习惯于传统出版的出版人而言，当初以电子书（数字图书）、数字期刊、数字报纸为代表的数字出版，是个新生事物，面对这个新生事物，编辑们存在着以下几种态度：质疑、观望、恐慌。旗帜鲜明地支持的并不多；明确反对的也不多，各个出版社皆如此。传统出版领域的编辑能够认清数字出版是未来方向，是不可逆转的大趋势。但是，基于情感或者利益的束缚，往往不能主动地实现转型。

数字出版的数字化阶段，其主要特征有：

首先，数字图书、数字期刊、数字报纸是数字出版的主要产品形态，表现形式多样化。以数字图书为例，其表现形式可能为手持终端式电纸书，例如汉王阅读器；可能为电子图书馆，如方正阿帕比的中华数字书苑；也可能为专业性的数字图书馆，如法律出版社的法官电子图书馆、法学院电子图书馆。

其次，功能强大，使用便捷，极大地提高了阅读和使用的效率。相对于传统图书而言，阅读、使用电子书，可以通过复制、粘贴、全文检索等功能，很快实现资料检阅、研究查询，很大程度上方便了阅读、学习和研究的需要。

最后，浅阅读和功利性阅读趋势加强，深阅读和全面阅读的比例下降。相对于纸质阅读而言，电子书阅读一方面体现出功利性特征：基于特定查询、研究、引用的需要，为了提高效率而广泛使用电子书；另一方面体现出浅阅读特征：阅读电子书进行深入思考并进行系统整理和标记的用户相对较少，大部分用户基于娱乐、休闲而选择阅读电子书，形象的说法是"快餐式"阅读。

随着人们阅读需求的不断提高，电子书的用户体验已经不能够完全满足人们的使用需要，在这种情况下，受到境外出版集团、民营信息服务商的启发，诸多出版社纷纷试水数据库产品，还有的出版社开展了以片段化、碎片化为主要特征的网络文学业务，数字出版步入了以数据库产品为代表的碎片化发展阶段。

二、碎片化阶段（2010~2013 年）

2010~2013 年期间，众多出版社尝试进入数据库市场，纷纷打造专业领域的数据产品，力图在数据库市场取得自己的一席之地。在数字出版碎片化发展阶段，各新闻出版企业侧重于将数字产品向数据库方向过渡和转型，一方面将作为存量资源的传统图书进行碎片化加工，拆分到章节甚至是段落；另一方面，重视在制资源和增量数字资源的引入和加工，力图扩充所属领域数据库的数量，并提高质量。

在碎片化阶段，民营信息提供商往往走在了出版社的前面，例如在法律领域，北大法律信息网所提供的北大法宝数据库、同方知网所提供的法律数据库、北大法意所提供的法意数据库、超星公司打造的法源搜索引擎等；在建筑领域，正保教育集团所打造的建设工程教育网。同时，汤森路透、励德爱思维尔（现已更名为励讯集团）等境外出版传媒集团也纷纷在法律、医疗、金融等领域推出自己的数据库产品，不断开拓我国的个人和机构用户市场。应该说，无论是境内民营企业，还是境外企业，他们的数据库产品技术功能、市场占有率远远超过我国传统的出版单位。有所不同的是，民营企业占据的是我们的企业用户、事业单位用户和政府机关用户市场，而境外企业多是在企业用户、事业单位用户市场占有优势，政府机关用户市场并没有较为成功的打开和突破。

如果说传统纸质图书、电子图书传递的是一个一个"知识孤岛"，那么数据库产品传递的是个性化、定制化的知识碎片，这些知识碎片往往更能够满足用户特定方面的知识需求，同时能够以性价比更高的方式实现产品运营和信息服务。这是传统出版单位纷纷进军数据库市场的最深层次的驱动因素。这方面走在前列的有人民卫生出版社人民医学网所推出的医学教学素材库、健康数据库、人民医学百科数据库等系列数据库产品；人民出版社投入大量人财物资源所倾力打造的中国共产党思想理论资源数据库；法律出版社联合香港中华法律网打造的法律门数据库，等等。

出版企业和单位所着力打造的数据库产品，和民营企业、境外出版商相比有以下几个方面的特征：

其一，在内容质量方面，更加专业和权威。我国出版社的成立方式及经营体制，决定了每家出版社，尤其是专业性出版社，在特定行业、特定领域积累了庞大、丰富和权威的专业知识和专业资源；这些专业资源是民营信息服务商、境外出版商都无法获取的，资源的专业性和权威性是保障出版单位的数据库产品立足市场、打开市场的决定性因素。

其二，在目标价值层面，围绕用户的知识问题，以提供知识解决方案为主。专业性质的数据库产品，都在以提供特定专业、特定领域的问题解决方案为目标，并尽可能梳理出各个行业领域的知识解决方案体系。例如，地质出版社所打造的"国土悦读"移动知识服务平台，所提供的资讯、舆情均围绕着国土地质领域的专业用户而精心设计；社科文献出版社研发的"皮书数据库"产品，旨在为社会科学各行业提供科研的智库和决策参考。

其三，在技术应用层面，打破传统静态数据库的设计，力图融合本领域要素。传统的数据库产品，民营企业或境外出版商所研发和在销的各种专业性数据库都属于静态数据库，条目与条目之间、子库与子库之间并没有实现知识关联，原因在于其数据库底层设计没有考虑知识元、知识关联、知识图谱的因素，没有将领域本体的构建作为终极目标；而随着大数据、云计算、语义标引技术逐渐被重视，多家出版社已经开始考虑重构数据库形态，以知识体系为核心构建动态、互通、可自动成长的数据库。例如人民出版社所打造的中国共产党思想理论资源数据库，就做了大量的知识标引工作，研发了概念关联系统，实现了知识标引和关联的预期效果，并且聘请了顶尖专家进行把关和审核。

碎片化阶段的数字出版，已经孕育了数据化发展的因素，部分出版社布局动态数据库的做法，已经预示着数据化阶段的数字出版即将到来。而在政府调控层面，2014 年新闻出版广电总局、财政部文资办联合推动了特色资源库项目，2015 年初新闻出版广电总局数字出版司发起了专业数字资源知识服务模式试点工作，这便在政策引导方面，鼓励新闻出版企业向着以知识体系为内核，以知识发现、知识图谱构建为目标的数字出版体系化发展阶段迈进。

三、数据化阶段（2013 年至今）

2013 年至今，数字出版发展进入第三阶段——数据化发展阶段，其主要特征有：以知识体系为逻辑内核，以知识服务为新的产品（服务）形态，以大数据、云计算、语义分析、移动互联网为技术支撑，以存量资源、在制资源、增量资源为服务基础，出版业态呈现出数据化出版和智慧化出版的态势，呈现出内在逻辑清晰、外化形态合理、服务提供全面、知识自动成长的生态圈特征。

数字出版数据化发展阶段以知识体系为逻辑内核，这意味着，数字出版产业链的四环节——内容提供、技术支持、市场运营和衍生服务，均围绕着知识体系的嵌入、融入、延伸而展开。数字产品的研发需要围绕知识元的建设与应用、知识层级体系建立、知识交叉关联规则确立等方面而组织文字、图片、音视频等知识素材；数字出版技术的应用，需要以实现知识发现、知识自动成长和知识服务为最终目标；数字出版的市场运营，更是需要针对不同领域的目标用户，从知识体系出发，提供个性化、定制化、交互式的知识服务。在知识体系研发方面，2016 年，地质出版社研发出 23 个学科、8 个层级、38000 多条知识点所构成的地质学知识体系，并将该知识体系作为标引依据，形成了 3000 多万条知识关联关系，构建了中国地质专业大数据知识服务平台。

数字出版的数据化发展阶段以知识服务为最终产品（服务）形态。知识服务具备以下几个特征：用户驱动服务模式产生、问题导向出发提供知识解决方案、直联直供直销的即时响应方案、综合运用多种高新技术、注重知识增值服务，等等。

数字出版的数据化发展阶段是以大数据、云计算、语义分析、移动互联网等高新技术为支撑的阶段。知识标引技术是数字出版体系化发展阶段的标志性技术，云计算技术是知识服务开展的关键性技术，大数据平台是知识服务外化的最佳表现形式，移动互联网技术的应用最容易产生弯道超车的跨越式发展效果。

数字出版的数据化发展阶段极有可能催生出数据出版的新业态。数据出版，是指以数据作为生产要素，把文字、图片、音视频、游戏动漫都当作数据的一种表现形式，围绕着数据的挖掘、采集、标引、存储、计算开展出版工作，通过数据模型的建构，最终上升到数据应用和数据服务的层面。在数据采集和挖掘层面，可能需要用到特定的挖掘采集工作；在数据标引层面，需要用到知识标引技术；在数据计算层面，需要用到离线计算、分布式计算等多种计算方法；在数据模型建构层面，需要结合特定专业的知识解决方案，将专业与大数据技术相结合，建构一定的数据模型；在数据服务层面，针对个人用户、机构用户的不同需求，提供在线和离线的多种形式的数据知识服务。在数据出版领域，值得借鉴和思考的是，出版业之外的其他行业已经先行，甚至是产生了较为显著的成果，例如，福建省高级人民法院所研发的福建法院司法大数据分析平台，已经将全省自中华人民共和国成立以来的数百万的案件输入了大数据平台，并能够随时做出案由、时间、地点、趋势等多方面的数据分析报告。

四、数字化转型的未来——智能出版

从新闻出版业内部来看，人工智能对新闻出版产业链流程的内部作用和改造主要体现在：积极抓住人工智能技术重塑出版流程的时代机遇，全方位研究推动人工智能在出版社智能策划与协同撰稿、智能审校、智能数据加工、智能印刷、智能发行等领域的应用，为新闻出版行业加速转型升级带来更多的可能。

从新闻出版业外部来看，人工智能配合新闻出版业对外提供精准化、智能化、多样化的智能产品服务，未来新闻出版的智能化新模式与新形态包括：内容推荐、机器撰稿、AR 智能建模、智能知识服务、智能教育助理与智能教育机器人，这些产品服务的普及将成为行业发展的新增长点。

第三节　我国新闻出版业转型升级的现状与趋势

2017 年 9 月所发布的《新闻出版广播影视"十三五"发展规划》指出：研发应用人工智能技术，包括基于深度学习、类脑智能的机器写作、机器翻译、机器智能选题策划、智能内容分发的关键技术。随着数字出版发展步入深水区，迈进高质量发展阶段，未来出版的数字化转型升级将聚焦于四个领域：知识服务、在线教育、全版权运营和智能出版。

2018 年 3 月，中共中央印发了《深化党和国家机构改革方案》，其中关于新闻出版机构改革的规定指出："中央宣传部统一管理新闻出版工作""加强对出版活动的管理，发展和繁荣中国特色社会主义出版事业""中央宣传部对外加挂国家新闻出版署（国家版权局）牌子""统筹规划和指导协调新闻出版事业、产业发展"。中央宣传部关于新闻出版管理方面的职责规定政治站位更高，进一步强化了出版事业属性；在出版事业与出版产业的关系方面，在原有的统筹规划基础上，冠之以"指导协调"，更加有机融合处理了新闻出版事业与产业发展的关系。新闻出版工作由中宣部统一管理，"将进一步加强党对新闻出版工作的领导、强化新闻出版工

作的价值导向和社会效益、提高新闻出版业服务经济社会发展的水平与能力"①。

2018年11月14日，中央全面深化改革委员会第五次会议在北京召开，会议审议通过了《关于加强和改进出版工作的意见》。会议强调，加强和改进出版工作，要坚持中国特色社会主义文化发展道路，坚持为人民服务、为社会主义服务，坚持百花齐放、百家争鸣，加强内容建设，深化改革创新，完善出版管理，着力构建把社会效益放在首位、社会效益和经济效益相统一的出版体制机制，努力为人民群众提供更加丰富、更加优质的出版产品和服务。党的十九大以来，以数字出版为代表的新兴数字内容产业蓬勃发展，已成为当前文化和数字经济领域创新活跃、增长迅猛、市场广阔、潜力巨大的战略性新业态，已经聚集起相当规模的数字内容资源，推出了一大批优秀的数字内容产品，优质的网络文学甚至已经走出了国门，走向了海外。"加强内容建设"，题中之义包含数字内容建设，而"更加丰富、更加优质的出版产品和服务"，也囊括了全方位、多层次、立体化的数字出版产品和服务。

2018年，一系列围绕改革开放40周年的出版业盛会召开，这些会议论坛围绕数字出版、出版创新、知识服务、融合发展、出版与科技融合等话题展开了热烈的讨论与总结。11月1日，由中国书刊发行业协会、中国新华书店协会与山东出版集团共同主办的"中国改革开放四十年图书发行业致敬盛典"在济南开幕。第十二届全国人民代表大会教育科学文化卫生委员会主任委员、原国家新闻出版总署署长、中国出版协会理事长柳斌杰在主旨演讲中指出："我国当前出版业已经进入到印刷出版、电子出版、数字出版、互联网出版、大数据出版，互相交叉、相互融合、优势互补、创新发展是基本趋势。"② 12月16日，以"砥砺奋进　出版强国"为主题的2018中国出版年会暨改革开放四十周年出版座谈会在京召开。与会嘉宾、领导指出在中国特色社会主义新时代，出版业应该"努力在加强出版

---

① 方卿、王一鸣：《40年新闻出版事业与产业发展》，《中国出版》2018年第22期。

② 《"中国改革开放四十年图书发行业致敬盛典"成功举办》，2018年11月5日，见 http://book.sina.com.cn/news/sygc/2018-11-05/doc-ihnknmqx0587267.shtml。

创新、推动融合发展上有新作为"，"要坚持与时俱进，切实学会运用新技术，培育新业态，拓展新市场；必须坚持改革创新不停步，坚持融合发展不走样"①。

在统筹规划和指导协调出版事业、产业发展的背景下，数字出版工作，一方面继续强化产业发展，深入推进产业转型升级。按照高质量发展的要求，坚持将创新作为第一动力，不断加速内容与技术的融合，坚持将人才作为第一资源，不断培养复合型、创新型人才队伍，实现人才队伍的转型升级。产业的转型升级要追溯到 2010 年的出版社转企改制，几乎所有的经营性出版社实现了由事业单位转变为企业的转型，至 2018 年 2 月，财政部、中共中央宣传部印发了《中央文化企业公司制改制工作实施方案》的通知，要求中央文化企业实现公司制改制，仍然是在延续产业转型升级的顶层设计和实施路径。② 2018 年底，多批次的中央文化企业已经完成了公司制改制的审批，将按照现代企业制度，以有限责任公司的市场主体身份，去推动传统出版与新兴出版的融合发展。

另一方面，数字出版工作，未来应着力于事业发展，聚焦主题出版、精品出版，"应以高度的政治站位和思想自觉谋划主题出版，聚焦新中国成立 70 周年、全面建成小康社会、中国共产党成立 100 周年等大事要事，及早动手、精心策划，推出一批讴歌党、讴歌祖国、讴歌人民、讴歌英雄的优秀作品，为民族凝魂聚气、为时代凝心聚力。"③ 这一点，从 2019 年 1 月 1 日的"学习强国"平台上线可见一斑："学习强国"学习平台由 PC 端、手机客户端两大终端组成。"聚合了大量可免费阅读的期刊、古籍、公开课、歌曲、戏曲、电影、图书等资料。"④ "学习强国"平台汇聚了大量数字图书、数字期刊、在线课程、音乐戏曲、视频资料

---

① 章红雨：《中国版协举行改革开放四十周年座谈会》，《中国新闻出版广电报》2018 年 12 月 17 日。

② 蒋伟宁、张新新：《新闻出版转型升级历程与特征》，《中国出版》2018 年第 22 期。

③ 初言：《在服务大局服务群众中做大做强——改革开放 40 年出版工作回顾》，《中国出版》2018 年第 23 期。

④ 《"学习强国"学习平台上线仪式在京举行，王沪宁出席仪式并宣布平台启动》，《解放日报》2019 年 1 月 2 日。

等数字化内容素材，是党建知识服务平台的典范，是党员在线教育的门户，是内容权威、特色鲜明、技术先进、广受欢迎的思想文化聚合平台。

我国新闻出版业转型升级所涉及的先进技术，大致包括：

5G 技术应用 2019 年，先进技术应用于数字出版最典型的便是 5G 技术。2019 年是 5G 元年，工业和信息化部向中国移动、中国联通、中国电信、中国广电四家企业颁发了 5G 牌照，标志着中国正式步入 5G 时代，5G 商用正式揭开大幕。步入 5G 时代，意味着人类将进入一个由移动互联、智能感应、大数据、智能学习所构成的智能互联网时代。5G 技术以超高速、低延迟、宽覆盖、低功耗、大容量、高可靠等性能优点，注定了其将重塑数字出版的内容策划、生产制作、传播运营等产业链，将对政府监管提出更高的要求，提高监管意识、提升监管技术、确保意识形态阵地的领导权将成为 5G 监管的重中之重。同时，5G 所带来的增强移动带宽将极大改善 AR 出版、VR 出版的用户体验，为增强现实和虚拟现实产业的发展带来一次重要机遇；5G 将对移动互联网知识服务进行重塑，行走的数字图书馆将变成现实；电视数字图书馆等基于广播电视网络的数字出版产品将得到跨越式发展；知识短视频、视频直播等数字视听产品将获得第二次腾飞和繁荣。随着 5G 时代的到来，超密集异构网络技术有助于提高数据流量，解决同频干扰；移动云计算技术有助于提升移动互联网端的数据计算能力，为大数据二次数据的产生提供技术支撑；软件定义网络技术的控制平面可以获取、监控用户数据，有助于用户数据的采集、分析和挖掘。[①] 还有一点值得关注的是，我国在 5G 国际标准体系的立项中处于优势地位，有中国移动、华为、中兴、中国联通共计 21 项标准通过立项。作为国际标准的落地化规范和措施，5G 相应的国家标准、行业标准将充分考虑各行业的应用场景，由此，新闻出版领域的 5G 技术应用原理和应用场景等配套标准将在未来占有一席之地。

知识服务技术 知识资源的采集、标引、计算、发布等关键技术已经成熟，信息服务、知识产品和知识解决方案的三层次知识服务逻辑已达成

---

① 张新新：《新闻出版业 5G 技术应用原理与场景展望》，《中国出版》2019 年第 18 期。

共识，扩展性知识服务和定制化知识服务模式已在实践中得到大范围应用。2019 年 8 月，中国出版业知识服务大会在北京召开，会议梳理了 82 家知识服务模式试点单位的案例，正式发布了知识服务标准体系表和包含 17 家专业库的国家知识服务门户网站。由中新金桥发起的"可知"知识服务平台，自 2018 年上线以来，已经接入 70 余家国内出版机构，上架电子书超过 10 万种，面向全国高校图书馆提供包括电子书、有声书、知识视频在内的多媒体知识服务，2019 年召开了多场次"出版社+图书馆"研讨论坛。专业类出版社在知识服务领域的表现可圈可点，中国农业科技出版社已将渠道下沉至乡镇一级的农机站，中国林业出版社正在布局将智能机器人与林业数字阅读相结合以开展林业科普，海洋出版社将 VR 技术应用于海洋生态文明知识服务，等等。

增强现实出版技术 如前所述，《出版物 AR 技术应用规范》行业标准自 2019 年 7 月 1 日正式实施以后，以"3D 模型库、AR 编辑器、输出展示系统"为内核的 AR 出版物产业链在数字出版实践中日趋成熟和完善。作为国内 AR 出版技术领军企业，苏州梦想人软件科技有限公司依托符合国家标准的、具有自主知识产权的核心技术，先后在少儿出版、教育出版（K12 教材教辅、职业教育、高等教育出版）、国际出版领域发力，累计研发了数百种 AR 出版物，切实将标准落实到一本一本的 AR 图书之中。其与国内地质出版社、北京理工大学出版社、东北财经大学出版社等数十家出版企业开展合作，研发了地质 AR 知识资源库等系列产品；同时致力于 AR 出版行业标准的国际化传播，不断提高国际传播能力，与新加坡 September 21、牛津大学出版社马来西亚公司、泛亚出版社马来西亚公司等多家国际出版商合作。

虚拟现实出版技术 VR 技术在出版业的应用，从这两年的趋势来看日趋火爆，不断受到教育出版、专业出版企业的青睐。2019 年底，《出版物 VR 技术应用要求》行业标准立项申请业已报送至主管部门处审核。VR 技术与出版业的融合点在于沉浸式视频与知识点的结合，突破口在于可穿戴设备的进一步改善，真正的风口在于随着 5G 技术的大力推广和应用，强交互性、无延迟感的用户体验助力产业规模的倍速、十倍速发展。2019

年，以生态文明知识服务联盟为主体的多家出版社，纷纷与武汉和思易科技公司合作，先后布局 VR 知识库、VR 党建一体机、VR 粤剧、VR 三生教育等 VR 出版新业态，如中国农业科技出版社研发 VR 果业产品、海洋出版社的 VR 海洋生态文明知识、地质出版社的 VR 地质博物馆等。

第二章　现代出版技术概论

出版业高质量发展的过程，是技术要素赋能的过程，是技术要素转移至出版产业的过程，也是技术要素与知识生产、传播深度融合的过程。科学技术是第一生产力，是推进出版业高质量发展的第一动力。出版业的发展史，是一部"笔与纸""铅与火""光与电"到"数与网"的发展历程，历经手工抄写阶段、手工印刷阶段、机械印刷阶段和电子出版阶段，目前步入了智能出版时代。这个古老的产业，每一次的跨越式发展、大踏步前进，都是借助技术之翼，都是吸收了最新的科技生产力。因此，有人指出"出版的发展史是积极应用科技成果的历史，以区块链、大数据、人工智能等为代表的信息技术应用是当前中国出版业高质量发展面临的新机遇"[①]。

具体来讲，数字技术赋予出版业的新机遇体现在若干方面：其一，更好的内容呈现，以赋能力更强的 AI、AR、VR、5G、区块链等先进技术，辅助作品呈现出更多的美感、科技感和时尚感，更为广大人民群众所喜闻乐见；其二，更好的用户体验，由单向、单一的知识灌输和传递转为双向、交互的知识互动与反馈，提高用户体验的友好感、舒适感和享受感；其三，更精准的服务，能够在精准用户画像的基础上，根据用户消费偏好、消费频次、消费额度提供个性化、定制化的阅读服务和知识服务；其四，更高的效率，内部优化业务流程，提高编校印发各环节的效率，外部改善服务，强化市场与出版企业的互动，以更快改进产品、优化服务。那

---

① 黄先蓉、常嘉玲：《融合发展背景下出版领域知识服务研究新进展：现状、模式、技术与路径》，《出版科学》2020 年第 28 期。

　　么，如何实现出版与新技术的有机融合？现代技术在出版业的创新性应用需遵循技术洞察和学习、技术原理把握、应用场景探索三个阶段。对5G、区块链、人工智能等数字技术的洞察和学习是推进出版业迎接高质量发展的必备前提条件；技术应用原理和应用场景，则是"出版+技术""出版×技术"的内核、硬核所在，是出版与技术深度融合、科技与出版紧密结合的策略机枢。《关于促进文化与科技深度融合的指导意见》的出台，分别对产业关键共性技术、融合体系、宏观调控机制、文化科技成果产业化推广给予了部署，① 更是将出版高质量发展推向了深度融合的新高度，也是为解决传统出版、新兴出版"两张皮""两股道"问题所提出的实质性融合战略层面的解决方案。2020年3月30日颁布的《中共中央　国务院关于构建更加完善的要素市场化配置体制机制的意见》中所提及的"知识产权保护、知识产权市场化运营、知识产权证券化"等内容，对于加快著作权、专有出版权等要素市场发展，推动技术要素与资本要素融合、出版产业与科技、金融等产业深度融合，推进智能出版体系的建立和健全，具有高屋建瓴的指导意义。

　　鉴于人工智能是一个技术生态体系，包含了大数据、知识服务、增强现实、虚拟现实、机器撰稿、内容推荐、机器学习、语音识别等各种内容；而5G技术和区块链技术，是近几年处于风口的关键技术。本章主要对数字技术的核心技术——人工智能技术概况、5G技术和区块链技术做出阐述和说明，至于人工智能细分领域的技术则放在后面章节详细解读。

第一节　数字技术

　　数字出版是现代出版业态的典型代表，其特有属性是数字技术赋能。现代出版技术区别于传统出版技术，主要体现为数字技术作用于出版业，无论是人工智能、5G技术还是成为时下热潮的区块链技术，都属于现代出

---

① 　方卿、张新新：《文化与科技融合概览》，《科技与出版》2019年第9期。

版技术的范畴。

"数字出版，是指以数字技术将作品编辑加工后，经过复制进行传播的新型出版。"① "数字技术，是一项与电子计算机相伴相生的科学技术，它是指借助一定的设备将各种信息，包括：图、文、声、像等，转化为电子计算机能识别的二进制数字'0'和'1'后进行运算、加工、存储、传送、传播、还原的技术。"② 由于在运算、存储等环节中要借助计算机对信息进行编码、压缩、解码等，数字技术因此也称为数码技术、计算机数字技术、数字控制技术等。

数字技术的主要特征包括：（1）一般都采用二进制，同时也包括三进制、四进制甚至是多进制；（2）抗干扰能力强、精度高；数字信号稳定性强，信息资源可以长期保存；（3）保密性好，运用一系列加密技术，使得信息资源不容易被窃取或伪造；（4）通用性强，可扩展性能优良，可以采用标准化的逻辑部件构成数码系统。

作为现代出版新业态之一，数字出版是数字技术作用下的出版，是数字技术赋能的出版。

其一，数字出版的特有属性在于对数字技术的运用。数字出版的特有属性、独有特征究竟是什么？数字出版区别于图书出版、音像出版等其他出版形态的地方是什么？早在 2010 年，方卿教授指出："数字出版，与传统出版的本质区别同样也是源于出版技术手段的进步。以信息处理与传播为核心的数字技术的进步给传统出版业带来了巨大影响，催生了今天的所谓数字出版业。"③ 由此可见，数字出版定义之关键在于"数字技术"：数字技术是数字出版的特有属性，导致了数字出版区别于其他出版形态；数字出版是数字技术作用于出版各环节，是用数字技术进行作品的编辑加工、复制和传播。分析外延，数字出版的外延包括哪些？包括但不限于出版产品的数字化、出版数字化技术应用、出版营销的数字化、出版流程的

① 张新新：《数字出版概念述评与新解 ——数字出版概念 20 年综述与思考》，《科技与出版》2020 年第 7 期。

② 房国志主编：《数字电子技术》，高等教育出版社 2019 年版，第 1—3 页。

③ 方卿：《资源、技术与共享：数字出版的三种基本模式》，《出版科学》2011 年第 1 期。

数字化等。

其二，用"数字技术"揭示数字出版的概念，其外延大于用"二进制"指称数字出版。需要指出的是，数字技术一般都采用二进制，这也是"二进制说"一段时间内占据数字出版概念主流的原因。但是，理论上来讲，数字技术还可能采用三进制或者多进制。关于三进制：三进制数码包含"0、1、2"，逢三进一，退一还三。事实上，三进制计算机在历史上曾经出现过，20世纪60年代，莫斯科国立大学研究员设计了第一批三进制计算机CeTyHb和CeTyHb70，后来由于种种原因该项目叫停。然而，历史总是螺旋式地发展，历史上曾经停滞的事物，往往在条件具备时又会获得新生，如机器学习，作为人工智能第二次浪潮失败的产物，在第三次人工智能浪潮到来时却实现了逆袭。关于多进制：生物计算机等可能采用四进制；量子计算机区别于传统的二进制计算机，量子比特除了处于"0"态或"1"态外，还可处于叠加态，叠加态是"0"态和"1"态的任意线性叠加，无怪乎有人指出，量子比特、量子计算机的进制数是无限的。《新闻出版业科技"十三五"时期发展规划》指出：鼓励其他领域高新技术在新闻出版行业的应用研究。随着数字技术的飞速发展，以数字技术应用于出版业为特有属性的数字出版外延也将不断扩大。

其三，用数字技术揭示数字出版的本质特征，能够更容易理解、接受和传承。数字技术是"多种数字化技术的集称，包括区块链、大数据、云计算、人工智能等"①。数字出版所用到的数字技术，宏观而言，包括现代信息技术、计算机技术、互联网、移动互联网等；中观而言，包括数字图书馆技术、知识服务技术、大数据、云计算、区块链、5G技术、AR技术、VR技术、智能机器人技术等；微观而言，包括电子书制作的格式技术、数字版权保护技术、数字印刷技术、智能编校排技术等。总之，几乎所有能够应用于出版的数字技术，都可以采取"拿来主义"的方法加以运用。"二进制说"已经上升到数字技术的本质，追本溯源去描述数字出版，

---

① 李礼辉：《数字技术发展将大幅提升经济效率》，2019年12月18日，见http://www.xinhuanet.com/fortune/2019-12/18/c_1125357568.htm。

其时代背景是强调介质和载体的特殊性，与之前的音像出版、光盘出版相区隔，在当时无疑具有前瞻性和战略性；随着数字技术的日新月异，经济、社会、科技发展的诸多领域，都开始以"数字"来表达，如数字经济、数字社会，那么，用数字技术来揭示数字出版的本质特征，会具有更好的理解、传播和推广效果。

其四，数字技术应用于出版的任一环节或整个环节，都可称之为数字出版。数字技术应用于整个出版流程，就产生了出版的数字化流程再造，也就是出版的数字化。数字技术应用于产品创作，如在计算机或互联网上创作文学作品，就构成了网络文学；数字技术应用于产品加工，如纸质图书的数字化加工制作，便形成了电子图书；数字技术应用于产品复制，如向高校图书馆提供的数字图书的多副本供给，便产生了数字图书馆；数字技术应用于产品发行，如最新的网红直播带货，便构成了出版营销的数字化转型。

第二节　人工智能

人工智能被列为 2017 年度中国媒体十大流行语之一。人工智能（Artificial Intelligence），英文缩写为 AI，是研究、开发用于模拟、延伸和扩展人的智能的理论、方法、技术及应用系统的一门新的技术科学。人工智能是当下数字技术发展的最新阶段和最新成果之一。

人工智能步入我们的视野，引起国民经济各行业和社会大众关注的两个事件是：（1）阿尔法围棋智能程序战胜人类围棋冠军。2016 年 3 月，阿尔法围棋程序（AlphaGo）对战世界围棋冠军、职业九段选手李世石，凭借深度学习原理，以 4∶1 的总比分获胜。瞬间，人工智能再次引起国际社会和国内社会关注，成为几乎每个人讨论的热门话题。（2）四川九寨沟地震机器人撰稿新闻。2017 年 8 月 8 日，"四川九寨沟地震，中国地震网机器人写稿，用时 25 秒"。由此，机器撰稿已经现实地走入了新闻出版业，引起了新闻出版业共同体的各方关注和热议，甚至有"机器人替代人类记者"的评论与思考。

杰瑞·卡普兰在《人工智能时代》一书中指出："最近这个领域（人工智能）有了足以震惊世界的新进展，这将会给社会造成重大的影响。但是我们是否会优雅地完成这次转型，还是会在这个过程中变得遍体鳞伤？我并不确定。"①

2017 年 7 月，我国国务院发布了《新一代人工智能发展规划》，明确了人工智能进入新阶段，将人工智能定位为国际竞争的新焦点、经济发展的新引擎和社会建设的新机遇。人工智能的加速发展，正在引发链式突破，推动经济社会各领域从数字化、网络化向智能化加速跃升。《新一代人工智能发展规划》所确立的重点任务包括：构建开放协同的人工智能科技创新体系、培育高端高效的智能经济、建设安全便捷的智能社会、加强人工智能领域军民融合、构建泛在安全高效的智能化基础设施体系、前瞻布局新一代人工智能重大科技项目。《新一代人工智能发展规划》规定了八项关键共性技术，其中有六项关键共性技术与新闻出版业紧密相关，包括知识计算引擎与知识服务技术、跨媒体分析推理技术、群体智能关键技术、虚拟现实智能建模技术、自主无人系统的智能技术、自然语言处理技术；所涉及的新闻出版业态包括 AR 出版、VR 出版、知识服务、复合出版流程再造、新闻出版大数据、智能机器人应用等。

一、人工智能概述

人工智能，相对于自然智能而言。人工智能的本质是对人类思维中信息处理过程的一种模拟甚至超越。具体的定义包括以下几种：

（1）人工智能是让人觉得不可思议的计算机程序；（2）人工智能是与人类思考方式相似的计算机程序；（3）人工智能是与人类行为相似的计算机程序；（4）人工智能是会学习的计算机程序；（5）人工智能是根据对环境的感知，做出合理的行动，并获得最大收益的计算机程序。其中，最后一种的定义较为全面和科学，但是也体现出对伦理、情感、法律等方面的

---

① ［美］杰瑞·卡普兰：《人工智能时代》，李盼译，浙江人民出版社 2016 年版，第 10 页。

考虑不足，进而会引发一系列的问题出现。根据现代决策体系，笔者认为，人工智能是能够自主感知、决策、执行和控制的计算机软件程序或硬件设备。

人工智能是计算机科学的一个分支，除此以外，人工智能还涉及信息论、控制论、自动化、仿生学、生物学、心理学、数理逻辑、语言学、医学和哲学等多门学科。人工智能学科研究的主要内容包括：知识表示、自动推理和搜索方法、机器学习和知识获取、知识处理系统、自然语言理解、计算机视觉、智能机器人、自动程序设计等方面。

人工智能的基础理论研究方向包括：大数据智能、跨媒体感知计算、人机混合智能、群体智能、自主协同与决策等方面的基础理论研究。人工智能的前沿基础理论研究主要包括：高级机器学习、类脑智能计算、量子智能计算等跨领域基础理论研究。人工智能的跨学科探索性研究，主要包括人工智能与神经科学、认知科学、量子科学、心理学、数学、经济学、社会学等相关基础学科的交叉融合。

人工智能涉及的领域非常丰富，既包含硬件，也包含软件，几乎涵盖了目前国民经济各领域各环节各方面。从人工智能本体视角来看，包括但不限于智能助理/推理、内容推荐和机器人撰稿、机器视觉、AI 艺术、智能搜索、机器翻译、语音识别、自动驾驶、智能机器人、深度学习、数据挖掘、知识图谱、知识服务与知识计算等；从人工智能作用于社会来看，囊括的也不仅仅是智能制造、智能农业、智能商务、智能家居、智能教育、智能交通、智能金融、智能医疗、智能新闻、智能出版等。

二、人工智能的发展历程

应该指出，人工智能并非一个新概念，它诞生于 20 世纪中期，至少拥有 60 年的发展历程。人工智能从诞生、发展到今天经历了一条漫长的路，许多科研人员为此而不懈努力。人工智能的准备阶段可以追溯到电子学出现以前。像布尔和其他一些哲学家和数学家建立的理论原则后来成为人工智能逻辑学的基础。

人工智能的发展大致经历了三次浪潮。

1. 第一次浪潮：1956~1976 年。代表学派：符号主义；关键词：推理。核心是符号推理与机器推理，用符号表达的方式来研究智能、研究推理。1936 年图灵提出理想计算机的数学模型——图灵机，是一种抽象计算模型，即将人们使用纸笔进行数学运算的过程进行抽象，由一个虚拟的机器替代人们进行数学运算。图灵机为电子数字计算机的问世奠定了理论基础。1950 年，图灵发表了一篇论文：《计算机器与智能》，试图解决究竟什么是人工智能的问题。这篇论文成为划时代之作，也正是这篇文章，为图灵赢得了"人工智能之父"的桂冠；1956 年，美国达特茅斯大学召开为时两个月的学术研讨会。麦卡锡（也被称为"人工智能之父"）提出"人工智能"这一名词，标志人工智能作为一门新型学科正式诞生，确立了人工智能作为一门科学的任务和完整路径。

这一时期的主要成就包括：机器学习方面，1957 年 Frank Rosenblatt 就职于 Cornell 航空实验室时发明了一种人工神经网络，并研制成功了感知机（将神经元用于识别的系统）；定理证明方面，1958 年，美籍华人王浩在 IBM704 计算机上，5 分钟之内证明了《数学原理》中有关命题演算部分的全部 220 条定理；在体育领域的标志性事件是，1962 年，IBM 公司的阿瑟·萨缪尔开发的西洋跳棋程序战胜了一位盲人跳棋高手。

2. 第二次浪潮：1976~2006 年。代表学派：连接主义；关键词：知识。第二次浪潮的热门研究领域包括：语音识别、语音翻译、神经网络、专家系统等。在此阶段，最为出名的技术当属"专家系统"。与利用推理等简单规则的第一次人工智能浪潮的方式不同，第二次人工智能开始走向专业化，借用特定领域的专家知识武装自己。例如，如果你希望人工智能取代医生，那么只需要将大量的病理知识输入计算机即可；如果你希望它取代律师，同理给它输入法律知识即可。第二次人工智能浪潮在体育领域的标志性事件是：1997 年 5 月 11 日，美国 IBM 公司研制的并行计算机"深蓝"击败了雄踞世界棋王宝座 12 年之久的卡斯帕罗夫。

专家系统是人工智能第二次浪潮的代表性产品，是指一个或一组能在某些特定领域内，应用大量的专家知识和推理方法求解复杂问题的一种人工智能计算机程序。专家系统属于人工智能的一个发展分支，它的研究目标是模拟人类专家的推理思维过程，一般是将某领域专家的知识和经验，用一种知识表达模式存入计算机。系统对输入的事实进行推理，做出判断和决策。

专家系统通常由人机交互界面、知识库、推理机、解释器、综合数据库、知识获取6个部分构成。专家系统的基本结构主要为知识库和推理机。其中知识库中存放着求解问题所需的知识，推理机负责使用知识库中的知识去解决实际问题。知识库的建造需要知识工程师和领域专家相互合作，把领域专家头脑中的知识整理出来，并用系统的方法存放在知识库中。当解决问题时，用户为系统提供一些已知数据，并可从系统处获得专家水平的结论。

专家系统的发展已经历了三个阶段，正向第四代过渡。第一代专家系统：以高度专业化、求解专门问题的能力强为特点。第二代专家系统：属单学科专业型、应用型系统。第三代专家系统：属多学科综合型系统，采用多种人工智能语言，综合采用各种知识表示方法和多种推理机制及控制策略。第四代专家系统：在总结前三代专家系统的设计方法和实现技术的基础上，已开始使用大型多专家协作系统、多学科协同解题与并行推理、人工神经网络知识获取及学习机制等最新人工智能技术。值得关注的是，目前整个新闻出版业所研发的大量的专题知识库、数据库，如地质出版社的地质资源库、中国农业出版社的"智汇三农"知识库、中国建筑工业出版社的建筑工业知识库等，都只停留于人工智能第二次浪潮的专家系统"知识库"层面。一则所研发的数据库，都是单学科的知识库，没有上升到多学科、跨学科数据库的高度；二则，研发的数据库都是应用型知识库，没有提升到包含知识标引、同时支撑理论研究与实务应用的综合型数据库的高度；三则，几乎没有涉及深度学习、大数据等第三次人工智能浪潮的核心技术，知识库的自动化、智能化水平还有待进一步提高。

未来的新闻出版业所构建的知识库，将向着专家系统的第三代——多学科综合型知识库、第四代——大型多专家协作、多学科协同知识库的方向升级和跨越，将出现国家知识服务中心，为全社会提供多源、多学科、多领域、跨媒体的海量级别知识服务。

33

3. 第三次浪潮：2006 年至今。代表学派：行为主义；关键词：学习。第三次浪潮推崇控制、自适应与进化计算，热门研究领域包括：大数据、深度学习等。这个时期的标志是：海量的数据、不断提升的算法能力和计算机运算能力。第三次 AI 浪潮，是由深度学习携手大数据共同促成。深度学习首先是机器学习的一种模式，只不过是一种在表达能力上灵活多变、允许计算机不断尝试，直到接近目标的机器学习方法；深度学习需要建立在大数据的基础上，对大数据进行训练，并从中归纳出可以被计算机运用在类似数据上的知识或规律。同样在体育竞技领域，2016 年 3 月，阿尔法围棋程序（AlphaGo）对战世界围棋冠军、职业九段选手李世石，凭借深度学习原理，以 4 : 1 的总比分获胜。

三、人工智能算法

算法、算力、数据构成了人工智能的三大基石。这其中，算法是指解题方案的准确而完整的描述，是一系列解决问题的清晰指令，算法代表着用系统的方法描述解决问题的策略机制。也就是说，能够对一定规范的输入，在有限时间内获得所要求的输出。如果一个算法有缺陷，或不适合于某个问题，执行这个算法将不会解决这个问题。一个算法的优劣可以用时间、空间复杂度来衡量，不同的算法可能用不同的时间、空间或效率来完成同样的任务。算法首先表达的是人类的逻辑，通常可以被数学公式，或者是某种符号语言表达。然后我们通过系统精密的运作方式表达这种逻辑，进而帮助人类来工作。

根据不同的分类标准，算法可分为不同的类型：

1. 按照模型训练方式不同，可以分为监督学习（Supervised Learning）、无监督学习（Unsupervised Learning）、半监督学习（Semi-supervised Learning）和强化学习（Reinforcement Learning）四大类。

2. 按照解决任务的不同来分类，粗略可以分为二分类算法（Two-class Classification）、多分类算法（Multi-class Classification）、回归算法（Regression）、聚类算法（Clustering）和异常检测（Anomaly Detection）五种。

常见的监督学习算法包含以下几类：人工神经网络（Artificial Neural

Network）类、贝叶斯类（Bayesin）、决策树（Decision Tree）类、线性分类器（Linear Classifier）类等。

常见的无监督学习类算法包括：人工神经网络（Artificial Neural Network）类、关联规则学习（Association Rule Learning）类、分层聚类算法（Hierarchical Clustering）、聚类分析（Cluster Analysis）、异常检测（Anomaly Detection）类等。

常见的半监督学习类算法包含：生成模型（Generative Models）、低密度分离（Low－density Separation）、基于图形的方法（Graph－based Methods）、联合训练（Co-training）等。

常见的强化学习类算法包含：Q 学习（Q-learning）、状态—行动—奖励—状态—行动（State-Action-Reward-State-Action，SARSA）、深度 Q 网络（Deep Q Network）、策略梯度算法（Policy Gradients）、基于模型强化学习（Model Based RL）、时序差分学习（Temporal-Different Learning）等。

常见的深度学习类算法包含：深度信念网络（Deep Belief Network）、深度卷积神经网络（Deep Convolutional Neural Networks）、深度递归神经网络（Deep Recurrent Neural Network）、分层时间记忆（Hierarchical Temporal Memory，HTM）、深度波尔兹曼机（Deep Boltzmann Machine，DBM）、栈式自动编码器（Stacked Autoencoder）、生成对抗网络（Generative Adversarial Networks）等。

下面着重介绍几种常用的算法：

1. 蚁群算法

蚁群算法是意大利学者 Dorigo 等人于 1991 年创立的，是继神经网络、遗传算法、免疫算法之后的又一种新兴的启发式搜索算法。[1] 蚂蚁是一种社会性昆虫，它们有组织、有分工，还有通信系统，它们相互协作，能完成从蚁穴到食物源寻找最短路径的复杂任务。模拟蚂蚁群体智能的人工蚁群算法具有分布计算、信息正反馈和启发式搜索的特点，不仅在求解组合优化问题中获得广泛应用，而且也用于连续时间系统的优化。

---

① 耿振余等编著：《软计算方法及其军事应用》，国防工业出版社 2015 年版，第 12 页。

2. 人工鱼群算法

人工鱼群算法是一种寻优算法，是基于鱼群觅食过程中聚集、尾随等几种行为而开发的算法。人工鱼群算法中，觅食行为奠定了算法收敛的基础；聚群行为增强了算法收敛的稳定性；追尾行为增强了算法收敛的快速性和全局性；其评价行为也对算法收敛的速度和稳定性提供了保障。人工鱼群算法目前在电力系统规划、多级阶梯物流中转运输系统优化等领域得到了广泛应用。

3. 烟花爆炸算法

烟花算法的开创性论文由谭营教授等人于 2010 年发表，烟花算法（Fireworks Algorithm），缩写为 FWA，是受到夜空中烟花爆炸的启发而提出的一种群体智能算法。主要用来研究大数据问题、动态优化问题等。[①]

4. 人工神经网络

人工神经网络是 20 世纪 80 年代提出的，它从信息处理角度对人脑神经元网络进行抽象，建立某种简单模型，按照不同的连接方式组成不同的网络。[②] 人工神经网络，主要包括：生成对抗网络（Generative Adversarial Networks，GAN）、前馈神经网络（Feedforward Neural Network）、逻辑学习机（Logic Learning Machine）、自组织映射（Self-Organizing Map）等。人工神经网络的优越性主要包括：自学习功能、联想存储功能和具有高速寻找优化解的能力。近年来，人工神经网络的研究工作不断深入，已经取得了很大的进展，其在模式识别、智能机器人、自动控制、预测估计、生物、医学、经济等领域已成功地解决了许多现代计算机难以解决的实际问题，表现出了良好的智能特性。

5. 机器学习

从人工智能的发展史来看，人工智能是追求目标，机器学习是实现手段，而深度学习是其中一种方法。机器学习是一门多领域交叉学科，涉及概率论、统计学、逼近论、凸分析、算法复杂度理论等多门学科。专门研

---

① 谭宫：《烟花算法引论》，科学出版社 2015 版，第 7—8 页。
② 杨岩、肖佳妹等：《人工神经网络在中药相关研究领域的应用》，《中草药》2019 年第 13 期。

究计算机怎样模拟或实现人类的学习行为，以获取新的知识或技能，重新组织已有的知识结构使之不断改善自身的性能。它是人工智能的核心，是使计算机具有智能的根本途径，其应用遍及人工智能的各个领域，它主要使用归纳、综合而不是演绎的方法。

机器学习作为一种实现人工智能的方法，按照学习理论划分，机器学习模型可以分为有监督学习、半监督学习、无监督学习、迁移学习和强化学习。有监督学习，是指从标签化训练样本集中推断出函数的机器学习任务。半监督学习，是指训练样本部分有标签，部分无标签；训练样本全部无标签时是无监督学习。迁移学习，是把已经训练好的模型参数迁移到新的模型上以帮助新模型训练。强化学习是一个最优学习策略，可以让本体在特定环境中，根据当前状态作出行动，从而获得最大回报。强化学习和有监督学习最大的不同是，每次的决定没有对与错，而是希望获得最多的累计奖励。

目前，应用于新闻出版数据场景下的原始数据资源大多是未经标识的数据，使得监督式学习模型成为可能，尤其运用于交互数据的数据挖掘，通过监督式学习建立一个机器学习过程，通过不断比对机器推送的内容数据与用户点击的概率，不断调整预测模型，直至达到一个较为满意的准确率。最终的结果是机器推送的内容完全符合用户的需求。通过监督式学习的模型，可以间接实现出版内容数据的结构调整，使之符合大众市场用户的需求。

人工神经网络算法模拟生物神经网络，作为一种模式匹配算法，通常用于解决分类和回归问题。新闻出版企业的知识产品大多是以知识体系为核心的知识库等产品，例如地质出版社的地质专业内容资源知识库、人民法院出版社的"法信"裁判文书大数据平台。以往的知识体系建设需要具有行业专业知识的人员来进行，而运用人工神经网络算法解决分类问题恰恰可以发挥作用。

2012年6月，《纽约时报》披露了谷歌的Google Brain项目，吸引了公众的广泛关注。这个项目是由著名的斯坦福大学的机器学习教授Andrew Ng和大规模计算机系统方面的世界顶尖专家Dean共同主导，用

16000 个 CPU Core 的并行计算平台训练的一种称为"深度神经网络"（Deep Neural Networks，DNN）的机器学习模型，在语音识别和图像识别等领域获得了巨大的成功。2013 年 1 月，在中国最大的互联网搜索引擎公司百度的年会上，创始人兼 CEO 李彦宏宣布要成立百度研究院，其中第一个重点方向的就是深度学习，并为此而成立 Institute of Deep Learning（IDL）。这是百度成立十多年以来第一次成立研究院。[①]

下面着重介绍当下和未来将影响人工智能发展趋势的两种机器学习技术。

（1）深度学习

深度学习作为机器学习算法中的一项新技术，于 2006 年被多伦多大学的 Hintonge 教授提出。[②] 深度学习打破了神经网络发展的瓶颈，通过输入层、隐藏层、输出层的多重网络结构可以实现复杂函数的逼近。具备拟合复杂函数的特点使得深度学习神经网络对输入的数据具有更强的识别能力。数据间的联系可以在隐藏层中长期储存，并且与其他数据挖掘方法相比，深度学习神经网络有更好的灵活性和准确性。这使得深度学习可以在语音识别、图像识别、预测分析、自然语言理解等领域发挥更大的作用。在建立、模拟人脑进行分析学习时，它可以通过模拟人脑，来解释数据，例如图片、声音等。当前深度学习运行的领域较为狭窄，但是已经取得了惊人的效果，例如横扫世界围棋冠军的人工智能 AlphaGo 就是运用深度学习的算法，未来应用于新闻出版业的图片、声音识别解释，必将极大地改变出版企业的数据整合能力。

深度学习的概念源于人工神经网络的研究。包含多隐层的多层感知器就是一种深度学习结构。深度学习通过组合低层特征形成更加抽象的高层表示属性类别或特征，以发现数据的分布式特征表示。

深度学习的概念由 Hintonge 等人于 2006 年提出。首先基于深度置信网络（DBN）提出非监督学习逐层训练算法，为解决深层结构的相关优化难

---

① 余凯、贾磊等：《深度学习的昨天、今天和明天》，《计算机研究与发展》2013 年第 50 期。

② Hintonge, Osinderos, THE YW, "A Fast Learning Algorithm for Deep Belief Nets", *Neural Computation*，, Vol. 18, No. 7, 2006, pp. 1527–1554.

题带来希望，随后提出多层自动编码器深层结构。此外，Yann LeCun 等人提出的卷积神经网络是第一个真正多层结构学习算法，它利用空间相对关系减少参数数目以提高训练性能。[1]

深度学习的应用场景包括：有效降低语音识别领域的错误率，提高机器视觉领域的识别能力，在自然语言理解领域应用于机器翻译和语义挖掘等。就新闻出版业而言，深度学习技术作为人工智能的底层技术，有助于构建各专业出版的大数据，有助于推动新闻推荐、机器撰稿、智能机器人在新闻出版领域的应用，并逐步推动至市场化发展，甚至达成产业化规模。

（2）迁移学习

人工智能的下一个风口，将由迁移学习加以推动。迁移学习的类别包括：基于样本的迁移学习、基于特征的迁移学习、基于参数/模型的迁移学习和基于关系的迁移学习。

基于样本的迁移学习，就是在数据集（源领域）中找到与目标领域相似的数据，把这个数据的权值进行调整，使得新的数据与目标领域的数据进行匹配（将分布变成相同）。基于特征的迁移学习，就是通过观察源领域图像与目标域图像之间的共同特征，然后利用观察所得的共同特征在不同层级的特征间进行自动迁移。基于参数/模型的迁移学习，其原理是利用上千万的样本数据训练一个识别系统，当我们遇到一个新的样本数据，就不用再去找几千万个样本来训练了，可以将原来的识别系统迁移到新的领域，所以在新的领域只用少数样本同样能够获取相同的效果。基于关系的迁移学习，是指将两个相关域之间的相关性知识建立一个映射，例如源域有皇帝、皇后，那么就可以对目标域的男和女之间建立这种关系，一般用在社会网络、社交网络之间的迁移上比较多。[2]

迁移学习在新闻出版业的应用场景主要有：第一，企业级新闻出版数据的建设与发展。企业级新闻出版数据，可称之为"小数据"，例如同属

---

① 孙志军、薛磊等：《深度学习研究综述》，《计算机应用研究》2012 年第 8 期。

② 人工智能爱好俱乐部：《当深度学习成为过去，迁移学习才是真正的未来?》，2018 年 3 月 8 日，见 https://blog.csdn.net/r1unw1w/article/details/79479247。

自然资源出版领域，中国地图出版集团的内容数据、用户数据和交互数据的建设，其框架设定、功能实现、价值目标等方面具有一些固有规律和特征；地质出版社的数据建设，则可以采用迁移学习技术借鉴地图出版集团，参考借鉴其样本、模型、特征等方面的相同或相似性原理，以节约成本，提高效率。第二，舆情分析。针对部分有重大社会影响力的公众人物，可以分析判断其社交工具的发文偏好、感兴趣领域、时间分布等，建立起模型；该模型的建设和完善可以迁移到其他有重大影响力的公众人物，以起到及时舆情监测、布控、分析和干预的效果。第三，推荐系统。在某专业出版领域建立起用户推荐系统，例如政法领域，由法律出版社所研发的读者推荐系统，可以迁移到法院出版、法制出版等机构，起到举一反三、节约成本的效果。

四、人工智能应用场景

人工智能，离我们并不遥远，甚至可以说就在我们身边。打开微信朋友圈，搜索"小冰"，就可找寻到微软小冰聊天机器人。截至 2016 年 9 月，小冰已经完成了全球 4200 万人、200 多亿次的对话，并且曾学习过 519 位中国现代诗人的全部诗作，其"拜师对象"扩展到上千人，并进行了百万次的自我学习和训练。创作《致十年后》这首 40 行长诗，小冰只用了不到 4 秒的时间。且看小冰创作的诗歌：

> ……
>
> 梦乡里岛屿镌刻磬石似的爱情，
>
> 浇灌时间的种子，
>
> 喜悦水里柔嫩的宇宙，
>
> 遥远之星辉闪耀着希望。
>
> 我将感谢生命的漂泊，
>
> 时光匆匆归来时笑语嫣然，
>
> 你是我的生命的生命。
>
> ——《致十年后》2018.02.12

微软人工智能"小冰"已自主创作并出版了诗集《阳光失了玻璃窗》，

在不考虑创作质量的情况下，这对出版企业传统的选题策划与撰稿都是一种挑战。清华大学语音与语言实验中心（CLST）网站宣布，其人工智能"薇薇"可以自主创作古诗，并可以通过"图灵测试"，这就意味着"薇薇"创作的诗词，人类已经无法识别其作者是人工智能还是自然人了。与此同时，苹果 Siri、百度度秘、Google Allo、亚马逊 Alexa 等智能助理和智能聊天类应用，也正试图颠覆人类和手机的交流方式，将手机变为聪明的小秘书。

人工智能的应用场景几乎涵盖社会各行各业，除大数据、增强现实、虚拟现实、知识服务、智能机器人等技术在新闻出版业的应用场景将在本书后面专章讲解以外，这里将列举部分人工智能在其他领域的应用：

（一）智能教育

人工智能将广泛作用于教育领域，从智能教育学科的设立、智能教育人才的培养、智能教育环境的搭建到智能教育政策体系的形成，将无所不包。就智能教育出版而言，将会主要出现以下几种新业态：

1. 在线教育智能化：基于大数据

如前所述，大数据作为人工智能的基石将会作用于人工智能几乎所有领域。从 MOOC 演进为 SPOC，在线教育理念和业态升级的最重要因素也是基于大数据技术的植入。2013 年 1 月，哈佛大学法学院教授威廉姆开设了名为"著作权"的私播课，成为哈佛大学对私播课的首次尝试。[①] 2015年下半年开始，在线教育产品纷纷倒下，2014 年秋开始的新东方私播课（SPOC）却在 2016 年（2015 年 6 月~2016 年 5 月）创造了 2000 万元营业收入、付费用户 17000 人次、教师最高单季度增收超 30 万元、开通 SPOC 的教师比率高达 25% 的优秀业绩。SPOC 作为在线教育的最新发展模式，作为智能教育的雏形，已经展示出了较强的市场潜力，取得了预期的经济效益。

未来的在线智能教育平台将通过追踪每个学习者的学习时长、性格特征、高频错误知识点等学习行为特点，进行知识计算和大数据分析，找寻

---

① 王婷：《慕课之后，兴起私播课》，《浙江日报》2015 年 4 月 15 日。

出学习者的学习规律，进而为每个学习者提供"线上+线下"、量身定做的个性化、定制化的教育服务，进而真正做到因人施教、因材施教，推进教育公平目标的实现。

2. 智能教育助理：基于语音识别

世界范围内的企业巨头都纷纷推出了各自的智能助理，例如 Facebook M、Amazon Echo、Google Assistant（Allo）、苹果 Siri、IBM Watson、微软小娜 Cortana 和小冰等。这些智能助理的共同特征有：基于语音识别、具备较强的交互性，能够提供对话式服务，同时集中于专业领域，主要提供信息和咨询服务。

而致力于提供智能教育服务的"智能教育助理"在《新一代人工智能发展规划》中被列出，但是目前还没有现象级的产品出现。相信智能教育助理仍然是以语音识别、会话式服务为主要服务方式，同时，关联着大量的教育服务数据库以及学习者本人的信息资料库，通过对学习者学习行为的分析统计，为其提供全面、智能、快速的教育服务。

3. 智能教育机器人：交互式+内置式

《新一代人工智能发展规划》重点提及了几类机器人的研制和推广：智能工业机器人、智能服务机器人、空间机器人、海洋机器人、极地机器人等特种智能机器人。其中空间机器人、海洋机器人、极地机器人这些特种机器人与国土资源系统的"三深一土"（深地探测、深海探测、深空对地观测、土地科技创新）国土资源科技创新战略紧密相关；而智能教育机器人则属于智能服务机器人的序列。

目前市场出现的点读笔、学习机，甚至也有机器人外形的学习设备，最主要的原理是将相关儿歌、诗词、英语、故事等知识素材内置于芯片，然后通过单向灌输的方式向学习者传递，其最大的问题在于缺乏交互性，无法实现人机互动。

人工智能时代，在幼儿教育领域，智能教育机器人将会全面取代市面现有的点读笔和学习机等产品。智能教育机器人将以教育大数据知识库作为数据池，建立健全学习者个人的信息资料数据库，以语音识别来调取相关资料，以人脸识别来推送精准服务，进而实现与学习者的交流互动。这种交互式、智能式的教育将是未来智能教育的重要发展方向。

（二）智能翻译

基于人工智能的语音识别是让机器通过识别和理解，把语音信号转变为文本信息或者让机器执行此命令。语音识别技术所涉及的领域包括：信号处理、模式识别、概率论和信息论、发声机理和听觉机理、人工智能等。

语义识别是对信息进行加工。语义识别的层次可以分为应用层、NLP技术层、底层数据层三个层次。语义识别技术可以分析网页、文件、邮件、音频、论坛等社交媒体中的大数据，也可以通过技术接口应用于所有智能语音交互场景，如智能家居、车载语音、可穿戴设备、VR、机器人等；从交互的方式上，也可以分为：事实问答、知识检索、分类问题等。

而智能翻译机是应用语音识别和语义识别最典型的代表，语音识别与语义识别的基础是大数据样本，人机交互的准确性是最重要的考量标准。现如今市场上出现的科大讯飞翻译机、搜狗翻译宝等产品都可以实现同声传译。但是用户的使用反馈有好有坏，日常生活翻译基本没有问题，但是如果遇到专业性知识问答，智能翻译机就有点捉襟见肘了，根本是基于专业知识语料库样本数据不够庞大，而专业出版机构的专业知识库就是一个内容丰富、专业性强的语料库，未来打通各个出版社的内容资源，集成于一体，运用机器学习，尤其是深度学习，从而以语言学为基础，以专业知识库为数据来源，真正做到有问有答，同时翻译专业、准确，这才能让智能翻译机真正取代人工同声传译。

（三）新闻推荐

今日头条之类的新闻客户端之所以受到欢迎，是因为采用了人工智能技术，根据浏览者的浏览习惯、阅读偏好等，给用户推荐相同或者相似的资讯信息。新闻推荐的主流算法包括：基于内容相似度的推荐、基于用户/物品相似度的协同过滤、热点新闻推荐、基于模型（用户特征模型）的推荐以及混合推荐等算法。

未来，越来越多的新闻企业、网络电商将采用内容推荐技术，做到精准用户画像，捕捉目标用户的阅读需求和阅读兴趣点，进而达到精准推送、增强用户黏性的预期效果。

新闻推荐的应用场景包括：畅销选题的策划、设计和发掘；主题新闻、专题新闻的用户精准定投；新闻资讯产品、传统出版物、数字出版物的用户精准推送等。

（四）语音识别

语音识别技术就是让机器通过识别和理解把语音信号转变为相应的文本或命令的高技术。语音识别技术被认为是 21 世纪前十年信息技术领域十大重要的科技发展技术之一。

语音识别的研究从 20 世纪 50 年代开始。1952 年，AT&T 贝尔研究所的 Davis、Biddulph 和 Balashek 研究成功了世界上第一个语音识别系统 Audry 系统，可以识别 10 个英文数字发音。20 世纪 60 年代计算机的发展推动了语音识别技术的发展。70 年代，伴随自然语言理解的研究和微电子技术的发展，语音识别领域取得了突破性进展。这一时期的语音识别基本采用模式识别策略。随着神经网络的发展，以神经网络为主要技术方法的现代语音识别技术达到大力应用。

目前国内外基于深度学习的语音识别领军企业主要包括微软、苹果、IBM、谷歌、科大讯飞等。

语音识别技术所涉及的方向包括：信号处理、模式识别、概率论和信息论、发声机理和听觉机理等。语音识别的应用领域非常广泛，常见的应用系统有：语音输入系统、语音控制系统、智能对话查询系统等。根据识别的对象不同，语音识别大体可分为三类，即孤立词识别、关键词识别和连续语音识别。

语音识别需要克服的困难包括：语音信息量大；语音的模糊性；个体发音差异；环境噪声和干扰对语音识别有严重影响，致使识别率低；对自然语言的识别和理解，需要先将连续的讲话分解为词、音素等单位，同时要建立一个理解语义的规则等。

目前语音识别的主要应用场景是：在国际出版、教育出版领域，将语音识别技术与语音助理、机器翻译相结合，提高翻译效率，有效降低翻译错误率，提升翻译的效果，为选题策划、图书审校等流程节约人力资源，提高新闻出版的生产制作效率。

（五）自动驾驶

毫无悬念，自动驾驶应该是人工智能家族中明星级的"人设"。想想我们不需要自主驾驶，上车就休息或看书，下车直接到达目的地，这种场景，如科幻电影中所描述的那样。事实上，自动驾驶共包括六级分类体系：非自动化、辅助驾驶、部分自动化、有条件的自动驾驶、高度自动化、全自动化。影视、文学中描述的自动驾驶应该属于全自动化的情形。

国内外自动驾驶的主要发展情况包括：截至2016年，谷歌自动驾驶汽车实际测试里程超过200万英里；特斯拉1.3亿英里的 Autopilot 模式，仅发生一起致死事故，相对普通汽车0.94亿英里一起的致死率，已经大大超越。1987年，我国国防科技大学研制出自动驾驶汽车原型车；2003年，国防科技大学和一汽集团联合改装了一辆红旗轿车，自动驾驶最高时速130公里，实现自主超车；2011年，改装后的自动驾驶红旗轿车完成从长沙到武汉的公路测试，总里程286公里，人工干预里程仅2.24公里。

自动驾驶的优势在于充分运用大数据，解决公共交通资源浪费或挤占问题，通过共享汽车的方式，精准测算一条通道上的车次需求、使用人次，进而为每位用户提供精准、事实、安全和便捷的通勤服务，甚至可以将公共交通资源的利用率提高到100%。其不足在于：其一，会导致司机、乘务员等职业消失或锐减，引发就业问题；其二，引发"有轨电车难题"，引起伦理、公平和利害之间的争议和两难。

第三节　区块链技术

旨在解决"拜占庭将军问题"和"双花问题"的区块链技术是一项集成创新技术，但不是一种原始创新技术。它是综合运用了数学、密码学、计算机学等跨学科知识，进而整合成一项前瞻应用型的技术。随着比特币的迅猛发展，区块链技术甚至被认为是"继大型计算机、个人计算机、互联网、移动社交之后的第 5 次颠覆式计算范式，是人类信用进化史上继血亲信用、贵金属信用、央行纸币信用之后的第 4 个里程碑"①。

一、区块链技术的概念

"区块链"的概念起源于 2008 年中本聪在密码学邮件组发表的论文：《比特币：一种点对点的电子现金系统》，文章指出：时间戳服务器通过对以区块（block）形式存在的一组数据实施随机散列而加上时间戳，并将该随机散列进行广播。每个时间戳应当将前一个时间戳纳入其随机散列值中，每一个随后的时间戳都对之前的一个时间戳进行增强（reinforcing），这样就形成了一个链条（chain），即"区块链"。2009 年，中本聪创立了比特币，并开发出第一个区块，被称为"创世区块"。

究竟什么是区块链？众说纷纭，未有定论。维基百科中文和英文版分别表述如下："区块链是一种分布式数据库，起源自比特币。""区块链包含一系列加盖了时间戳的有效交易的区块组成。每个区块都包含了前一个区块的哈希值，这样就把区块连接在了一起。连接在一起的区块形成区块链，并且每一个随后的区块都是对之前一个区块的增强，因此给它取了一个数据库类型的名字。"②

笔者采用中国知网下载和引用率最高的《区块链技术发展现状与展望》一文的定义：狭义的区块链，即分布式记账本，是一种数据，一种新型数据。狭义来讲，区块链是一种按照时间顺序将数据区块以链条的方式组合成特定数据结构，并以密码学方式保证的不可篡改和不可伪造的去中心化共享总账（decentralized shared ledger），能够安全简单存储的、有先后关系的、能在系统内验证的数据。③ 广义的区块链是一种全新的基础架构和分布式计算范式，是完整的带有数学证明的系统框架。广义来看，"区块链技术则是利用加密链式区块结构来验证与存储数据、利用分布式节点共识算法来生成和更新数据、利用自动化脚本代码（智能合约）来编程和

① SWAN M，Blockchain：Blueprint for a New Economy，USA：O'Reilly Media Inc，2015.
② 何蒲、于戈等：《区块链技术与应用前瞻综述》，《计算机科学》2017 年第 4 期。
③ 袁勇、王飞跃：《区块链技术发展现状与展望》，《自动化学报》2016 年第 4 期。

操作数据的一种全新的去中心化基础架构与分布式计算范式。"① 本质来讲，区块链"是一个去中心化的分布式账本数据库，是比特币的底层技术，和比特币是相伴相生的关系"②。

二、区块链技术的特征

区块链的特征主要包括：去中心化、时序数据、广泛参与性、安全可靠性、可编程等特点。

去中心化是区块链最突出的特有属性，是指区块链的信用关系构建是基于分布式系统结构，不依赖中心化的第三方机构或设施，基于协商一致的规范和协议（如哈希算法），各节点数据自我验证、记账、存储、维护和传输。从信用机理的角度来看，区块链是以去中心化的算法信用（软件定义的信用）来取代中心化的机构信用甚至是国家信用，如比特币的信用体系和现行货币中心化信用体系的关系。

时序数据是时间戳服务应用的结果，是指区块链的链式区块结构数据带有时间戳，被增加了时间维度，进而可验证和可追溯。这一点在产品和服务溯源、版权确权等方面会有较广阔的应用前景。

广泛参与性是指基于开源技术，"数据对所有人开放，任何人都可以通过公开接口查询区块链数据和开发相关应用"③，都可"通过激励机制来参与数据区块的验证过程，并通过共识算法来选择特定的节点将新区块添加到区块链"④。

安全可靠性是指采用非对称加密技术，通过工作量证明的共识算法所形成的强大算力来确保区块链数据的不可篡改和不可伪造。除非达到全部数据节点/全部算力的 51% 以上，否则无法修改区块数据。但是这一点越来越受到挑战，以比特币为例，据统计，F2Pool、BTCChina Pool 、Huobi

---

① 袁勇、王飞跃：《区块链技术发展现状与展望》，《自动化学报》2016 年第 4 期。
② 徐明星、刘勇等：《区块链：重塑经济与世界》，中信出版社 2016 年版，第 22—24 页。
③ 姚忠将、葛敬国：《关于区块链原理及应用的综述》，《科研信息化技术与应用》2017 年第 2 期。
④ 袁勇、王飞跃：《区块链技术发展现状与展望》，《自动化学报》2016 年第 4 期。

Pool 等中国大型矿池可达到约 60% 的算力，这就意味着安全性在理论上无法得到确保。

可编程性是指通过共享海量、灵活的脚本代码系统为用户研发高级的智能合约、货币或其他去中心化应用提供支持，如以太坊的智能合约平台所提供的图灵完备的脚本语言。可编程特点的不断彰显，也推动着区块链技术模式的不断升级：从 1.0 版的"可编程数字加密货币体系"，到 2.0 版的"可编程金融系统"（目前区块链处于 2.0 版早期阶段），直至最终的 3.0 版"可编程社会"。

第四节　5G 技术

2019 年 6 月 6 日，工信部向中国移动、中国联通、中国电信、中国广播电视网络有限公司四家企业颁发了 5G 牌照，正式标志着中国进入 5G 时代，标志着中国 5G 商用揭开大幕。2019 年，是 5G 元年，5G 已经成为社会各行各业探讨的热门话题。

"4G 改变生活，5G 将改变社会。"5G 时代的到来，必将带来一场影响深远的变革。5G 技术作为新一代移动通信技术，将会成为今后移动通信的主要发展方向和主体内容。除了改变和影响社会大众生活以外，5G 技术势必影响社会各个行业。以新闻出版为例，5G 的赋能、注智，将进一步推动新闻出版业向着数字化、数据化、智能化的方向转型升级。5G 技术的广泛应用将会推动新闻出版大数据、AR 出版、VR 出版、个性化知识服务、电视数字图书馆等业态实现更快、更好地发展，进而推动新闻出版业向着更高质量、更高效率的方向迈进。

一、5G 技术及其特征

5G 作为新一代无线移动通信网络，主要用于满足今后的移动通信需求。相对于前四代移动通信技术而言，5G 具备低成本、低能耗、安全可靠的特点，同时传输速率提升 10 到 100 倍，峰值传输速率达到 10 G/s，端到端时延达到 ms 级。[①] 1G 解决了用户电话通信问题，2G 解决了短信发送问题，3G 解决了用户上网浏览图片问题，4G 解决了用户数字音频听取和数字视频观看问题，5G 则会突破时空限制，在超高速传输、低时间延迟的前提下给用户带来最佳体验感，包括现实体验感和增强现实体验感。

众所周知，5G 技术具备以下几个方面的特点：

1. 超高速传输。5G 技术的传输速率，理论峰值可达到 10G/s，是目前 4G 传输的 20 倍，下载一部高清电影，仅仅需要几秒钟的时间。超高速传输不仅可以保证 4K 等超高清视频平均 18Mbit/s 的带宽需求，还可以保证 VR 视频体验 175Mbp 以上的带宽需要。超高速传输的特点，能够极大地带动和推进 AR 业务、VR 业务、全息业务的发展和普及，为用户提供绝佳的体验。

2. 低延迟。3G 技术的端到端延迟时长为数百毫秒，4G 可以达到 10 到 100 毫秒，而 5G 时代的端到端延迟时长为 1 到 10 毫秒，是 4G 的百分之十。低延迟特点，为远程医疗、智能制造的远程操作、自动驾驶等提供了无限发展可能，能够加速推进社会智能化建设进程。

3. 宽覆盖。5G 技术的全面应用，将会覆盖除了城市等热点地区以外的边远山区，进而将移动互联服务推送到更广的范围。2019 年 6 月，中国移动表示将会在当年实现 40 个城市的 5G 覆盖，其中北京实现二环以内的覆盖。2019 年 7 月 9 日，在华为公司的大力拓展下，摩纳哥成为全球第一个实现 5G 全面覆盖的国家。不过，5G 的全面覆盖，还需要一定的时间。"有国内专家也指出，由于 5G 做深度覆盖较为困难，初期只能重点覆盖，5G 的覆盖速度将远远慢于 3G、4G，全面覆盖甚至可能需要 5 年到 10 年。"[②]

此外，5G 技术还具有大容量、高可靠、低功耗等特点。正是这些特点或称优点、优势，决定了 5G 技术将会在国民经济各行业大放异彩，不仅改变人们的日常生活，也将重塑整个社会。

---

① 赵国锋，陈婧等：《5G 移动通信网络关键技术综述》，《重庆邮电大学学报（自然科学版）》，2015 年第 8 期。

② 代小佩：《5G 全面覆盖至少还要 5 年》，《科技日报》2019 年 1 月 16 日。

二、5G 关键技术简述

5G 技术涉及的关键技术很多，包括：超密集异构网络技术、自组织网络、内容分发网络、设备到设备通信、机器对机器通信 、信息中心网络、移动云计算、软件定义网络、软件定义无线网络、情境感知等。其中和新闻出版业紧密相关的技术主要包括：内容分发网络、移动云计算技术和情境感知技术。

内容分发网络是为解决用户大量访问互联网导致网络拥堵而提出的技术解决方案，即在传统网络中添加新的层次，即智能虚拟网络。CDN 系统综合考虑各节点连接状态、负载情况以及用户距离等信息，通过将相关内容分发至靠近用户的 CDN 代理服务器上，实现用户就近获取所需的信息，使得网络拥塞状况得以缓解，降低响应时间，提高响应速度。[①] 内容分发网络，有助于提高分发内容的有效性，同时能够降低用户访问迟延时间，给用户访问网络平台内容提供较好的体验，尤其是在提供镜像服务的情境下，能够优化和改善数字产品和服务的 B2B 用户反馈。在以往的数字图书馆、专业出版知识库销售过程中，经常会遇到的问题便是打开页面时间过长，进而造成用户的满意度下降，影响数字产品和服务的销售进程。积极运用内容分发网络，将有助于改善目标用户阅读体验，从侧面协助市场销售工作的开展。

移动云计算技术是将云计算的概念引入移动互联网的产物。在新闻出版业"十三五"科技发展规划的预研究课题中，云计算以及物联网、大数据、语义分析作为四项重要的技术被提上研究日程。其中，云计算对数字出版的影响包括特殊的容错措施、数字资源格式和设备标准化以降低成本、减少出版企业系统软件的投资等。[②] 数据化、智能化、移动化是媒体

---

① 赵国锋、陈婧等：《5G 移动通信网络关键技术综述》，《重庆邮电大学学报》（自然科学版）2015 年第 8 期。

② 国家新闻出版广电总局数字出版司主编：《新闻出版业科技十三五时期发展规划预研究成果汇编》，中国书籍出版社 2015 年版，第 176—178 页。

融合推向纵深发展的重要方向,① "媒体融合，要始终瞄准先进技术、可用技术，及时将其融入新闻采集、制作、传播全过程，运用大数据、云计算、人工智能等技术构建全媒采编发平台。"② 移动云计算技术是 5G 关键技术之一，能够解决智能终端的访问质量和速度问题，同时，也为移动医疗、移动学习、移动教育、移动型知识服务平台的建设与推广提供了技术现实可能性。

情境感知技术是指借助可穿戴设备、无线通信技术、传感技术等，感知用户所处的环境，并根据获得的信息，为用户主动、智能、个性化地推送服务的技术。情境感知技术因其科技含量高，应用潜力巨大，已成为构建智慧图书馆的基石。③ 情境感知技术将会大量应用于个性化、定制化的知识服务的推送、智能机器人+阅读、智能管理机器人、礼仪机器人、智能盘点机器人等新兴出版场景;④ 同时，智能终端设备依托情境感知技术，捕获用户位置、阅读偏好、交通状况等信息，将会有助于智能新闻内容推荐功能的实现与改善。

第五节　5G 技术、区块链与人工智能的关系

作为应用于出版业的三项前瞻技术，5G、区块链和人工智能之间的关系，需要立足于技术原理和架构的基础上，站在三种技术的发展历程高度去深刻思考和总结，方能打通其中的关键环节，洞悉三者之间的联系与规律。

---

① 郭全中:《媒体融合　思路很清》,《中国新闻出版广电报》2017 年第 6 版。
② 庹震:《加快实现深度融合　全力打造新型主流媒体》,《人民日报》2017 年 8 月 20 日。
③ 韩业江、董颖等:《基于情境感知技术的智慧图书馆服务策略研究》,《情报科学》2019 年第 8 期。
④ 张新新:《新闻出版业智能机器人的应用原理与场景分析》,《科技与出版》2018 年第 11 期。

一、5G 技术与人工智能

5G 和人工智能是两个不同领域的概念，5G 是实现快速无线传播信息和数据的通信技术，人工智能是具备独立感知、决策、执行和自我控制能力的计算机程序。5G 技术作为第五代移动通信技术，所依托的载体是移动互联网，其超高速传输、宽覆盖、低延迟的特征为众人所知，也为人工智能的发展和应用提供了技术支持。

5G 技术能够为人工智能提供算力支撑，提升算力水平。人工智能是能够自主感知、决策、执行和控制的计算机软件程序或硬件设备，人工智能的三要素分别是数据、算法和算力。数据是人工智能的基石，有大量的数据资源，人工智能才可能有好的发展。对于现代新闻出版业来说，数据是生产资料，是生产要素，如石油、矿产一样，是"能源"，图书、图片、条目、知识库、数据库，都是数据。人工智能发展的一个主要引擎是算法，尤其是深度学习的算法。算法是核心，数据用来训练算法，IT 界通常把这个过程叫"喂数据"，把数据叫"奶妈"。没有数据，再好的算法也很难进行有效升级。算法的迭代，从技术层面的创新到思维方式的转变，意味着人工智能乃至社会生态的无限可能；目前的算力是基于 GPU 的计算效率。此外，算力也是重要的基础，如果计算能力不行的话，人工智能也不可能发挥到极致。算力包括计算能力、存储能力，存在形态包括终端算力、边缘节点算力、雾计算、企业的云化数据中心、运营商网络的边缘云化数据中心、云化数据中心（广域范围）、算力的生成、算力的度量等。算力的核心是芯片。算力成本也是人工智能行业的一大痛点，人工智能对计算的需求非常大，因此对高性能计算、定制深度学习芯片要求很高，意味着很多企业要花很多钱买算力、建很多计算中心，造成了很大的资源浪费。5G 技术具有明显提高运算速度、提升算力水平的优势，所以，从源头来讲，5G 技术可支撑人工智能算力的提升。2019 年 1 月 24 日，华为在北京发布了全球第一款 5G 基站核心芯片，算力提升 2.5 倍。

5G 是万物互联的基础，也是人工智能发展的新动力和新引擎。现在物联网、移动医疗和人工智能等先进技术都需要依托 5G 无线通信技术来实现。5G 技术像信息高速公路一样，是万物互联的基石，它在提高传输速率的同时也实现了大量信息和数据传输的可能。2020 年 3 月，武汉抗击新冠疫情期间，中国移动就成功用 5G 技术搭建了移动智能方舱医院，在智慧医疗方面成功实现了 5G 技术和人工智能的结合：该移动方舱以智能设备为基础，以中国移动 5G 网络为支撑，为数字化运营、医生护士的人机协作、跟病人的互动和交流等提供了全套信息化和数字化的运营方案。

5G 技术为人工智能众多领域创造了融合应用场景，人工智能将促进 5G 网络的智能化应用。人工智能的若干领域，在 5G 条件下，将获得新生，绽放出新的生命力，实现创造性转化或创新性发展。在数字视听领域，基于 5G 技术可以重塑网络视听新业态，如网络电影、网络剧、短视频和网络直播、网络广播与网络音乐等；基于 5G 技术可以创新一系列网络视听业务，如 AR、VR、全息影视等网络视听业务。在大数据领域，随着 5G 时代的到来，超密集异构网络技术有助于提高数据流量，解决同频干扰；移动云计算技术有助于提升移动互联网端的数据计算能力，为大数据二次数据的产生提供技术支撑；软件定义网络技术的控制平面可以获取、监控用户数据，有助于用户数据的采集、分析和挖掘。在知识服务领域，依托于移动互联网的知识服务，5G 技术将在电视数字图书馆、智能移动终端知识服务方面进行发力。一个可以想象的画面是，每个人通过一部智能手机，都可轻松实现下载、存储和携带上千种图书，每部手机都是一个移动的图书馆。

二、区块链与人工智能

区块链与人工智能的关系，类似于生产关系和生产力的关系。人工智能就像是生产力，拥有和催生着一系列先进技术，无论是增强现实的技术、虚拟现实的技术还是大数据技术等；区块链就像是生产关系，以一种技术的形式，重新构建了商业关系甚至是生产关系，是对于商业关系和生产关系的伟大发明之一。

　　区块链本质上属于分布式大数据，由区块所构成的数据链；而第三次人工智能的两大基石之一便是大数据。人工智能需要数据，但是数据往往被中心化平台垄断，因而阻碍创新，这种情况下的人工智能有所欠缺。在区块链的基础上，加密经济学创造了一个对于数据提供者有正确激励机制的数据市场。人工智能能够依赖这个数据市场起飞。由此，区块链和人工智能在数据方面便形成了联系。其一，区块链能为人工智能带来开放、安全的数据市场：区块链能够有效解决数据的所有权、使用权、数据隐私泄露、数据安全等问题，构建一个开放、安全的数据市场。其二，区块链能为人工智能带来大规模的数据管理机制：区块链一改传统的中心化的数据分布和存储结构，建立起去中心化、分散式的数据分布、存储与使用结构，能够确保数据的安全、稳定、不可篡改和免受攻击。其三，区块链为人工智能带来更可靠的人工智能建模和预测：人工智能建模依赖数据的海量、真实和有效，而区块链所拥有的数据分布于全网各节点处，无法篡改和伪造，以这样的数据进行计算，所得出的预测结果，其精准率将大大提升。区块链中的智能合约实际上也是一段实现某种算法的代码，既然是算法，那么人工智能就能够植入其中，使区块链智能合约更加智能，提高交易的效率和自动化水平。

　　除了在数据方面，区块链还能在以下三个方面为人工智能带来变革。

　　首先，区块链助力人工智能企业降低算力成本。算力是人工智能发展的技术保障，是人工智能发展的动力和引擎，对于人工智能的发展和应用影响极大。人工智能对算力的要求很高，也就意味着人工智能公司需要花费很大的价钱在购买算力和搭建计算中心上，会造成极大的浪费。而区块链把分布式挖矿与人工智能结合，将大型 GPU 或者 FPGA 服务器集群、中小型企业的空余 GPU 服务器以及个人闲置 GPU 作为计算节点，利用区块链技术共享算力，为人工智能提供算力供给。区块链所有节点的算力、计算资源集中起来，将是一种非常可观的力量，能够有效地解决算力资源浪费和硬件投入问题。

　　其次，引起群体智能变革。目前的人工智能大多是个体的智能，而最终个体智能必然会走向群体智能。分布式节点的群体智能决策，是群体智能形成的基础。只有形成群体智能决策，才能够让智能个体享受到群体经验的结晶，从而不断进行个体及群体的良性迭代。区块链可通过搭建发布机器学习任务的平台，利用群体智慧优化人工智能算法，一套算法由多个人工智能专家更新维护，不再是由一家公司制定一套算法。同时，区块链将会成为群体智能决策的基础设施，智能合约、共识机制、代币机制、分配机制等将会驱动分散智能节点之间的协作，并且成为机器经验形成和记录的载体。这一点，在本书后面讲述群体智能变革出版编校印发流程和区块链在编校印发环节的应用场景之处做了更为详细的说明。

最后，确立信任机制。人工智能解决的是智能问题，区块链解决的是信任问题。对于任何被广泛接受的技术进步，没有比缺乏信任具有更大的威胁，人工智能和区块链也不例外。为了使机器间的通信更加方便，则需要有一个预期的信任级别。对数据的真实性、交易的有效性、算法的可行性、算力的必要性等的评估和预判，都会影响到人工智能的智能化结果，而区块链技术恰恰能够在上述几个方面较好地解决数据、交易、算法和算力的信任机制问题。

综上所述，人工智能和区块链既有区别又有联系，相互促进且相得益彰。区块链的去中心化和共享控制能促进人工智能的组织合作和数据共享，给人工智能的模型带来更好的精确性、安全性和稳定性。从而使得人工智能的知识、数据、模型等可以作为资产进行交换，为人工智能公司或组织带来更高的效益、更低的成本、更高的可信度和安全性等。反过来，人工智能又可在数据、算法等方面推进区块链的发展，提高区块链的自主化、自动化和智能化水平。

区块链作为一项技术已取得了一日千里的发展成就，也展示出未来无限的可能性。但是与人工智能的发展相比，具备两处不同，尚须不断完善：首先，人工智能已经历过"两次低谷、三次浪潮"的发展历程，数据、算法和算力结合起来形成的新引擎已经在技术上相对成熟。但到目前为止，以区块链这项技术为核心的新引擎尚未成型，甚至可以说停留于部分设计图和原型机的阶段。其次，区块链相关的配套工程和实际应用场景都还有待发展。有专家指出，区块链是三个学科的组合：博弈论、密码学和软件工程。从实用和产业化角度看，软件工程能力是相当重要的。但直到今天，与区块链相关的软件工程技术只能说仍在快速发展，尚未成熟和完善。

第三章 智能出版流程再造：人工智能作用于出版流程

人工智能涵盖领域广阔，包括但不限于：智能助理/推理、内容推荐和机器人撰稿、机器视觉、AI艺术、智能搜索、机器学习、机器翻译、语音识别、自动驾驶、机器人、深度学习、数据挖掘、知识图谱、知识服务与知识计算等。

在人工智能技术加速进入新闻出版行业的背景下，经过全面调研并结合新闻出版产业链原理，我们选择与新闻出版业紧密相关的人工智能领域，将其技术原理与新闻出版相结合，进行了应用场景分析（图3-1）。内部，致力于将人工智能应用于新闻出版产业链流程的内部作用和改造；外部，采用人工智能技术帮助新闻出版业对外提供精准化、智能化、多样化智能产品服务。

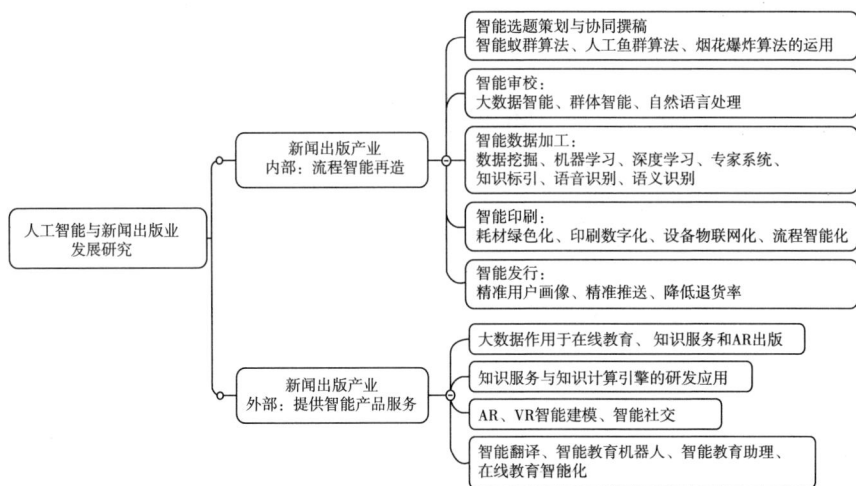

图 3-1 人工智能与新闻出版业发展研究

人工智能对于出版流程的最大启迪在于：需要适时构建一套自动化、智能化、系统化的出版流程，以同时支撑传统出版业务和数字出版业务，做到传统图书和数字产品生产、制作、发行的一体化、协同化和同步化。这是新闻出版企业数字化转型升级的题中应有之义，也是传统出版与新兴出版融合发展的必然要求。

新闻出版业的数字化转型升级，分为三个层次和五个方面的转型，涵盖了出版的角色流——编辑、编辑室（分社）、出版机构，体现于出版的各项工作、各个环节——产品转型、技术应用、流程再造、渠道融合、制度重塑。而流程数字化转型再造的未来走向便是：生产管理流程的智能化改造提升，包括选题策划、审稿校对、排版印制、发行销售等全产业链的智能化升级。

新闻出版业的智能出版流程再造，大致可以表述为：以大数据、人工智能等技术为支撑，建立健全众智众创、协同创新的生产管理流程，提高数字内容生产、流程管控、发行传播的智能化水平，研发、应用和推广支持智能选题策划、智能审校、智能排版、智能印刷、智能发行等技术工具集，研发支持战略研判、决策的智能化管理集成平台，研发面向用户提供智能化服务的集成平台，进而最终实现全面提升新闻出版业协同化、融合化、智能化水平的目标。

第一节　智能策划与协同撰稿

"巧妇难为无米之炊"，对于出版企业而言，拥有足够、优质的选题是出版的前提。传统的选题策划需要耗费大量的人力和财力；而且创作出版内容同样需要花费大量的时间，这其中包含前期内容阅读、中期创作思路以及后期的材料和构思整合，这是一个漫长的过程。就一本小说而言，创作几十万字的内容，需要作家无数个日日夜夜，耗费大量的精力。而对于出版企业来说，作者呕心沥血创作的作品能否成为畅销作品，都是不可预期的。

人工智能的出现可以对出版企业的内容生产带来巨大的变革。如微软人工智能"小冰"已自主创作并出版了诗集《阳光失了玻璃窗》，在不考虑创作质量的情况下，这对出版企业传统的选题策划与撰稿都是一种挑战。清华大学语音与语言实验中心（CLST）网站宣布，其人工智能"薇薇"可以自主创作古诗，并可以通过"图灵测试"，这就意味着"薇薇"创作的诗词，人类已经无法识别其作者是人工智能还是自然人了。[①] 牛津大学等高校研究机构发布报告，未来十年人工智能在写作上将会在一定程度上超越人类。[②] 面对当下的挑战与机遇，作者可以通过关键词检索数据库获得足够的资料数据，然后通过神经网络算法进行意向创作，并输出定制性内容，同时，例如教辅类的批量化出版内容，人工智能可以基于使用者的需要，通过海量的样本数据不断调整输出内容。而综合了神经科学、认知科学等先进科学领域的人工智能可以为出版内容的前瞻性提供参考，并且基于数据的不断更新，可以自适应优化，提供更新更优的出版选题内容。

当然，出版企业要实现智能选题策划，必须依赖大样本数据。大数据是人工智能的基石，也是第三次人工智能掀起热潮的关键性因素。《新一代人工智能发展规划》对大数据智能给出了浓墨重彩的描述，包括大数据基础设施、智能理论、关键共性技术、智能服务平台和各个细分领域的大数据系统等。

在政策资金扶持的角度，2014 年文化产业资金项目支持了 9 个项目，2015 年支持了 17 个；贵州出版集团正在实施"国家出版业大数据应用服务重大工程"；原国家新闻出版广电总局布局和实施了"新闻出版大数据应用重大工程"。

在实践操作的层面来看，企业级智能选题策划的实现，需要有一个超级数据规模的"选题大数据系统"作为支撑。随着国家级新闻出版大数据

①　徐萧：《人工智能写的诗，你有本事分辨出来吗？》，2017 年 12 月 16 日，见 http：//tech. ifeng. com/a/20170211/44541729_0. shtml。

②　市场网猎 IEC：《这些编辑最有可能被人工智能编辑取代》，2018 年 4 月 24 日，见 http：//www. sohu. com/a/204879776_593097。

的建立和健全，经济、政治、哲学、法律、文艺、科技等各个细分领域选题数据库将能够逐步囊括海量级的选题；新闻出版企业便可借助选题数据库，进行细分领域的选题查重、查缺补漏，在进行组稿策划时，便可减少盲目性，提高针对性，进而起到辅助选题策划决策，提高选题策划含金量的预期效果。

同时，基于群体智能的"众智众创众筹"理念，优化运用智能蚁群算法、人工鱼群算法、烟花爆炸算法等群体智能的算法，可探索研发出众创撰稿、协同创作的工具系统，以起到众筹众智、集中专业领域智慧提供个性化、定制化创作的效果。

第二节　智能审校系统

基于大数据智能、群体智能、自然语言处理等理论和技术，未来新闻出版业可研发出一系列智能审校系统，以节约过程资源、提高流程效率，实现推动新闻出版业集约化、高质量发展的目标。

1. 自动纠错系统。基于海量词汇和机器学习构建自动纠错系统，能够自动发现和识别稿件中存在的错误和瑕疵，以不断提高书稿质量，给读者和用户以更加友好的阅读体验，同时也能够最大可能地降低图书质量问题。优化和完善自动纠错系统的关键在于精准识别专业细分领域的特定用语，以避免将正确词汇误认作文字错误，例如法律专业术语"标的"；而这个目标的实现，必须依赖于专业知识服务领域的大数据和海量词汇的大规模、多层次的语言训练。

2. 敏感词识别与排查系统。人工智能视角下的关键词识别与排查系统，要能够支持精准发现、准确排除敏感词的功能，以确保图书的导向正确和质量过硬。敏感词语数据库需要及时更新，能够适应最新政策变化和最新时代发展，及时排除不合理词汇，及时发现新闻报道禁用词，这样方可确保系统的及时性和实用性。

3. 协同编纂系统。系统编纂本身并不是一个新词，只不过在人工智能的视角，被赋予了新内涵和新动能。未来的协同编辑系统，需要充分运用群体智能的理论和技术，一方面推进机器撰稿、协同编辑和众智撰稿，能够支持百科、科普领域的机器撰稿，能够同时支持作者在线撰稿、编辑在线撰稿以及二者协同撰稿；另一方面，支持使用专业数字校对工具，进行数字化在线校对，能够具备内校、外校、作者校的协同校对功能。不过，这意味着现有校对模式的替换和校对方法的革新，意味着生产方式的变更和职业群体的更迭。

第三节 智能数据挖掘与加工

传统出版企业的转型升级已经由数字出版上升为数据出版，未来出版格局中，数据将成为生产要素。基于人工智能的数据挖掘与加工将使出版企业的数字资源整合能力提高到前所未有的高度。

智能数据挖掘与加工方面，主要研究通过人工智能技术实现数据挖掘，借助数理统计、在线分析处理、情报检索、机器学习、专家系统（依靠过去的经验法则）、模式识别、语音识别和深度学习等诸多方法来实现智能数据加工。

在大数据时代，数据挖掘是最关键的工作。数据挖掘在海量、不完全的数据中发现隐含在其中有价值的、潜在有用的信息和知识的过程，也是一种决策支持过程。

新闻出版企业的数据类型，依据数据来源和数据属性划分，可以分为条数据与块数据。

出版业的条数据按照维度的不同，可以分为横向条数据和纵向条数据：横向条数据是指相同或相似出版领域的出版机构，其知识资源数据的整合，例如法律资源，法律出版社、人民法院出版社、中国法制出版社都拥有政法方面的数据资源；纵向条数据是指同一领域、同一行业的单个出版机构所有的专业知识资源数据的整合，例如地质出版社所建设的包含自然资源部、省市自然资源局、地勘科研院所的数据资源。横向条数据的聚合和挖掘，有利于专业出版领域"资源驱动"新型出版集团的组建。而纵向条数据的整合，有利于进一步挖掘大数据时代单体专业出版社的知识数据潜力和优势。最后，横向、纵向条数据的充分挖掘和运用，有利于专业出版知识服务活动的开展。

新闻出版"块数据"的提法，与我国以行政区划为标准，建立和发展出版传媒集团有很重要的关联。地方出版集团，例如江苏凤凰出版集团、中南出版集团、重庆出版集团等企业的产业化、规模化发展，离不开对该行政区域内，主要是该省（市）内的出版资源"块数据"整合和运用，包括整合省内新闻出版业的内容数据、用户数据和交互数据。

内容数据不仅包括图书、杂志、报纸等传统载体上的正文信息，相关标题、作者等的 meta 信息；还包括微博、微信和论坛等新型媒体上发布的内容。用户数据是指用户相对稳定的信息，主要包括年龄、职业、性别、喜好、兴趣等方面数据。交互数据是指用户与用户、用户与内容之间产生的互动信息，主要包括转发、评论、点赞、收藏等方面数据。

内容数据是出版机构建设出版大数据的基础和主体，是大数据技术作用于出版业的主要领域，也是出版机构建设数字内容资产系统的主要数据来源。内容数据挖掘可以用来分析出版企业的数字资源结构，有利于出版企业对自身资源结构建设的调整。

对于传统出版企业而言，用户数据主要包括：作者、读者、发行厂商、印制厂商、技术供应厂商等的相关数据，总之，是一切与出版机构具有业务关联的个人或组织体的信息和数据。用户数据的全面搜集和整理，有利于建立健全出版机构的客户关系管理系统 CRM，提高出版企业的核心竞争力，增强目标用户的黏性与忠诚度。用户数据的挖掘可为传统出版提供从选题策划、编校印制到运营销售的闭环决策的数据参考。

交互数据的挖掘是新闻出版企业数据挖掘的重点，但也是当前出版企业所欠缺的。在这方面，往往是用户规模庞大、用户黏性高的移动通信商和综合型网络服务提供商拥有大量的数据资源，如当当网、亚马逊和三大运营商的手机阅读基地等。针对交互数据的深入挖掘可以实现内容数据的精准推送，是出版机构打通内容数据和用户数据的桥梁和纽带。

第四节　智能印制

智能印制发行系统的构建，其核心在于去库存和去产能。长期以来，我国图书出版业存在着印制不科学、同质化竞争、库存积压严重、仓储成本过高等问题，这些问题在传统的生产方式下迟迟没有得到解决。

从印刷环节来看，自动化是数字化的前提，数字化是智能化的前提。在 Drupa2016 展会上，海德堡提出了"Simply Smart"的口号，翻译成汉语就是"致简·智能"，对数字化时代印刷业的智能生产提出了前瞻性的理念——"未来，印刷就像自主驾驶汽车一样简单，一键完成所有客户订单的生产"，这无疑对印刷业具有划时代的意义。[①]　《中国制造2025》规划中，可以看出，我国印刷产业未来转型升级的方向是：数字化、绿色化和智能化。其中支撑智能化的重要环节包括：耗材的绿色化、印前的数字化、设备的物联网化以及印制过程的自动化。应该说，要实现智能印刷，我们的认知理念、工业基础、核心技术和产业应用都还有很长一段路要走。

例如，耗材绿色化，大力发展绿色耗材是国家"十二五"规划就已经提出的重要内容。传统印制过程资源耗费量大、废弃物对环境造成二次污染，这已经阻碍了出版行业的可持续发展。而如今的绿色印刷要实现低碳、环保、节能。耗材涉及版材、纸张、油墨、润版液等，例如，过去的激光照排制版过程工艺复杂，会产生大量废弃排液。我国开发的"纳米材料绿色制版技术"摒弃了原有感光成像的思路，免去了感光冲洗过程带来的化学污染，不仅使得制版工艺绿色环保，而且大大降低了成本。

---

① 科印印刷网：《来海德堡，看懂未来的智能印刷工厂》，2017 年 5 月 13 日，见 http：//www.keyin.cn/news/cpjs/201705/12-1104472.shtml。

第五节　智能发行

　　智能发行，从其形态来看，既包括传统图书的智能发行，也包括数字产品和服务的智能发行，从其构成要素来看，主要包括：优化完善供给、降低退货率、统计分析、个性化推荐和精准投递推送等。

　　从优化完善新闻出版产品供给的角度来看，优化图书产品结构、提高图书产品质量、多出精品力作，成为当务之急。而从需求侧来看，不能掌握读者的数据信息，认知、了解并统计分析读者的阅读需求、偏好和消费能力等特征数据，进而实现精准用户画像，根据目标用户的消费需求，来确定印制规模和发行数量，便成为迫切需要解决的"痛点"。以大数据视角审视传统出版，最大问题莫过于图书实现了销售，但是无法实现对读者的精准画像：消费者是谁？分布于哪些区域？什么学历？什么年龄段？知识域怎么构成？阅读的目的是什么？等等。这些问题均无法回答。换言之，因为无法实现目标读者的数据回传，进而导致无法实现对目标读者进行精准画像，更难以实现对目标读者的精准推送。

　　为此，新闻出版企业需要构建自身的客户关系管理系统，既包括对用户数据采集、统计、分析和画像，也包括对点赞、评论、留言等交互数据的统计分析。构架客户关系管理系统的目的是获取用户数据，进行统计分析，进而实现精准画像，最终实现纸质图书、数字产品的精准推送和精准营销。

　　值得关注的是，数字内容产业的智能发行也展示出了较强的市场潜力，并且已经在部分领域、部分企业引起了资本界的关注。例如，数字内容智能发行服务商"魔窗"，其用户包括人民日报、沪江、东方航空等，其分发的内容主要是信息资讯，分发渠道主要是腾讯企鹅号等平台，分发的背后是基于用户画像的流量优化，实现工具是魔窗 mLink。"魔窗"已于2017 年 5 月获得了华耀资本的 A1 轮融资，同年 8 月完成得厚资本 A2 轮融资，合计数千万元人民币。

第六节　流程协同与再造

群体智能理念指导下的出版流程再造，其最终目标是使出版企业拥有一套先进、完善的数字化、智能化、融合化的生产管理流程，这种生产管理流程能够同步支持纸质产品印制、数字图书上线和知识库的封装上市，从而大大提高新闻出版行业的生产效率，有效避免"先纸质书、后数字化"的大量重复劳动和滞后工作。

一、一体化

"一体化"，是指传统出版流程与数字出版流程的一体化，该生产管理流程能够支持传统纸质图书生产管理，也能够支持数字图书、条目数据、数据库、知识库、视听库等数字产品的生产管理。目前大部分企业的现状是传统出版流程相对成熟，而数字出版流程不清晰、不完善甚至处于缺位状态。

以智能化视角来审视流程一体化问题，未来的出版流程可能还会包括诸如 AR 出版物的生产、制作、加工和运营，包括 VR 出版类产品的生产、制作和销售等；甚至还包括承载智能内容服务机器人的资源库、交互性系统的支撑与对外运营等相关系统。

二、协同化

2017 年 11 月，原国家新闻出版广电总局发布了《数字出版业务流程与管理规范》的行业标准。该标准的创新性在于系统构建了包括"数字出版的产品策划、资源组织、产品设计、内容审校、产品加工、产品发布、运营维护和售后服务"的业务全流程，同时对规划管理、项目管理和团队管理提出了与时俱进的建议和创新性设计。不足之处在于，对数字出版流程与传统出版流程的衔接、协同问题没有做出回应。

流程的"协同化"是指传统出版和新兴出版流程在人员和角色方面的协同，在内容制作、产品研发、技术应用和管理流程方面的协同。在内容制作和产品研发方面的协同体现在：知识元库的建立和知识体系的研发，需要由传统策划编辑、数字编辑和作者队伍进行协同化研制和修订；传统策划编辑需要全面了解所属出版领域的知识体系，并能够驾轻就熟地对每种图书的篇章节进行知识标引，以便于后期基于同源图书的知识库和专题等数字产品的研发；内部校对、外部校对和作者校对所产生的定稿，要能够协同用于传统图书产品印制和新兴数字产品的研发；传统出版流程和新兴出版流程在考核办法、稿酬制定、利润分配等方面要建立健全协同化、统一化的机制。

三、同步化

流程的"同步化"，是"一体化"和"协同化"共同作用的结果，是指通过出版流程，能够同步化生产纸质图书、电子图书、数据库、专题库、视听产品、AR 出版物、VR 出版物等，能够实现传统产品和数字产品的同步制作、同步生产和同步上线。

从发展时间和未来趋势来看，传统纸质图书和新兴数字产品的同步上线，不是"此消彼长"的关系，而是相互促进、相互推动、相得益彰的"此涨彼涨"的关系。未来的编辑也会转型为同时具备传统出版业务能力和新兴出版能力的现代型编辑，未来的出版是传统与新兴出版融合的出版，不再有传统和数字之分。

四、智能化

同时具备了"一体化""协同化"和"同步化"的出版生产管理流程，便是智能化的出版流程了。同时，智能化的出版流程，能够将智能选题策划、智能审校纠错、智能排版印制和智能营销推荐进行有机融合，以更加数字化、融合化、智能化的生产方式来推动新闻出版业的转型升级，来实现新闻出版业的提质增效。

第四章　出版大数据原理与应用

2017年3月8日,《新闻出版大数据应用工程》入选国家发展改革委员会大数据发展重大工程,意味着国家层面的新闻出版大数据建设将正式步入启动和实施阶段。从数据类型的维度来看,新闻出版大数据主要包括内容数据、用户数据和交互数据,也包括基于专业出版、部委出版社所产生的条数据和基于地域性出版机构所产生的块数据。新闻出版大数据的构建,要结合新闻出版业条数据、块数据同时并存、各有千秋的数据特点和规律,围绕着数据作为生产要素,重塑新闻出版数据的采集、存储、标引、计算、建模和服务体系。

新闻出版大数据建设在国内已经初现成效:审计、公安、法律、地质、海关等领域的大数据平台已在建或建成;2018年的中国国际大数据产业博览会期间,首届(2018)中国新闻出版大数据高峰论坛顺利召开,主办方为融智库"大数据分库"首批专家进行了授牌,并为人民法院出版社、中地数媒、中国海关出版社等5家单位颁发了"中国新闻出版业大数据平台创新成果奖"。

新闻出版大数据建设的技术原理在于:要确立"内容数据、用户数据、交互数据"的数据理念,把数据作为生产要素看待,基于数据思维做顶层设计,熟练把握并运用"数据采集、数据存储、数据清洗、数据标引、数据计算、二次数据、数据服务"七大核心步骤,进而真正发挥大数据在自然科学领域的预测作用和在人文、社会科学领域的预警作用。

第一节　大数据概述

第三次人工智能浪潮最明显的特征是以大数据为基石。算法、算力作用的发挥，都离不开海量数据的使用。正是海量数据的积累和深度学习的应用，使得 AlphaGo 在第一局失败后，连战连胜，战胜了人类围棋冠军。《新一代人工智能发展规划》共有 24 处提及"大数据"，其中涉及的领域包括：农业大数据、金融大数据、工厂大数据、教育大数据、城市大数据、健康大数据等。应该说，我国的出版体制特点决定了每个行业、领域都有相应的出版机构做知识服务支撑，上述领域的大数据构建，不可避免地会延伸到专业出版、教育出版和大众出版大数据的建设。

一、大数据的概念

人们通常又把大数据（big data）称为海量数据，指的是所涉及的数据量规模巨大到无法通过人工，在合理时间内达到截取、管理、处理、并整理成为人类所能解读的信息。换句话说，大数据是指无法在一定时间内用常规软件工具对其内容进行抓取、管理和处理的数据集合。

大数据的精华在于二次数据，即在海量数据的基础上通过运用知识标引、云计算等技术所产生的那部分数据，或者可称之为"数据背后的数据"。

就新闻出版业而言，数据价值体系可分为三个层次：第一层为初次价值，或曰直接价值，即纸质图书所创造的价值；第二层为数字化价值，即对纸质图书数字化、碎片化后通过数字产品所创造的价值；第三层为数据化价值，即在碎片化基础上，通过知识标引、云计算技术的应用产生的数据价值。一旦我们将书籍的数据化价值挖掘出来，那么就步入了数据出版的时代。

二、大数据的特征

大数据通常是指数据规模大于 10TB 以上的数据集。其特征是具有典型的"4V"（Volume、Variety、Velocity、Value），即规模性、多样性、高速性和价值性。

（一）规模性

随着信息化技术的高速发展，数据开始爆发性增长。社交网络（微博、Twitter、Facebook）、移动网络、各种智能终端等，都成为数据的来源。迫切需要智能的算法、强大的数据处理平台和新的数据处理技术来统计、分析、预测和实时处理如此大规模的数据。

（二）多样性

数据来源于不同的应用系统和不同的设备，决定了大数据形式的多样性。大数据形式大体可以分为三类：一是结构化数据，其特点是数据间因果关系强；二是非结构化数据，其特点是数据间没有因果关系；三是半结构化数据，如 HTML 文档、邮件、网页等，其特点是数据间的因果关系弱。

（三）高速性

虽然大数据又被称为海量数据，但二者并不完全等同。大数据与海量数据的重要区别在两个方面：一方面，大数据的数据规模更大；另一方面，大数据对处理数据的响应速度有更严格的要求。数据的增长速度和处理速度是大数据高速性的重要体现。

（四）价值性

大数据中有价值的数据所占比例很小，大数据的价值性体现在从大量不相关的各种类型的数据中，挖掘出对未来趋势与模式预测分析有价值的数据，并通过机器学习方法、人工智能方法或数据挖掘方法深度分析，运用于农业、金融、医疗等各个领域，以创造更大的价值。

三、大数据进入新闻出版业的历程

大数据进入新闻出版业、步入文化产业的里程碑事件主要如下（图4-1）。

大数据进入出版行业的里程碑

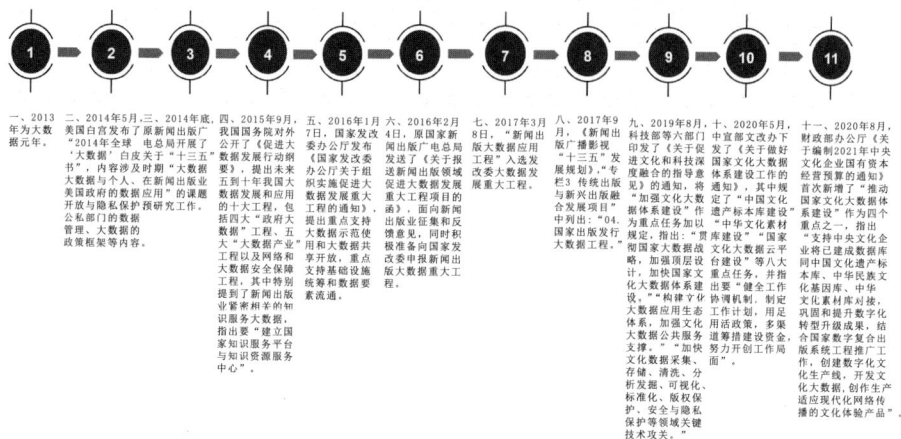

一、2013年为大数据元年。

二、2014年5月，美国白宫发布了"2014年全球'大数据'白皮书"，内容涉及大数据与个人、在新闻出版业美国政府的数据应用与隐私保护等研究工作。公私部门的数据管理、大数据的政策框架等内容。

三、2014年底，原新闻出版广电总局开展了关于"十三五"时期"大数据在新闻出版业应用"的课题预研究工作。

四、2015年9月，我国国务院对外公开了《促进大数据发展行动纲要》，提出未来五到十年我国大数据发展和应用的十大工程，包括四大"政府大数据"工程、五大"大数据产业"工程以及网络和大数据安全保障工程，其中特别提到了新闻出版业紧密相关的知识服务大数据，指出要"建立国家知识服务平台与知识资源服务中心"。

五、2016年1月7日，国家发改委办公厅关于组织实施促进大数据发展重大工程的通知，面向新闻出版业征集和反馈意见，同时积极向国家发改委申报新闻出版大数据重大工程。

六、2016年2月4日，国家新闻出版广电总局发送了《关于报送新闻出版领域促进大数据发展重大工程项目的函》，面向新闻出版业征集反馈意见，重点提出重点支持大数据示范应用和大数据共享开放，重点支持基础设施建设的数据统筹和数据源流通。

七、2017年3月8日，"新闻出版大数据应用工程"入选发改委大数据发展重大工程。

八、2017年9月，《新闻出版"十三五"发展规划》专门把出版业作为3个传统出版领域与新兴出版融合发展项目中列出："04.国家出版发行大数据工程。"

九、2019年8月，科技部等六部门印发了《关于促进文化和科技深度融合的指导意见》，将"加强文化大数据体系建设"作为重点任务，并指出"构建文化大数据服务体系……加快国家文化大数据公共服务平台建设"，重点任务是"贯通文化数据采集、存储、清洗、分析挖掘、可视化、标准化、版权保护、安全与隐私保护等领域关键技术攻关。"

十、2020年5月，中宣部改办下发了《关于做好国家文化大数据体系建设工作的通知》，其中规定了"中国文化遗产标本库建设""中华文化素材库建设""国家文化大数据云平台建设"等八大重点任务，并指出要"建好工作协调机制、制定用法及活动清单、用好用活资金、多渠道筹措措施经费和努力开创工作局面"。

十一、2020年8月，财政部办公厅《关于编制2021年中央文化企业国有资本经营预算的通知》首次明确将了"推动中国文化企业将已建成数据库同中国文化遗产标本库、中华民族文化基因库、中华文化素材库对接，巩固提升数字文化转型升级成果，结合国家数字复合出版系统工程推广工作，创建数字化文化生产线，开发文化大数据，创作生产适应现代化网络传播的文化体验产品"。

图4-1 大数据进入新闻出版业的里程碑事件

1. 2013年被称为大数据的元年，自浙江人民出版社《大数据时代》一书出版以后，首先掀起了一股大数据领域的出版热潮；之后，大数据一直作为一个热门话题，在各行各业都引起了高度关注。

2. 2014年5月，美国白宫发布了"2014年全球'大数据'白皮书"，内容涉及大数据与个人、美国政府的数据开放与隐私保护、公私部门的数据管理、大数据的政策框架等内容。

3. 2014年底，原新闻出版广电总局开展了关于"十三五"时期"大数据在新闻出版业应用"的课题预研究工作。

4. 2015年9月，我国国务院对外公开了《促进大数据发展行动纲要》，提出未来五到十年我国大数据发展和应用的十大工程，包括四大"政府大数据"工程、五大"大数据产业"工程以及网络和大数据安全保障工程，其中特别提到了新闻出版业紧密相关的知识服务大数据，指出要"建立国家知识服务平台与知识资源服务中心"。

5.2016 年 1 月 7 日，国家发改委办公厅发布《国家发改委办公厅关于组织实施促进大数据发展重大工程的通知》，提出重点支持大数据示范使用和大数据共享开放，重点支持基础设施统筹和数据要素流通。

6.2016 年 2 月 4 日，原国家新闻出版广电总局发送了《关于报送新闻出版领域促进大数据发展重大工程项目的函》，面向新闻出版业征集和反馈意见，同时积极准备向国家发改委申报新闻出版大数据重大工程。

7.2017 年 3 月 8 日，"新闻出版大数据应用工程"入选国家发改委大数据发展重大工程。

8.2017 年 9 月原国家新闻出版广电总局公布《新闻出版广播影视"十三五"发展规划》，其中在"专栏 3　传统出版与新兴出版融合发展项目"中列出："04　国家出版发行大数据工程。汇聚新闻出版行政管理机构及新闻出版单位的基础业务数据，建设行业信息数据库，建设出版产品信息交换平台和新闻出版大数据综合服务平台，实现行业基础数据的开放与共享，支持新闻出版企业开展大数据应用。"

9.2019 年 8 月，科技部等六部门印发了《关于促进文化和科技深度融合的指导意见》，将"加强文化大数据体系建设"作为重点任务加以规定，指出："贯彻国家大数据战略，加强顶层设计，加快国家文化大数据体系建设。""构建文化大数据应用生态体系，加强文化大数据公共服务支撑。""加快文化数据采集、存储、清洗、分析发掘、可视化、标准化、版权保护、安全与隐私保护等领域关键技术攻关。"

10.2020 年 5 月，中宣部文化体制改革办公室下发了《关于做好国家文化大数据体系建设工作的通知》，其中规定了"中国文化遗产标本库建设""中华文化素材库建设""国家文化大数据云平台建设"等八大重点任务，并指出要"健全工作协调机制，制定工作计划，用足用活政策，多渠道筹措建设资金，努力开创工作局面"。

11.2020 年 8 月，财政部办公厅《关于编制 2021 年中央文化企业国有资本经营预算的通知》首次新增了"推动国家文化大数据体系建设"作为四个支持重点之一，指出"支持中央文化企业将已建成数据库同中国文化遗产标本库、中华民族文化基因库、中华文化素材库对接，巩固和提升数字化转型升级成果，结合国家数字复合出版系统工程推广工作，创建数字化文化生产线，开发文化大数据，创作生产适应现代化网络传播的文化体验产品"。

大数据技术应用于新闻出版广播影视行业越来越呈现加速发展、快速融合的态势。从之前财政部公布的 2014、2015 年文化产业发展专项资金项目来看，2014 年获批的大数据项目为 9 个（表 4-1），2015 年这一数据更新为 17 个（表 4-2）。

以下为相关项目名称和方向：

表 4-1　2014 年度中央文化产业发展专项资金项目中大数据项目统计

1. 北京博雅立方科技有限公司	基于大数据技术的网络广告精准营销公共服务平台
2. 上海世纪出版集团	基于大数据技术的十万个为什么青少年科学素养分级评估系统
3. 江苏凤凰出版传媒集团有限公司	大数据时代中小学教师移动互联培训出版平台
4. 湖北楚天传媒网络科技有限责任公司	新闻出版大数据服务中心建设示范工程
5. 互爱互动（北京）科技有限公司	基于大数据分析的网络游戏产品全方位业务支撑平台研发和应用推广项目
6. 新华网股份有限公司	基于 4G 移动互联网大数据分析及移动云服务交互系统项目
7. 广州酷狗计算机科技有限公司	"酷狗"云计算互动型数字音乐（娱乐）大数据平台建设
8. 中国青年报社	基于"大数据技术"建设全媒体融合内容生产和传播平台项目
9. 湖北长江出版传媒集团有限公司	大数据影像资源库与数字传播平台

表 4-2 2015 年度中央文化产业发展专项资金项目中大数据项目统计

1. 北方联合出版传媒（集团）股份有限公司	大数据应用模式下新华书店数字化转型升级改造工程
2. 九洲文化传播中心	涉台影音大数据及云服务共享平台
3. 中国时代经济出版社	审计数字出版大数据应用知识库建设项目
4. 上海克顿文化传媒有限公司	影视文化内容制作行业的大数据决策辅助平台
5. 北京时代昌荣广告有限公司	昌荣 ATD 大数据广告服务平台（昌荣 ATD 广告营销智能化平台）
6. 金鹃传媒科技股份有限公司	基于消费行为大数据的广告精准投放系统
7. 成都梦工厂网络信息有限公司	基于云技术的全平台化游戏大数据分析系统
8. 福建广电网络集团股份有限公司	福建省有线电视大数据应用中心项目
9. 地质出版社	中国地质专业资源知识服务大数据平台
10. 中国人民公安大学出版社	公安出版大数据平台建设
11. 人民公安报社	大数据中心建设
12. 中国中医药报社	中医药全媒体文化传播大数据服务平台
13. 中国保险报业股份有限公司	保险业大数据评价与应用
14. 中国财政经济出版社	财经大数据分析与应用平台建设项目
15. 海外网传媒有限公司	海外华文新媒体技术支撑与内容共享大数据平台
16. 《证券日报》社	智能移动个性化经济大数据信息推荐平台
17. 湖北广播电视台	媒体融合的社会化大数据服务平台建设

第二节　出版大数据建设的必要性与可行性

我国独特的出版体制决定了专业出版、教育出版、大众出版在出版方阵中占有重要地位，在已经来临的人工智能时代中，细分领域、特定行业的专业出版大数据建设、教育出版行业的教育出版大数据建设以及部分大众出版大数据建设，具有天然的优势和较大的可能。教育出版的数据类型、数据集中度、数据建设进程，与专业出版大数据相似；大众出版领域的大数据建设，则要根据数据类型、知识体系、用户数据分布等情况作出实事求是的分析和判断，而后酌情考虑大数据建设工作。

下面以专业出版为例，分析大数据建设的必要性与可行性。

一、出版大数据建设的必要性

其一，就出版企业自身而言，专业出版大数据的建设，有助于辅助选题策划、辅助精准营销，有助于推进出版社自身业务的优化和完善。长期以来，传统出版企业的经营一直处于粗放式经营阶段，单体出版社自身究竟有多少个作者、有多少销售客户、建社以来共计出版了多少图书？……这些问题，很少有出版社可以回答，也就是说，对用户数据、内容数据的建设没有引起足够的重视和关注。相反，如果出版企业对于上游的作者数据、下游的销售客户数据、内容资产数据、交互数据等建立起了相对完善的数据中心或者数据资源池，那么，这些问题的回答将会易如反掌；同时，调取用户数据系统的数据来指导选择更加优质的作者、来了解同类型选题的销售规律，调取内容数据系统的数据来分析热门选题的周期顾虑、来预判同质/差异化选题的销售趋势，将会极大地改进选题策划和市场营销工作。

其二，就出版行业趋势而言，专业出版大数据的建设，是数据化出版的必然要求，是深入推进新闻出版业数字化转型升级的时代呼唤。自2008年新闻出版总署成立科技与数字出版司以来，随着十余年转型升级的深入推进，数字出版经历了以数字图书、数字期刊、数字报纸为代表的数字化发展阶段；经历了以数据库产品、网络原创文学为代表的碎片化阶段；[①]正在经历以知识体系为逻辑内核、以知识标引为技术基础、以知识计算为技术关键和以大数据知识服务为外在表现形态的数据化发展阶段，数据化发展有可能催生出数据出版这一新的出版业态。

其三，就未来时代发展而言，人工智能以大数据为基础，专业出版大数据的建设是新闻出版业步入智能化发展阶段的题中之义。智能出版对内的表现是出版流程的智能再造，形成从智能策划、智能审校、智能印刷、智能发行到智能决策等全流程的智能化解决方案；对外表现是提供 AR 智能出版、智能阅读机器人等系列智能产品服务。无论是对内的智能流程再造还是对外的智能产品服务，都离不开大数据的建设与应用，大数据是智能出版的基础和前提。

二、出版大数据建设的可行性

专业出版机构建设大数据，具备较多的现实可能性：

（一）数据类型完整

就数据类型而言，专业出版机构是条数据的主要拥有者，所保存和产生的数据，涵盖了较为完整的数据类型——用户数据、内容数据、交互数据。从用户数据的角度来看，专业出版机构拥有着上游的作者数据，中游的编校、设计、印刷机构/个人数据，下游的营销、发行机构/个人数据，还包括数字化技术服务提供商的数据；从内容数据的角度来看，专业出版社汇聚和集中了特定行业、特定专业、特定领域的知识资源，时间跨度可以持续 60—70 年，整体专业出版机构几乎囊括了国民经济各行业的最主要知识资源；从交互数据的角度分析，专业出版社的数据规模相对而言较为薄弱，但是仍然有重点图书、重点产品的交互数据，随着数字出版的开展，各种专业知识库、数字图书馆对个人用户的评论、点赞等交互数据的采集和分析，会使得专业出版社的交互数据建设进一步强化。

---

① 廖文峰、张新新：《数字出版发展三阶段论》，《科技与出版》2015 年第 7 期。

中国大地出版社、地质出版社已经建设完成了"自然资源知识服务大数据平台"（图4-2），其中用户数据系统，包括个人用户和机构用户两类数据，涵盖了地质、国土、林业、海洋等自然资源领域的各种类型从业者和大众用户。用户数据的构成，则包括通讯方式、通信地址、年龄结构、阅读偏好、消费能力、工作性质、消费能力、趋势分析等8个维度，不同维度的数据信息均服务于大数据平台的运营推广。

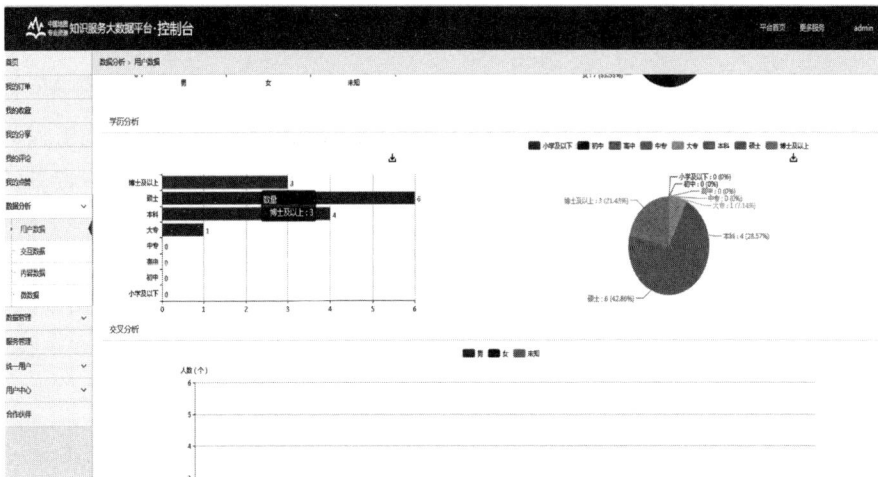

图4-2　自然资源大数据用户数据系统

（二）数据规模较大

专业出版机构的数据规模较大，往往是两三家、甚至是一家出版社就几乎聚集了全行业的知识资源。宏观角度分析，专业出版社可以构建出特定行业的全数据资源池，形成数据闭环，例如政法类出版社可以将立法、执法、司法、守法等各环节的数据进行采集、加工、标引、计算和应用。微观角度来看，专业出版社能够做到全方位的数据建设，仍以政法类出版社为例，法信大数据平台所拥有的数据包含了法律（基本法和非基本法）、法规（行政法规和地方性法规）、规章（部委规章和地方性规章）以及非规范性法律文件，同时拥有庞大的判决书、案例、合同、课程、音视频等数据类型。

（三）数据价值较高

专业出版机构的数据质量较高、真实性较强、应用价值较大。从数据、信息和知识的层级关系分析，数据是指经实验、调查而来但未经组织或处理的事实，是能进行计算域分析的静态资料；信息来自对数据的萃取、过滤或格式化后而赋予数据一定的意义，来自根据特定主题而收集的事实及数据；知识则是经过学习或实践而得到的对于资讯、事实、想法、原则的理解或认知，是经过特殊处理、验证或强化过的信息。[①] 专业出版机构所拥有的数据主要集中于以图书形态存在的专业知识的层面，同时，越来越多的专业出版社开始构建所在行业的资讯、政策、论文、期刊等类型的数据，试图形成该行业的数据、信息和知识的集聚中心、加工中心和应用中心。

第三节 出版数据的价值

就我国新闻出版业而言，以价值体系为视角，综合分析这些年新闻出版单位所开展的转型升级业务，可以得出这样一个结论：新闻出版企业的产品具备直接价值、数字化价值和数据化价值，这三个层次的价值体系构成了大数据应用于新闻出版业的内容前提。

一、直接价值

直接价值，或称初次价值，是指经过新闻出版单位策划、编辑、审校、印制过程而形成的纸质产品所产生的价值。其中，纸质产品包括传统的图书、报纸和期刊。数十年以来，我国新闻出版单位主要经济效益指标的完成、日常经营管理的主要收入，均来自对纸质产品价值的实现。

---

① 董金祥主编：《基于语义面向服务的知识管理与处理》，浙江大学出版社 2009 年版，第 11—12 页。

二、数字化价值

数字化价值是指在新闻出版业转型升级过程中，通过对纸质产品数字化、碎片化处理，而产生的数字图书（馆）、专业数据库所贡献的价值。数字化价值的实现依托于数字出版发展历程中的数字化阶段和碎片化阶段。① 国内已有多家出版社通过对数字化价值的挖掘来产生和创造出新的经济增长点，例如社科文献出版社的皮书数据库、人民法院出版社的审判支持应用系统等均取得了较好的社会效益和经济效益。数字化价值是对原有纸质产品价值的提升，也是纸质书报刊二次价值的挖掘和体现。但是，数字化不等同于数据化，纸质产品的数字化价值也永远无法取代其数据化价值。

三、数据化价值

数据化价值是指在数字化、碎片化的书报刊的基础上，对数字化、碎片化的资源进行多维度、立体化知识标引，充分运用云计算技术，通过大数据模型构建和数据服务层研发（图4-3），产生和输出的二次数据所创造的价值。二次数据所创造的价值，也是纸质书报刊三次价值的挖掘和再提升。可以说，这些年整个新闻出版行业的转型升级工作，主要是促进和推动传统新闻出版单位尽快挖掘出纸质产品的数字化价值，而对于数据化价值的挖掘和提炼工作，还没有实质性的开展和部署。诚如维克托·迈尔-舍恩伯格所言："出版社多年来也一直致力于电子书领域的开发，但是他们都只是把书籍内容作为核心价值，而没有把书籍看作一种数据并纳入自己的商业模式中。因此，他们没有做到把书籍的数据价值挖掘出来，也不允许别人这样做。他们没有看到数据化的需求，也意识不到书籍的数据化潜力。"② 纸质书报刊的数据化价值的产生，是大数据技术应用于新闻出版

---

① 廖文峰、张新新：《数字出版发展三阶段论》，《科技与出版》2015年第7期。
② ［英］维克托·迈尔-舍恩伯格、肯尼斯·库克耶：《大数据时代》，盛杨燕、周涛译，浙江人民出版社2013年版，第112页。

业的初衷和归宿，也是新闻出版业由数字出版向数据出版转型和过渡的关键和标志。

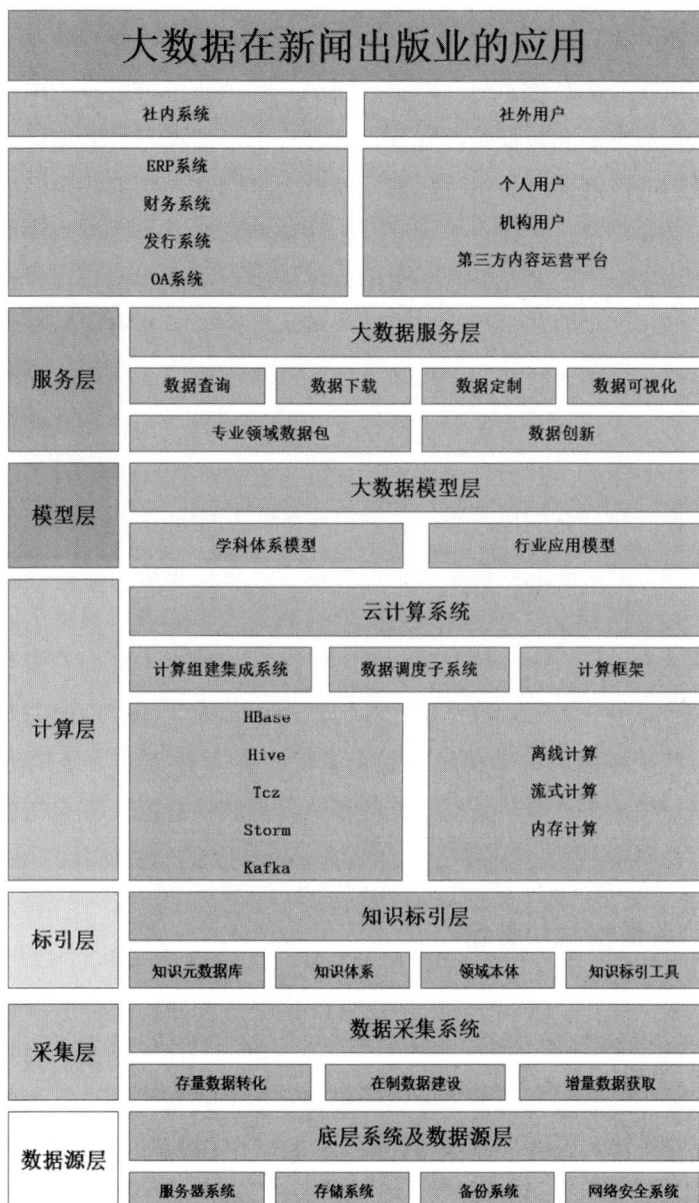

大数据在新闻出版业的应用

社内系统	社外用户
ERP系统 财务系统 发行系统 OA系统	个人用户 机构用户 第三方内容运营平台

服务层

大数据服务层			
数据查询	数据下载	数据定制	数据可视化
专业领域数据包		数据创新	

模型层

大数据模型层	
学科体系模型	行业应用模型

计算层

云计算系统		
计算组建集成系统	数据调度子系统	计算框架

HBase Hive Tcz Storm Kafka	离线计算 流式计算 内存计算

标引层

知识标引层			
知识元数据库	知识体系	领域本体	知识标引工具

采集层

数据采集系统		
存量数据转化	在制数据建设	增量数据获取

数据源层

底层系统及数据源层			
服务器系统	存储系统	备份系统	网络安全系统

图4-3 新闻出版业大数据建设流程示意图

第四节　出版数据的类型

新闻出版业的数据类型，按照不同的分类方法，可以分为不同的数据种类：从数据来源和数据属性划分，可以分为条数据与块数据；从数据内容与构成划分，可以分为用户数据、内容数据和交互数据。不同的数据分类法，意义和价值也不同：条数据、块数据的划分，对资源驱动型出版集团的组建和发展、专业知识服务和综合性知识服务的开展，具有较大的启发意义；用户数据对构建出版机构的客户关系管理系统具有重要价值，内容数据是构建出版大数据的主体和关键，也是构建出版机构数字内容资产系统的核心所在，交互数据对于发挥大数据的预测、预警和辅助营销功能具有决定性的作用，是建设营销决策分析系统的重要参照。

大数据时代的新闻出版业面临着巨大的挑战和冲击，同时也存在着较大的机遇和空间。在大数据产业链的构成中，大数据拥有者、大数据技术提供商、大数据专家——拥有大数据思维的个人和企业、数据中间商，这四个角色的构成中，出版机构拥有着大数据拥有者和大数据专家的双重角色和身份。目前，人民法院出版社、大地出版传媒集团、中国公安大学出版社、时代经济出版社等传统出版企业已经基本建成企业级的大数据平台，分别在法律、地质、公安、经济等细分领域构建起了较有特色的内容大数据资源平台。

一、条数据与块数据

2015年5月24日，由北京市科学技术委员会和贵阳市人民政府共建的中国首家"大数据战略重点实验室"在贵州贵阳成立。条数据与块数据的提法，源于大数据战略重点实验室的理论研究成果，同时，该重点实验室在块数据的运行模式和应用领域方面也提出了许多新的见解和看法。

（一）条数据

我国特殊的出版体制，决定了专业出版机构汇聚了大量专业性、行业性的知识资源数据，如教育出版荟萃了丰富的幼教、中小学教育、高等教育和职业教育领域的知识资源数据。在大数据时代，这些资源数据如何在特定行业、特定领域焕发出新的活力，如何通过知识标引、知识计算等关键共性技术的运用，产生出具有预测预警、辅助决策功能的二次数据，便成为出版业应对大数据挑战的首要问题。

出版业的条数据按照维度的不同，可以分为横向条数据和纵向条数据：横向条数据是指相同或相似出版领域内出版机构的知识资源数据的整合，例如法律资源，法律社、法院社、法制社都拥有政法方面的数据资源；纵向条数据是指同一领域、同一行业的单个出版机构所有的专业知识资源数据的整合，例如地质出版社所建设的包含自然资源部、省市自然资源局、地勘科研院所的数据资源。

横向条数据、纵向条数据的提出，在新闻出版业具有以下几个方面的意义。首先，横向条数据的聚合和挖掘，有利于专业出版领域"资源驱动"新型出版集团的组建。其次，纵向条数据的整合，有利于进一步挖掘大数据时代单体专业出版社的知识数据的潜力和优势。最后，横向、纵向条数据的充分挖掘和运用，有利于专业出版知识服务活动的开展。

2015年3月，新闻出版广电总局办公厅发布了《关于开展专业数字内容资源知识服务模式试点工作的通知》，并在经过专家评选之后，选取了28家单位作为知识服务模式探索的试点单位，启动了出版机构知识服务通用标准的研制工作。2017年，国家新闻出版广电总局公布了第二批知识服务模式试点单位27家的名单；2018年6月，中国新闻出版研究院公布了第三批知识服务模式试点单位（综合类）55家。上述第一批试点单位中，中国建筑工业出版社、天津大学出版社、华中科技大学出版社在建筑出版领域均各有特色，如何实现三家出版机构的专业知识资源数据的整合，是通过战略合作机制，还是通过单项合作点的探索方式来推动三社的数据协同服务，则是三社未来专业知识服务能否走向市场化、产业化的关键所在。

（二）块数据

新闻出版"块数据"的提法，与我国以行政区划为标准，建立和发展出版传媒集团有很重要的关联。地方出版集团，例如江苏凤凰出版集团、中南出版集团、重庆出版集团等企业的产业化、规模化发展，离不开对该行政区域内，主要是该省（市）内的出版资源"块数据"整合和运用，包括整合省（市）内新闻出版业的用户数据、内容数据和交互数据。

值得一提的是，贵州出版集团依托贵州作为全国大数据试验区的地缘优势，申报并实施了"国家新闻出版大数据应用重大工程"项目，突破了"块数据"的理念束缚，以地方出版集团的身份，尝试整合了全国范围内的新闻出版理论数据、实务数据和政府管理数据。

二、内容数据、用户数据与交互数据

内容数据、用户数据与交互数据的提法，首先来源于原新闻出版广电总局所组织的"十三五"科技预研究课题——"大数据技术在新闻出版业的应用"。这种分类方法，结合新闻出版业的实际状况，是大数据理念与新闻出版相结合的一次重要探索和尝试。其中，"内容数据不仅包括图书、杂志、报纸等传统载体上的正文信息，相关标题、作者等的 meta 信息；还包括微博、微信和论坛等新型媒体上发布的内容"。"用户数据：是指用户相对稳定的信息，主要包括年龄、职业、性别、喜好、兴趣等方面数据。""交互数据：是指用户与用户、用户与内容之间产生的互动信息，主要包括转发、评论、点赞、收藏等方面数据。"①

（一）内容数据

内容数据，是指出版机构在经营和发展过程中所积累的知识资源数据，是经过数字化、碎片化和数据化后所形成的专业性、行业性或者综合性的知识资源。内容数据是出版机构建设出版大数据的基础和主体，是大数据技术作用于出版业的主要领域，也是出版机构建设数字内容资产系统的主要数据来源。从表现形态来看，内容数据包括文字、图片、音视频、游戏、动漫、3D 模型等多种知识素材。内容数据的建设过程，需要遵循以

---

① 参见新闻出版广电总局"十三五"科技预研究课题——"大数据技术在新闻出版业的应用"。

下两个原则：

1. 内容数据建设的长效性

新闻出版业转型升级，是一个长期的过程，是一个有起点、无终点的过程。对于传统新闻出版企业来说，只要"全方位、立体化、多层次"的知识服务提供商的转型目标没有实现，就将长期处于转型升级的初级阶段。作为转型升级的重要组成部分，内容数据建设也是一个长期的过程，要遵循长效原则，并且，随着时间的推移，内容数据建设得越完整、越丰富、越科学，就越能够挖掘其背后的"数据金矿"，进而不断发现和发掘二次数据。

2. 内容数据建设的全样本性

内容数据建设要坚持"全样本"的原则，即不对知识资源数据作出条条框框的限制，而是围绕某专业、行业或领域，全面采集、标引和存储一切相关的知识资源数据。这也是大数据"相关性"特点在新闻出版大数据建设过程中的体现。

"全样本"建设，要求做到以下几点：第一，要注重数据的全面性，建设全样本数据，而非做抽样的数据；样本越全面，数据挖掘就越充分、知识标引就越周延、知识计算价值就越大，最终所产生的二次数据，价值就越大。第二，任何数据都是有其价值的，边缘数据、陈旧的数据往往可以通过数据创新、数据更新、数据再利用等多种方式将其未被发现的价值挖掘出来。举例而言，国内大部分在 20 世纪 50 年代成立的出版社，把自建社以来的所有图书进行数字化、碎片化和数据化加工，其价值包括既在于能够对某专业、行业领域知识资源进行纵向、历史性的梳理，也是构建一个出版机构完整的数据资产系统所必须的，同时，在建社 80、90 甚至 100 周年时，还可以对企业员工进行企业文化的教育和培训。

（二）用户数据

用户数据，是指能够精准描绘出用户特征的信息，包括年龄、性别、学历、职称、民族、区域、阅读偏好等。对传统出版企业而言，用户数据主要包括：作者、读者、发行厂商、印制厂商、技术供应厂商等，总之，是一切与出版机构具有业务关联的个人或组织体的信息和数据。

以大数据的视角看用户数据，主要包括用户的类型数据、用户的共性数据和用户的个性数据。用户的类型数据，是指目标用户属于个人用户还是机构用户，是属于作者、读者还是发行方，是新华书店、民营书店还是直营书店，等等；用户的共性数据，是指有关用户的年龄、职业、民族、籍贯、性别、喜好、兴趣等基本特征；用户的个性数据，是指用户数据中涉及出版的策划、制作、营销等具体环节的重要数据，包括联系方式、所属行业、阅读偏好、消费频次等。

用户数据的全面搜集和整理，有利于建立健全出版机构的客户关系管理系统 CRM，提高出版企业的核心竞争力，增强目标用户的黏性与忠诚度，进而为传统出版提供从选题策划、编校印制到运营销售的闭环决策辅助数据参考；也为新兴出版提供盈利模式、产品体系、技术方案、人才引进等方面的数据参数。

（三）交互数据

大部分出版社的官网、论坛，缺少交互，或者交互性比较差，因此，对于交互数据的采集、计算、分析相对于内容数据、用户数据而言，显得更加薄弱和苍白。在这方面，往往是用户规模庞大、用户黏性高的移动通信商和综合型网络服务提供商拥有大量的数据资源，如当当网、亚马逊和三大运营商的手机阅读基地等。又如，腾讯集团的微信业务每天都可以搜集数亿乃至数十亿计的点赞、评论等交互性数据。

"在很多行业的大数据创新应用中，对'实时互动'的需求越来越强烈，如果能够实时抓取到用户瞬间的消费冲动，无疑将能大幅提升营销推广效率。"[1] 交互数据恰恰又是出版机构将内容数据推送至目标用户的关键性数据资源，是出版机构打通内容数据和用户数据的桥梁和纽带。只有通过对交互数据中的留言、"鲜花"、点赞、评论、收藏等数据的标引、计算和分析，才能发现目标用户的阅读喜好，才能洞察目标用户的消费规律，也才能够成功地将图书产品及数字出版产品推送到终端用户那里，起到直联直供和直销的效果，发挥大数据的辅助营销决策、推动精准营销的应有价值。

---

① 刘松：《实时交互是大数据的第五大特征》，《北京晨报》2015 年第 4 期。

第五节　出版数据采集

大数据技术要求我们把所有的文字、图片、视听资料、游戏动漫都当作数据来加以对待，把数据作为生产要素加以看待，让数据从生产流程一端输入，从另一端产生出我们想要的二次数据、创新数据，实现数据的潜在数据挖掘。这个过程，与知识发现的过程有些类似。

就新闻出版业而言，大数据技术应用的资源起点在于数据采集，数据采集的类型，包括内容数据、用户数据和交互数据，其中内容数据是重中之重。数据采集的路径大致有三种。

一、存量数据转化

存量数据的获取，主要采取纸质产品形态转化的手段，对出版社既存的知识资源进行数字化、碎片化，进而获得所需的各种类型的知识资源。各出版社的历史有长短，所积累的存量图书少则千余种，多则数万种，这些存量资源的数字化、碎片化是很重要的知识数据积累。近些年，财政部、原新闻出版广电总局所力推的特色资源库建设项目，是实现存量资源数据化的重要方法和途径。

二、在制数据建设

在制数据的获取，是指针对出版社日常编辑出版过程中的知识，通过流程同步化的手段，进行数据的标引、加工，以获得所需的知识资源。在制数据的获取，对新闻出版单位的传统纸质产品和数字化产品生产管理流程一体化提出了很高的要求，同时，也对责任编辑的专业能力、技术算计能力，出版社的一体化考核机制形成了较大的挑战。

三、增量数据采集

增量数据的采集，是指在出版社主营业务之外，通过资源置换、资源购置、网络抓取等方式和手段，获得所需的数据资源。增量资源获取能力的高低，是出版社开展大数据建设，与民营企业、海外出版机构竞争的关键所在，也是目前各出版社正在着力解决的难题。

我国新闻出版业的特殊体制，使得各新闻出版单位在数据拥有方面呈现出条块分明的特点，也为我国新闻出版业构建各种类型的出版大数据体系提供了前提和可能：专业性出版社往往服务于特定的行业，在长期的经营发展过程中，积累了数量庞大、权威专业的行业数据资源，进而为开展"条数据"的大数据应用奠定了数据基础；而地方性的出版社、出版集团，则占有特定地域的数据优势，能够调动地方资源，在"块数据"的大数据应用方面大展拳脚。

第六节　出版数据标引

在完成海量的数据资源采集工作以后，出版单位紧接着面临的是对这些数据进行清洗、挖掘和标引工作。数据标引是整个大数据应用的基础，也是大数据发挥预测、预警价值，实现知识发现和数据创新的成败所在。具体而言，新闻出版业的数据标引，是指对海量的知识资源数据进行属性、特征等方面的标签化加工，这种标签化加工或曰标引的依据就是知识体系，包括学科知识体系和行业应用知识体系。

新闻出版业的标引，侧重于知识标引和行业应用标引，一方面服务于学科研究；另一方面服务于国民经济各行业的应用，为开展知识服务奠定基础。

一、知识体系

出版社完成知识标引任务，需要做好两项准备性工作：知识元的建构和知识体系研发。长久以来，为了完成各个阶段的效益指标，出版社往往采取短期性、粗放式的经营方式，很少有出版社能够在知识元、知识体系方面开展相应工作，而到了大数据时代，对于知识元、知识体系的建设工作则显得刻不容缓。因为大数据对新闻出版业转型升级的基本要求是实现知识资源的数字化加工、碎片化处理和知识化标引。

要实现对新闻出版知识资源的标引，必须首先研发知识元和知识体系。知识元，是指不可再分割的具有完备知识表达的知识单位。[①] 从类型上分，包括概念知识元、事实知识元和数值型知识元、解决方案型知识元等。知识元的建构，是开展大数据知识标引的逻辑起点，同时也为移动互联网时代出版单位开展知识服务提供了资源基础。

新闻出版企业有了自身出版领域的知识元，便可以通过领域词表管理工具实现对知识元的增加、修改、删除和维护，同时也可以将该知识元连同领域词表作为数字产品向图书馆、科研院所进行销售。

知识体系研发，则是关乎所采集的大量数据能否贴上标签，为将来计算、统计、数据提取提供基础的重要任务；同时，知识体系也是数据加工企业据以标引内容数据的依据和标准，没有知识体系，知识标引则沦为一句空话。知识体系的研发需要在知识元建构的基础上，厘清各个知识点之间的逻辑层次，尊重现有学科分类，依特定学科、特定领域分别开展。

二、学科知识标引

学科知识标引，是指新闻出版企业根据自身特征鲜明的理论学科，构建该特定学科的知识体系，之后，按照该学科知识体系对海量知识资源数据进行标引。

需要注意的是，出版业的学科知识标引是完备型标引，采用"演绎式"方法构建知识体系，因为每个出版领域都专属于相对成熟的理论学科，例如法律出版、化工出版、知识产权出版等。所以，出版业进行学科

---

① 百度百科："知识元"，见 http：//baike. baidu. com/link？url＝sjv－MWRqhdo4m7zpIP0c4 HqSShpyRyJaYD－jBJ_DF_hhGpLi3eO3wTWI1bsCTx5wt－3VC8Y4ptLK2Tzurl0I_a 。

知识标引是在拥有了完备的知识体系之后，用知识体系进行标引。

而新闻资讯类数据的标引往往是不完备的标引，大多采用"归纳式"的方法构建知识体系，通过对海量新闻资讯数据进行高频词统计、热点词统计等方式提炼出知识点，之后用这些知识点所构成的体系再对既有/将有的海量数据进行标引。

值得一提的是，之前很多出版社所开展的资源数据加工业务，都是采取"甩手掌柜"式的做法，将出版社的既有数据交由数据加工企业做结构化标引，出版社在整个数据加工过程中的角色和地位并没有凸显。这种做法，在结构化标引工作中勉强可行，而在知识性标引过程中，出版单位必须要充分发挥自身的主动性和能动性，运用自己的专业资源优势和学科优势，亲自主导研发知识元和知识体系，之后再将知识元、知识体系交由加工企业，让加工企业依据知识体系进行标引，同时，出版单位要对标引后的数据做最终的质量检查。

三、行业应用标引

行业应用标引，是指对采集的海量数据按照特定行业的工作环节、职能定位进行标引。行业应用标引是指出版大数据服务于国民经济各个行业的关键性步骤，也是大数据前期市场调研的必然结果，同时关乎所生产的大数据知识产品能否切实满足目标用户的实际需求。

行业应用标引在数字出版发展的不同阶段都在被广泛应用和采纳，并且已经显示出了其在数字化、网络化时代的价值和前景。例如，之前法律出版社所研发的中国法官数字图书馆就是按照法院系统的部门设置、工作环节、流程任务等维度，对所收录的近万种数字图书进行子馆建设和研发，实践证明这种标引方法相对于中图分类法，更受到目标用户的欢迎和认可。

应用标引首先需要建立一套完整、权威、被用户接受的行业应用知识体系，这种行业应用知识体系大多与所服务的行业经验、流程具有高度的重合性，故而能够为用户所认可和接受，这种行业应用知识体系侧重于服务行业具体公共环节和流程。体系研发工作需要由出版单位主要承担，需要充分发挥出版社的专业知识优势，同时在充分的市场调研的基础上加以完成。

第七节 出版数据计算

在对海量数据进行采集和标引之后，便需要运用云计算技术，对各种数据进行计算，计算的结果是产生二次数据，也就是我们想要的大数据的精华——纸质产品的数据化价值体现。

一、云计算的应用

关于云计算，当前的传统出版技术提供商还仅停留在以云存储、虚拟化和设备租赁为核心的 IaaS（Infrastructure-as-a-Service）阶段，而对于设备租赁，往往是超大规模的数据拥有商才有可能运用，所以在新闻出版业的大数据方面并没有太大的应用空间。

出版业大数据所运用的云计算技术往往集中于 SaaS（Software-as-a-Service）层次，即直接运用相关的软件和技术，一般离不开各种计算组件的综合运用和离线计算、流式计算、内存计算等多种计算框架的设定。例如，在福建省司法大数据分析平台案例中，可以看出该平台以 HDFS Federation（分布式文件系统的集群）和 YARN（一种新的 Hadoop 资源管理器）为核心，在 YARN 集成了各种计算组件，包括 HBase、Hive、Tez、Storm、Kafka 等。以 YARN 的资源动态调度为基础，高效地将离线计算、流式计算、内存计算等计算框架融合在一起，实现统一的调度和管控。

二、知识计算与数据计算

就新闻出版业大数据构建而言，需要用到数据计算，更准确地说是用到知识计算。计算机研究领域的知识计算包括属性计算、关系计算和实例计算，① 各种显性知识通过知识计算可以得出许多隐性知识。笔者以为，新闻出版业的知识计算，则是指在对知识资源进行多重标引的基础上，通过相同或者相似维度的统计分析，获得新的知识的一种方式。也就是说，知识计算是知识发现的一种重要途径。

以大数据的视角来看，只有通过知识计算这一途径，才能够发现、获取新的知识数据，新产生的数据即"大数据"；所以，知识元、知识体系、知识计算是构建新闻出版业大数据绕不过去的一座大山。由此看来，对于新闻出版大数据来说无论是政府层面的大数据，还是行业级大数据、企业级大数据，都还有很漫长的道路要走，需要做好充分的理论准备、数据准备和实践准备。

在 2017 年 7 月国务院发布的《新一代人工智能发展规划》中，提到知识服务和知识计算："围绕提升我国人工智能国际竞争力的迫切需求，新一代人工智能关键共性技术的研发部署要以算法为核心，以数据和硬件为基础，以提升感知识别、知识计算、认知推理、运动执行、人机交互能力为重点，形成开放兼容、稳定成熟的技术体系。

知识计算引擎与知识服务技术。重点突破知识加工、深度搜索和可视交互核心技术，实现对知识持续增量的自动获取，具备概念识别、实体发现、属性预测、知识演化建模和关系挖掘能力，形成涵盖数十亿实体规模的多源、多学科和多数据类型的跨媒体知识图谱。"②

第八节　出版数据建模

大数据产业链主要由大数据拥有者、大数据技术公司、大数据思维公

---

① 王元卓、贾岩涛等：《OpenKN——网络大数据时代的知识计算引擎》，《中国计算机学会通讯》2014 年第 10 期。

② 《新一代人工智能发展规划》，2017 年 7 月 8 日，见 http：//www. gov. cn/zhengce/content/2017-07/20/content_ 5211996. htm。

司和个人、数据中间商四个角色所实现。在这四个角色中，核心和关键是具备大数据思维的公司和个人，因为他们能够指导采集什么样的数据，他们明晰需要设定的群体、行为、性别、特征等分析统计维度，他们知道采用什么样的挖掘分析系统，他们清楚产生的二次数据的用户和市场。

出版企业本身是一定量的数据拥有者，具备了研发大数据平台的数据基础；最重要的是经过多年的专业培训和实践，出版社，尤其是专业类出版社，拥有具备大数据思维的职业人才，同时出版企业还可以通过合作、融合等方式扮演数据中间商的角色。

大数据思维的最重要体现便是如何构建大数据模型，这对任何行业的大数据建设而言，都是头等重要的大事。新闻出版业基本涵盖了我国学科体系的13门学科的所有知识范围——理学、工学、农学、医学、哲学、经济学、法学、教育学、文学、历史学、军事学、管理学、艺术学。为此，大数据建模将会呈现出各种各样的差异性和特殊性，其复杂程度也将有所不同。对于法律学科，其严谨、规范的法言法语非常有利于大数据的标引和计算开展，这样的严谨性、规范性语言不仅存在于法律条文中，同样存在法律判决书之中；同样，法律学科"大前提、小前提、结论"的基本逻辑模型也为大数据建模提供了相对一致的模型基础。而对于其他学科，把握住其基本的逻辑模型和语言特点，将是考量大数据建设的重要能力。

但是，无论差异再大，大数据建模的两个方向是恒定的——学科体系建模和行业应用建模。学科体系建模有着相对成熟的理论基础和知识体系，其操作难度相对不大；而行业应用建模，则需要深入到国民经济各行各业，深入把握各个行业和职业的工作环节、业务流程的特点规律，在此基础上，熟悉用户需求，围绕用户需求建构相应的大数据模型。

第九节　出版大数据应用——数字教育、知识服务、移动阅读与人工智能

在经历了数据采集、数据标引、数据计算、数据建模等环节后，便可

为目标用户提供丰富多彩的大数据服务了。大数据服务既包括服务于新闻出版业本身的数据服务，也包括服务于国民经济各行业的数据服务。企业级的大数据平台，完全可以在内部为选题策划、编辑审校、印制财务和发行运营提供数据支撑和决策参考；同时，企业级大数据平台所汇聚的海量数据资源，又可为目标用户提供外部的知识服务，进而实现纸质产品产生的二次数据的价值。

在对外提供大数据服务时，出版业的大数据所提供的服务既包括提供一般性数据服务，如数据查询、数据下载、数据可视化、数据交换和购置，也包括为出版转型升级的特定领域提供服务，例如数字教育、知识服务和移动阅读、人工智能领域等。下面仅就大数据在这几个领域的应用做简单分析。

一、大数据与数字教育

MOOC（Massive Open Online Courses）曾一度被誉为继火的发现之后最重要的创新，然而，2013 年美国斯坦福大学的教授塞巴斯蒂安·特龙却公开宣称 MOOC 是一个失败的新生事物，其主要原因是只有 5% 左右的课程完成率。[①] MOOC 备受欢迎的原因在于汇聚了海量的权威课程资源，解决了教育形式上的公平公正问题，弥补了课堂教学资源的有限性。

继 MOOC 之后，美国又兴起了 SPOC（Small Private Online Courses），基于解决小规模学生群体的特定学习问题而开设的网络课程，应该说 SPOC 属于知识服务的定制化服务范畴，它解决了小部分学生的学习难点和问题，同时将线上和线下的课程、答疑相结合。

无论是 MOOC，还是 SPOC，要想取得较高的通过率，都需要借助大数据技术，实现数据回传，捕获学生的个性化学习问题，通过对学生学习数据的采集、分析、研判，发现不通过的原因所在（如具体知识点始终无法考核通过），然后，将该类型原因所对应的知识解决方案反复推送给该学

---

① ［英］维克托·迈尔-舍恩伯格、［英］肯尼思·库克耶：《与大数据同行：学习和教育的未来》，赵中建、张燕南译，华东师范大学出版社 2015 年版，第 17 页。

生用户，直至该知识问题能够被掌握。从而采取有效的针对性措施，以实现预期的理想课程效果。

二、大数据与知识服务

如前所述，我国《促进大数据发展行动纲要》中明确提出知识服务大数据的建设，包括建立国家级知识服务平台和国家级知识资源服务中心。大数据与知识服务的关系是：首先，大数据为扩展性知识服务的开展采集了海量的知识数据、用户数据和交互数据，为精准营销和定制化推送提供了前提和可能，能够有效发挥扩展性知识服务的 B2C 盈利模式的作用；其次，大数据为定制化知识服务提供了个性化知识解决方案，能够满足特定群体、特定个人的绝大部分知识需求；最后，大数据平台和知识服务平台都需要采用知识标引技术，包括学科性的知识标引和应用性的知识标引，这也是二者可以实现融合打通底层资源的可行性所在。

三、大数据与移动阅读

在大众出版领域，移动手机阅读收入近几年经历了几倍数的高速增长之后，目前处于平稳增长的新常态发展局面，而无论是中国移动还是中国联通都已经在部署或者筹划部署大数据平台的建设问题。基于移动阅读平台构建大数据，有其天然的优越性：其一，三大基地掌握了大量的用户数据，仅中国移动手机阅读基地，就拥有着 4.2 亿的手机用户,[①] 海量的用户数据对于大数据模型的建构和服务的提供具有至关重要的作用；其二，手机阅读基地掌握了海量的内容数据资源，仅中国移动手机阅读基地就拥有着超过 43 万种精品正版内容，涵盖图书、杂志、漫画、听书、图片等产品，这些内容数据恰恰是大数据平台建设的核心数据所在；其三，手机阅读基地还以其日均点击量数亿次的优势而收录了大量的点赞、评论等交互数据，这些数据对于实现内容精准投送、个性化定制推送具有相当高的参

---

① 《咪咕数媒正式起航 手机阅读基地华丽转身》,2015 年 4 月 20 日, 见 http://news. youth. cn/gn/201504/t20150420_6589843. htm。

考价值。总之，移动大数据将来也必将成为数字出版界的一面旗帜，在大数据时代继续扮演领跑数字出版的重要角色。

四、大数据与人工智能

AI，人工智能，是指根据对环境的感知，做出合理的行动，并获得最大收益的计算机程序。人工智能相对应的是我们人类的自然智能。

迄今为止，人工智能已经步入了发展的新阶段。经过 60 多年的演进，特别是在移动互联网、大数据、超级计算、传感网、脑科学等新理论新技术以及经济社会发展强烈需求的共同驱动下，人工智能加速发展，呈现出深度学习、跨界融合、人机协同、群智开放、自主操控等新特征。

自从 20 世纪 50 年代提出人工智能以来，先后经历过三次发展高潮，里程碑意义的事件分别是：

20 世纪 50 年代图灵测试震撼了世人；

20 世纪 90 年代 IBM 深蓝打败国际象棋冠军卡斯帕罗夫；

2016 年 AlphaGo 战胜了围棋冠军李世石。

第三次人工智能高潮的爆发，是伴随着移动互联网、大数据、超级计算、神经科学等新理论新技术的飞速提升而出现的。这其中，大数据是人工智能的基石。大数据所带来的海量数据训练、深度学习使得 AlphaGo 在第一场负于自然智能之后，一晚上又继续练习了 500 万盘围棋，所以在后来的比赛中，顺理成章地一直处于领先状态。

为什么说大数据是人工智能的基石？研究发现，人工智能的几乎所有领域：智能推理、新闻推荐和新闻撰稿、机器视觉、AI 艺术、智能搜索、机器翻译、语音识别、自动驾驶、机器人、深度学习、数据挖掘、知识图谱等，都需要运用大数据技术，需要海量数据作为支撑。大数据技术也是人工智能迎来第三次发展高潮的至关重要的技术。

（一）大数据与机器撰稿

就新闻出版业而言，新闻推荐实现了对目标用户的精准推送，可以将每一条相关度最紧密的资讯及时推送到用户那里。

机器撰稿的发展更是突飞猛进：美国的"作家"人工智能技术平台 Wordsmith，2013 年自动撰写的新闻稿件数量达到 3 亿篇，超过了所有主要新闻机构的稿件产出数量；2014 年，已撰写出超过 10 亿篇的新闻稿。

2017 年 8 月 8 日 21 时 37 分 15 秒中国地震台网机器人自动编写稿件，仅用 25 秒出稿，540 字并配有 4 张图片。内容包括速报参数、震中地形、热力人口、周边村镇、周边县区、历史地震、震中简介、震中天气 8 大项。

有大数据语料库作支撑，机器撰稿的报道将更加客观、发稿速度更快、出错量更低，将有助于减少人力资源的投入，推动记者向着深度新闻报道的方向转型。当然，过度依赖大数据技术支撑的机器撰稿，其作品也存在着一定的局限性：如所撰写的新闻资讯深度、宽度、厚度、温度不够，仅仅适用于信息播报、体育财经等客观报道领域。

（二）大数据与智能出版

国务院发布的《新一代人工智能发展规划》，其中有 24 处提到了大数据，无疑，大数据作为人工智能的基石被诠释得淋漓尽致。

如前所述，整个新闻出版业高度重视大数据技术的应用，并举全行业之力构建新闻出版发行大数据平台，这为人工智能语境下的智能出版奠定了扎实的数据基础和技术基础。

可以预见的是，未来的智能出版包括增强现实智能出版、虚拟现实智能出版、知识服务智能出版等新业态，但是无论哪种新业态的出现和壮大都必将伴随着大数据技术的充分应用，否则始终会遇到发展的瓶颈。

第五章　出版知识服务

在 2017 年底，众多资深数字出版智库专家齐聚一堂，召开了出版业深化数字化转型升级的闭门研讨会，此次会议荟萃了政产学研各界的智慧，就未来出版领域等问题作出了预测和展望。会议认为，未来出版的四大领域，其中之一，便是知识服务。

未来出版业的知识服务可描述为：研发应用知识计算引擎、知识管理及知识服务的关键技术与标准，鼓励发展众筹众智、众问众答的共享知识经济，创新发展满足人民群众精神文化需要的扩展性知识服务和定制化知识服务。培育壮大以知识、文化、技术、信息、数据等新生产要素为支撑的数字经济新动能，重点发展面向垂直领域的国民经济各行业知识资源数据库和服务平台；建立国家知识资源服务中心，重点提供信息服务、知识产品和知识服务解决方案，形成涵盖多领域、多学科和多数据类型的知识图谱。

知识服务，是出版业的最终转型目标，是智能出版高级阶段目标，也是现代出版技术原理与应用的重要场景之一。相对于图书馆知识服务而言，出版社开展的知识服务，无论是扩展性的知识服务还是定制化的知识服务，其性质、特点和内容都有着鲜明的不同之处，这也意味着出版社开展知识服务具有良好的社会效益和经济效益。在"互联网+"的时代背景下，在媒体融合、出版融合的形势驱动下，未来的出版业转型升级的最终方向必然是知识服务，为目标用户提供全方位、立体化、多层次、多介质的知识服务。

出版机构知识服务技术应用原理在于：遵循知识服务模式策划与确定、知识资源准备、知识资源组织、知识关联、知识计算、知识图谱构建、知识资源应用、知识资源发布、知识服务的运营与维护、知识服务的评估与反馈的产业生态，形成周而复始的知识服务闭环，合理运用五种知识服务模式，为目标用户提供信息服务、知识产品和知识解决方案三种层次的知识服务。

目前新闻出版业的知识服务，主要进展有：三批共计110家知识服务模式试点单位已经遴选完成并开展工作；新闻出版知识服务系列国家标准已经于2020年7月正式实施；知识服务技术提供商名录已经发布；法律、化工、地质等领域的知识服务产品研发取得了阶段性进展。其不足在于：知识服务市场盈利能力还很薄弱，知识变现规模很小，知识服务的关键技术如知识计算引擎、知识图谱应用还没能突破，跨领域知识服务图谱尚未对接和形成，知识服务的高级形态——知识解决方案仍付之阙如等。

未来知识服务的方向，将重点围绕突破知识计算引擎和知识服务关键共性技术而展开。《新一代人工智能发展规划》旗帜鲜明地将知识计算引擎与知识服务技术作为"关键共性技术体系"的第一项加以列出，明确指出要"重点突破知识加工、深度搜索和可视交互核心技术，实现对知识持续增量的自动获取，具备概念识别、实体发现、属性预测、知识演化建模和关系挖掘能力，形成涵盖数十亿实体规模的多源、多学科和多数据类型的跨媒体知识图谱"。

第一节　新闻出版知识服务的概念和特征

新闻出版机构所开展的知识服务，是指围绕目标用户的知识需求，在各种显性和隐性知识资源中有针对性地提炼知识，通过提供信息、知识产品和解决方案，来解决用户问题的高级阶段的信息服务过程。

新闻出版机构所开展的知识服务分为三层：第一层为信息服务，是指新闻出版机构为目标用户提供资讯、书讯、图书基本信息、数字产品信息等服务；第二层为知识产品，是指新闻出版机构根据目标用户的需求所提供的数字报刊库、数字图书馆、条目数据库和以知识体系为核心的知识库等产品；第三层为知识解决方案，是指新闻出版机构根据用户个性化、定制化的知识需求，为目标用户提供点对点、直供直联直销的知识化的问题解决方案。

新闻出版机构的知识服务，其主要特征有：

其一，知识服务注重社会效益，同时也注重经济效益。这一点与图书馆所提供的图书情报信息服务有着显著性的差别，图书馆的图情信息服务公益性色彩较重，基本不涉及依靠图情信息服务来提高经济效益，所提供的图情服务以无偿服务为主；而就新闻出版机构而言，从未来长远的业务发展来看，新闻出版机构将来生产和发展的主体业务，应该是提供知识服务，并且多数情况下提供的是有偿的知识服务。

其二，能够提供多层次、跨媒体、全方位的知识服务。相对于图书馆知识服务而言，新闻出版机构所提供的知识服务更加全面、立体和丰富。首先，新闻出版机构所提供的知识服务可以包括信息资讯服务、数字产品和知识解决方案，信息服务、数字产品、解决方案的层次性差别明显，既能够满足一般用户的大众化的、扩展知识的需求，也能够满足特定用户个性化的、解决特定知识问题的需求。其次，新闻出版机构能够提供包括纸质介质、网络介质、智能终端介质在内的多介质、跨媒体的知识服务。最后，新闻出版机构所提供的知识服务既能满足特定专业、特定领域的用户需求，也能满足普通社会大众的知识需求，服务范围囊括整个社会，属于全方位的知识服务，而图书馆知识服务往往只能面向特定专业群体或者特定社区，具有服务范围特定性的特点。

其三，知识服务是新闻出版机构转型升级的最终目标。我国的数字出版转型升级工作推行了数年，部分新闻出版机构已经实现了一定程度的业态转型，但是国内出版单位目前的经营主业仍然是提供纸质的图书产品。从转型升级的目标来看，包括但不限于纸质图书的知识服务应当是新闻出版机构经营发展的最终走向。主管部门关于转型升级、融合发展的部署，无论是数字化软件、硬件的配置，还是数字资源库项目的启动、行业级数字内容运营平台的搭建，抑或是传统媒体和新兴媒体深度融合的战略，其初衷和归宿都在于让新闻出版机构具备提供数字化、信息化的数字产品与服务的能力，推动新闻出版机构具备开展互联网、移动互联网知识服务的能力，最终实现新闻出版机构由提供单一的纸质图书产品向提供全方位、多媒体的知识服务的角色转型。

第二节 出版机构知识服务标准体系

2015 年，由地质出版社等 28 家出版单位牵头制定了《知识服务通用标准体系》，其中明确了 8 项专业数字内容资源知识服务模式试点工作项目标准，包括：《知识服务标准体系表》《知识资源建设与服务工作指南》《知识资源建设与服务基础术语》《知识资源通用类型》《知识关联通用规则》《主题分类词表描述与建设规范》《知识元描述通用规范》《知识应用单元描述通用规范》。制定了 22 项企业标准，明确了知识资源服务标准体系，包括：知识服务基础标准 5 项、知识描述标准 6 项、知识加工标准 7 项、知识服务标准 4 项。2017 年，上述标准除第 1 项以外，其余 7 项标准均申报作为国家标准加以研制；2019 年 12 月底，《新闻出版　知识服务 知识资源建设与服务工作指南》等 7 项国家标准正式发布，2020 年 7 月 1 日，上述 7 项国家标准正式生效实施。

新闻出版机构知识服务标准体系的研制、宣贯和落地实施，具有以下几个方面的特征和价值。

首先，锻炼了出版企业的标准化队伍，提升了出版人的知识服务理论素养。在标准的撰写主体方面，一改过去的由技术企业牵头的做法，转而由出版单位牵头制定。在标准制定之初，所确定的 28 家出版单位，在标准人才储备方面略显不足，标准起草的经验也不丰富，这种人才和经验的欠缺曾一度引起质疑。而经过长达 5 个多月的专业训练和认真学习研究，所制定的 8 项通用标准均得到了业界专家的一致认可和高度肯定。这项标准撰写工作，一方面为出版企业开展知识服务提供了依据和准绳，使得知识服务的开展有章可循、有据可依；另一方面，推动和促进了一批新闻出版标准化人才的成长，锻造了一支成长起来的出版企业标准化队伍。

其次，涵盖了知识服务的基本理论、基本经验、基本方法和基本流程。8项标准由《知识服务标准体系表》统领，包括基础术语、知识资源类型、知识元描述规范、知识应用单元描述规范和知识关联规则等通用性的理论型标准，同时也包括知识资源建设与服务工作指南这一最具实务指导性的应用型标准。8项标准大多包含了所涉领域的基本概念和经验，而《知识资源建设和服务工作指南》则囊括了知识资源建设的基本条件、基本流程和基本方法，对于广大出版企业开展知识资源数字化、碎片化和数据化工作具有较强的指导意义，对于出版机构探索知识服务模式、应用不同的知识服务形态实现自身的转型升级具有较高的借鉴价值。

再次，借鉴和吸收了图书情报界的成熟经验做法，同时开创性地融合了新闻出版界知识服务的新技术、新业务和新业态。图书情报界关于信息、数据和知识等知识服务的基本范畴大多被此次知识服务标准体系所吸收，而那些晦涩、繁杂的专业性观点则较少被采纳；新闻出版界正在开展的数字图书、知识库、专题数据库、MOOC课程、SPOC课程等知识服务的形态多数都被囊括在标准体系中。

最后，确立了知识服务的基本框架和阶段，厘清了知识服务的基本流程和形态。本着删繁就简、求同存异的原则，此次知识服务标准所确立的基本阶段包括知识服务战略规划制定、知识服务模式策划、知识资源的获取、知识资源的组织和知识资源的应用；而知识服务的基本形态则包括基于满足大众求知欲的扩展性知识服务和基于满足小众个性化知识需求的定制化知识服务。例如，MOOC是典型的扩展性知识服务形态，而SPOC则是较为新兴的定制化知识服务形态。

第三节　知识服务的基本框架

在开展知识服务以前，新闻出版机构应该组建知识服务领导小组，由社领导层担任领导小组组长，定期制定、修改知识服务总体战略规划、阶段性发展规划，检查、督促知识服务工作整体进度，建立健全知识服务评估体系，确保知识服务长期、稳定地开展和进行。

出版机构应该制定并落实前瞻、务实的知识服务战略规划，在充分调研目标用户市场的基础上，形成自身的知识服务产品研发策略、技术应用策略和市场运营策略。战略规划需要立足行业发展现状和新闻出版机构实际情况，要有配套的体制机制，要有知识服务团队加以实施，要推行绩效考核，责任到人，只有这样，才能够切实有效地将战略规划落实到日常的经营管理实践中去。

一、知识服务人、财、物条件

开展知识服务，需要准备好各种条件，其中不外乎人、财、物三个角度。

首先，关于"人"的条件，也就是人力资源条件，前述知识服务领导小组，就是知识服务人才条件中最重要组织架构。以分工来看，可分为知识服务的内容人才、技术人才、运维人才、管理人才、资本人才等；以人才价值来看，可分为领军人才、骨干人才和一线人才；以人才素质来划分，可分为专业型人才、综合型人才和复合型人才。

其次，关于"财"的条件，也就是资金条件。知识服务的开展，离不开资金的投入，尤其是前期的资源采集、标引、加工等资源建设阶段。知识服务所需要的资金，一方面，可包括自有资金，从新闻出版机构本身的资产中调取加以使用；另一方面，也包括财政资金，从中央或地方的文化产业发展资金、扶持项目进行申请、获批和使用。

最后，关于"物"的条件，也就是设备设施条件。包括知识服务开展所需要的办公场所、计算机设备、网络环境、软件系统、技术条件等。所谓"工欲善其事，必先利其器"，开展知识服务，不可或缺的前提是拥有基础软硬件，包括计算机设备、移动办公设备、网络安全设备、网络机房、网络云服务等。

二、知识服务产业链环节

知识服务产业链的基本环节包括：内容、技术、运维三个基本环节。

就内容环节来看，新闻出版机构拥有开展知识服务的规模化、专业化的知识资源。这是新闻出版机构开展知识服务的最大优势，也即内容优势。只不过，这些知识资源需要从纸质形态向数字形态进行转变。就技术环节来看，新闻出版机构需要将现代信息技术应用于新闻出版产业，充分发挥大数据、人工智能、区块链、5G 技术等高新技术的赋能作用，实现先进内容与先进技术紧密结合、传统媒体和新兴媒体有机融合。就运维环节来看，配齐配强市场营销团队，将所研发的信息服务、知识产品和知识解决方案，向个人用户和机构用户进行推广营销，这是知识服务实现社会效益和经济效益的关键所在，是知识服务从价值向价格转变的主要抓手。

三、知识服务效益指标

新闻出版机构所开展的知识服务，要将社会效益放在首位，努力实现社会效益和经济效益相统一。依据中宣部《图书出版单位社会效益评价考核试行办法》的规定，知识服务所追求的社会效益是指"通过知识服务产品、活动，对社会产生的价值和影响"，主要包括"产品服务质量、文化和社会影响、产品结构和专业特色、内部制度和队伍建设"等。

知识服务的供给，首要的效益指标是对社会所起到的积极促进和推动作用，包括促进社会经济发展、推动社会进步、提高人民的精神文化生活水平等。新闻出版机构的知识服务社会效益，体现在坚持正确的政治方向、出版导向和价值取向，确保出版物的科学性、知识性和编校质量；体现在传承文明，传播知识，践行弘扬中华优秀传统文化、革命文化和社会主义先进文化的使命；体现在知识服务模式清晰、产品结构合理、专业特色突出等方面；体现在内部体制机制健全、全面从严治党责任和党风廉政责任压紧压实、复合型人才队伍体系完整等方面。

与此同时，知识服务的开展也要实现良好的经济效益，投入产出合理，催生出新的经济增长点，能够形成对新闻出版机构经营发展的有力支撑，实现传统新闻出版业务和新兴新闻出版业务良性互动、有机融合的发展格局。

第四节　知识服务的基本流程

一、知识服务模式策划与确定

知识服务模式的策划，是指根据目标用户的知识需求的不同，而选择采取信息服务、知识产品抑或知识解决方案，以及采取具体哪一种信息服务、知识产品或解决方案。知识服务模式策划要求策划人员根据用户需求及调研结果明确其市场定位、确定知识资源，并据此确定服务模式。知识服务模式策划由用户需求分析、资源可行性分析、技术可行性分析、市场可行性分析、撰写产品计划书等基本步骤构成。在上述可行性分析之中，目标用户类型分析、同类竞争性产品分析和目标用户购买力分析显得至为重要。用户目标是个人用户还是机构用户，决定了知识出版机构是采取在线提供还是镜像安装，决定着出版机构是提供单一性数字产品还是提供综合性数字产品。同类竞争性产品是否存在、数量多寡，决定着出版机构是采取蓝海战略还是红海战略，是填补市场空白还是提供更优质、更便捷的知识产品。值得一提的是，目前，我国知识产品市场的竞争不充分，存在着许多市场空白，尤其是在专业性数字产品和解决方案领域，这便为出版机构开展知识服务提供了有力的市场先机。目标用户的购买力分析，直接决定着出版机构的知识服务价格策略体系，仅以政府机关用户为例，出版机构所提供的数字图书馆、数据库产品的价格要符合目标用户的年度预算和决策机制，否则将会严重干扰价格策略的稳定性和有效性，出现要么销售打不开局面、要么销售周期人为延长的不利后果。

知识服务模式策划集中体现在知识服务计划书之中，知识服务计划书要求：对知识服务模式策划进行详细分析，明确知识服务定位、知识服务类型、知识服务表现形式、内容资源、盈利模式、营销策略、效益估算、知识服务产品开发进度、知识服务产品标准、知识服务产品人员及职责等内容，以书面的形式进行呈现。

知识服务模式策划书撰写完成以后，要经过全面、客观、反复地论证，论证的主要目的是确定知识服务形态。其一，信息服务：新闻出版机构采取哪种信息服务方式为目标用户提供资讯服务，如 APP、资讯库、融媒体资讯库等；其二，知识产品：向用户提供电子书、专业内容数据库、知识库、MOOC、SPOC 等知识产品；其三，知识解决方案：根据用户特定领域、特定行业、特定应用场景的知识需求，提供知识服务解决方案，以切实解决用户的实际问题。

二、知识资源建设

知识资源建设流程包含资源准备、资源组织、知识关联、知识计算和形成知识图谱五个阶段。知识资源建设流程是知识服务开展的前提和基础，知识服务开展是知识资源建设的结果和归宿。

（一）知识资源准备

在经过充分的市场调研、制定知识服务模式之后，出版社应该尽最大可能去采集和获取相应的知识资源。知识资源获取的过程就是把用于问题求解的专门知识从某些知识源中提炼出来的过程。新闻出版机构无论开展何种知识服务，首先要准备好知识资源。知识资源准备，或曰知识资源获取的方式包括数字化加工、资源交换、资源购买、用户生产内容提取、知识体系建设、知识重组等方式。

以知识资源存在的时间为依据，可将知识资源获取分为存量资源获取、在制资源获取以及增量资源获取三种类型。

第一，存量资源获取。存量资源的获取，主要采取纸质产品形态转化的手段，对书报刊机构既存的知识资源进行数字化、碎片化，进而获得所需的各种类型的知识资源。各出版机构的历史有长短，所积累的存量图书少则千余种，多则数万种，这些存量资源的数字化、碎片化是很重要的知识资源积累。

第二，在制资源获取。在制资源的获取，是指针对书报刊机构日常编辑出版过程中的知识，通过流程同步化的手段，进行数据的标引、加工，以获得所需的知识资源。通过 2013 年第一批数字化转型升级项目的有效实施，出版机构基本具备了在制资源的获取能力。

第三，增量资源获取。增量资源的获取，是指在书报刊机构主营业务之外，通过资源交换、资源购买、内容提取、网络抓取、知识重组等方式和手段，获得所需的知识资源。增量资源获取能力的高低，是出版机构开展知识服务，与民营企业、海外出版机构竞争的关键所在，也是目前各出版机构正在着力解决的难题。知识重组，既是增量资源获取的方式，也是知识资源组织的一种重要方式。知识重组，是指对相关知识客体中的知识因子和知识关联进行结构上的重新组合，形成另一种形式的知识产品的过程，包括知识因子的重组和知识关联的重组。

（二）知识资源组织

在实现知识资源获取之后，出版社需要根据目标用户的知识需求或者知识服务的类型开展知识资源的组织工作。知识资源组织的路径主要有三种：基于知识分类或学科、基于行业应用和基于用户定制。

1. 基于知识分类或学科的资源组织

基于知识分类的资源组织，更多是基于学科知识体系进行资源组织。基于学科知识体系的资源组织，是指根据各学科领域细分的不同，在抽取和建立知识元的基础上，形成各个学科领域的知识体系，根据知识体系的逻辑层次对文字、图片、声音、视频、影像等各种类型的知识资源进行聚类和重组。基于知识分类或学科的资源组织，主要可面向高校、科研机构和科研工作者，提供满足扩展知识面、查阅参考相关资源的知识服务类型。

基于学科知识体系的资源组织，要求出版机构做好知识元的建构和知识体系研发两项准备性工作。关于知识元的建构，根据用途不同，出版机构可分别建构概念型、事实型和解决方案型的知识元，为知识服务的有效展开奠定逻辑基础。关于学科知识体系的研发，在知识元建构的基础上，理清知识元相互之间的知识逻辑层次，包括包含型、相同型、相似型、相反型等逻辑关系，分别就学科、领域而制定知识体系，将知识体系作为知识标引的依据和参照。

2. 基于行业应用的资源组织

基于行业应用的资源组织，是指根据目标用户的行业应用需求不同，围绕特定行业、特定领域用户的业务流程、工作环节组织文字、图片、声音、视频、影像等各种类型的知识资源。基于行业应用的资源组织，主要是面向国民经济各行业、各领域提供垂直知识服务所运用的资源组织方式。随着知识服务向专业化、行业化纵深角度开展，越来越多的出版机构根据所服务的国民经济行业的业务流程、工作环节来组织相应的资源，提供相关的知识服务，例如社科文献出版社的皮书数据库、法律出版社的中国法官数字图书馆等产品，均取得了较好的社会效益和经济效益。

3. 基于用户定制的资源组织

基于用户定制的资源组织，是指根据特定用户的具体知识需求不同，围绕特定知识问题，对相关知识资源进行重组、聚类和关联，向特定用户进行推送或者交付。基于用户定制的资源组织往往适用于较高端的知识服务，为了满足特定用户的个性化、高品位需求，而提供定制化的知识解决方案，例如，励德爱思唯尔的数字决策工具产品、围绕特定作者的用户画像等。

（三）知识关联

知识关联，是指知识与知识之间通过一定规则所建立的关系。根据《新闻出版　知识服务　知识关联通用规则》的规定，知识关联可划分为不同的类型：其一，按照相关度，可划分为同一性关联、隶属性关联和相关性关联；其二，按照关联方法，可划分为直接关联关系和间接关联关系；其三，按照领域范围，可划分为本领域知识关联关系和跨领域知识关联关系。

出版机构的知识关联，是指各种知识单元之间的联系总和，包括但不限于图书、期刊、报纸、文章、篇章、段落、句子、词语等；也包括文字、图片、音频、视频、3D 模型等不同素材之间的关联。

（四）知识计算

知识计算，是对知识进行推理和演化的计算过程。新闻出版机构在知识关联的基础上，可以针对知识资源建设过程中的知识获取、知识关联、知识学习开展实例计算、属性计算、关系计算，使知识服务大数据环境下海量碎片化的数据进行自动地、实时地结构化与体系化组织，对知识进行深度语义关联，进而支撑智能决策。

在完成知识标引、知识关联之后，便可以进行数据计算。就新闻出版业大数据构建而言，需要用到数据计算，更准确地说是用到知识计算。计算机研究领域的知识计算包括属性计算、关系计算和实例计算，各种显性知识通过知识计算可以得出许多隐性知识。

知识计算是专业出版大数据构建的重中之重，是最关键的一步，关乎二次数据是否能够产生，关乎知识图谱能否生成，关乎预测、预警的目标能否顺利达成。专业出版大数据的知识计算，是指在对知识资源进行多重标引的基础上，通过相同或者相似维度的统计分析，获得新知识的一种方式。也就是说，知识计算是知识发现的一种重要途径。

在 2017 年 7 月国务院发布的《新一代人工智能发展规划》中，提到知识服务和知识计算："知识计算引擎与知识服务技术。重点突破知识加工、深度搜索和可视交互核心技术，实现对知识持续增量的自动获取，具备概念识别、实体发现、属性预测、知识演化建模和关系挖掘能力，形成涵盖数十亿实体规模的多源、多学科和多数据类型的跨媒体知识图谱。"

以大数据的视角来看，只有通过知识计算，才能够发现、获取新的知识数据，新产生的数据即为"大数据"；所以，知识计算是构建专业出版大数据所绕不过去的一座大山。从目前来看，新闻出版大数据，无论是政府层面的大数据，还是行业级大数据、企业级大数据，都还有很漫长的道路要走，需要做好充分的理论准备、数据准备和实践准备。

（五）知识图谱

知识图谱，是揭示实体间关系并可进行形式化表示的一种语义网络。知识图谱是在知识标引、知识计算的基础上所形成的二次数据、可视化数据。新闻出版机构知识资源建设的最后一个环节，便是形成知识图谱，也就是产生了新的知识、二次数据。二次数据的产生方式包括数据的再利用、数据的重组、数据的扩展、数据的折旧、数据的开放等。这种二次数据可能以知识图谱的形式出现，可能是一个全新的结论，可能是石破天惊的数据真相，但一定是在严格的数据采集、加工、标引、计算和建模应用之后才会出现的数据，也就是数据背后的数据。

图5-1为地质出版社所研发的关于岩石的知识计算所形成的知识图谱。

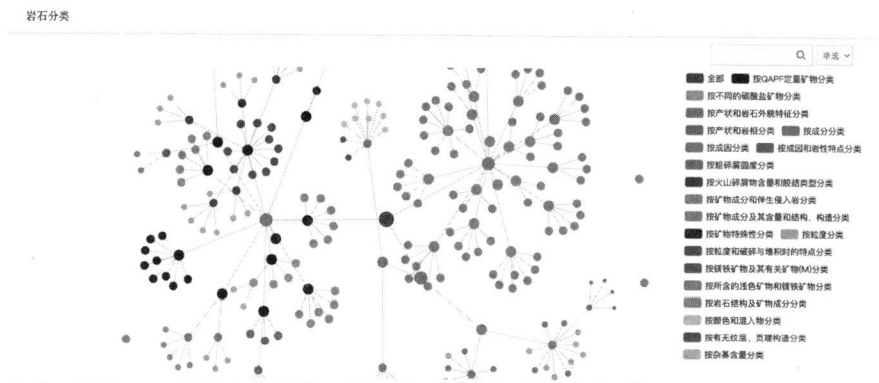

图5-1　自然资源大数据——岩石知识图谱

三、知识资源应用

确定了知识服务形态，经过了采集获取知识资源、建设知识资源之后，便步入到知识资源应用的环节。知识资源的应用，分为内部应用和外部应用，内部应用包括知识的共享和交流，外部应用就是出版机构用以开展知识服务了。

知识资源的内部应用以知识共享为主要体现，是指员工彼此之间相互交流的知识，使知识由个人的经验扩散到组织的层面。这样在组织内部，员工可以通过查询组织知识获得解决问题的方法和工具。反过来，员工好的方法和工具通过反馈系统可以扩散到组织知识里，让更多的员工来使用，从而提高组织的效率。出版机构进行知识资源的共享管理，一方面可以通过人与人之间的交流，将技能、经验等隐性知识进行传递和共享；另一方面可以通过文档、邮件、数据库录入等方式对开展知识服务的显性知识进行上传和分享。有条件的新闻出版机构，可以探索将报社、期刊社、出版社自成立以来的所有书报刊产品进行数字化，建立一个"数字博物馆"，既可以对新员工进行企业文化历史教育，也可以随时随地调取所需要的知识资源。实践中，法律出版社的领导就提出了"再造一个数字法律出版社"的发展目标。知识资源的外部应用，主要是为个人用户和机构用户提供知识服务，包括信息服务、知识产品和知识解决方案。

四、知识资源发布

知识资源一经发布，便步入了向社会公众或专业用户提供知识服务的阶段。知识资源可以进行多平台、多终端、多介质的发布。

其一，多平台发布，包括在自主运营平台、第三方运营平台等发布。新闻出版机构发布知识资源，大多经历了"第三方发布"到"自主发布"的转型过程。新闻出版数字化转型升级早期阶段，许多出版机构将电子书授权中国移动手机阅读基地、亚马逊、当当网等第三方平台，就是经由第三方运营平台发布知识资源的主要体现。后来，随着数字化转型升级工程的深入推进，随着数字版权保护意识的增强，大部分新闻出版机构建立了独立的数字图书馆、知识库等自主运营平台，于是纷纷将自身的知识资源在自主平台上进行发布和运营。

其二，多终端发布，包括通过 PC 端、智能移动终端、可穿戴设备等发布。一般而言，基于互联网终端的知识产品，大多通过 PC 端进行发布，如电子书、数字图书馆、数据库产品等；基于移动互联网终端的知识产品，往往经由移动手机、iPad 等智能移动终端发布；还有一些创新性的知识产品，如 AR 出版物、VR 出版物，则通过 AR 眼镜、VR 眼镜等可穿戴设备进行发布和提供服务。

其三，多介质发布，包括以纸质、网络、移动存储介质等形式发布。图书、报纸、期刊，是知识资源通过纸张介质进行发布的最主要产品形态；数字图书馆、专题知识库、在线教育产品则大部分通过网络介质进行资源发布；较早期出现的音像出版物、电子出版物、U 盘数字图书馆等，则是通过移动存储介质进行知识发布与共享。

五、知识服务运营与维护

知识服务的运营与维护，主要包括内容更新、技术迭代和提供增值服务等。关于运营，新闻出版机构可选择自主运营平台或第三方平台，采用合适的运营方式和商业模式，对知识产品进行推广和销售，并采用数据统计工具，对实现销售的知识产品进行统计分析。关于内容维护，新闻出版机构应对处于销售状态或已销售的知识产品进行维护和更新，保证内容资源的合法合规以及完整性、有效性和时效性，防止出现内容瑕疵和缺陷，避免内容资源过时陈旧，保障用户可安全使用。关于技术更新，新闻出版机构还要确保知识服务所运用的技术处于稳定、畅通状态，及时进行技术的更新和迭代，确保网络信息安全，确保知识资源和知识服务处于安全可控的状态之下。实践中曾出现过出版机构的知识服务产品被勒索病毒攻击导致无法正常提供服务的案例，这一点，尤其值得警醒。

六、知识服务评估与反馈

知识服务团队应对运营过程中所获取的用户评价、反馈意见及时进行分析，用于内容、技术的维护更新过程，并对知识服务模式方案进行扬弃和优化。

知识服务评估的主要内容包括：评估知识资源规模是否足够庞大、知识资源质量是否合格、知识资源用户体验感是否友好、知识服务是否处于安全状态之中、数字版权是否有被盗版的风险、该项知识服务是否有足够的盈利空间，等等。

知识服务反馈意见的搜集主要是被用来优化和完善知识产品，以继续进行内容更新、技术迭代和服务升级，确保特定信息服务、知识产品或解决方案能够具有较高的用户忠诚度，经得起市场检验，具备可持续发展的潜力。

第五节　知识服务的基本形态

《知识资源建设与服务工作指南》将知识服务分为"基础性知识服务"和"创新性知识服务"两类，其分类依据一是时间先后顺序，二是新技术的采纳和应用情况；以有无待解决的具体知识问题为依据，新闻出版机构开展的知识服务，大致包括两种形态：扩展性知识服务和定制化知识服务。这里，就学界通用的扩展性知识服务、定制化知识服务做详细解读，供读者参考。

一、扩展性知识服务

扩展性知识服务，针对无具体问题，以学习知识、拓展知识面为目的的用户，针对意欲拓展的知识领域提供较为科学的研究方向和相关数据资料。扩展性知识服务的主要形态有：

（一）数字图书馆

数字图书馆，是指出版机构按照学科体系或者以行业应用为分类标准，提供综合性、全面性或者特定行业、特定领域的数字图书、期刊、报纸，及其检索、复制、粘贴、关联等多项服务。如中国法学院数字图书馆、中国少年儿童数字图书馆等。

数字图书馆的主要特征如下：

第一，依托特定的数字资源平台。该平台往往具有注册登记、资源管理、收藏阅读、资源分类、查询检索、复制、粘贴等功能。

第二，按照特定专业或者特定领域建立。服务于专业群体、职业群体往往是数字图书馆的建立初衷，有的按照学科体系进行建设，有的按照职业体系进行研发。总之，数字图书馆的名称就最直接地体现了其服务的对象，例如人民军医数字图书馆、中国法官电子图书馆、中国少儿数字图书馆等。

第三，汇聚海量电子图书。数字图书馆的数字图书持有量至少在数百种、数千种的规模，否则难以体现其专业性、权威性和综合性。例如，方正阿帕比的中华数字书苑，其数字图书持有量在几万种。

第四，数字图书馆属于综合性数字出版物。数字出版物按照种类数量、经营模式的不同，分为单一性数字出版物和综合性数字出版物。单一性数字出版物往往是以单本数字图书、单条信息数据作为产品形态，往往采用 B2C 的盈利模式，面向广大个人用户市场进行销售；综合性数字出版物往往是汇聚海量数字资源，以整批数字图书、整批信息数据作为产品形态，往往采用 B2B 或者 B2G 的盈利模式，面向政府用户、企业用户、事业单位用户等机构用户进行销售。数字图书馆属于综合性数字出版产品的典型性产品。

（二）专业数据库

专业数据库，是指出版机构按照特定行业或者特定专业，以海量条目数据作为基本知识素材，提供检索、查询、复制、粘贴、推荐、关联等各种服务。如北大法宝数据库、皮书数据库等。

专业数据库产品的主要特征如下：

第一，以条目数据为产品构成基本单元。专业数据库产品的基本单元是条目数据，这些条目数据的信息量大小不一，性质不一，有的属于新闻资讯性质，有的属于概念定义性质，有的属于解决方案性质，有的属于理论研讨性质。正是这些不同属性的条目数据，按照专业学科或者职业领域的不同，围绕着知识提供和知识服务的开展，以服务特定用户群体为宗旨，形成了内容丰富、体系健全、逻辑严密、规模庞大的知识数据库。

第二，以海量资源聚集为主要表现形态。目前，无论是国内的专业数据库信息内容提供商，还是国外的专业数据库供应商，均将海量资源优势作为市场竞争的制胜方略。无论是医学、法律，还是税务、金融领域的专业数据库，其数据量动辄数百万条，所包含的信息节点往往多达数十亿汉字的规模。

第三，以强大的查询检索功能为技术支撑。以海量资源作为内容支撑的专业数据库，为用户提供便捷知识服务的主要技术便是检索查询技术。

目前业态主要是提供关键词的查询检索，也有部分专业数据库厂商在推广知识导航查询。

第四，数据来源途径多样化，市场准入门槛相对较低。相对于数字图书馆产品，专业数据库产品的数据来源较为广阔，不再局限于以标准书号为属性限制的图书，而是可以通过互联网资源抓取、行业资源置换、政府资源合作等多种方式来实现条目数据的扩充和增殖；同时，专业数据库领域的市场准入门槛也相对较低，不再局限于拥有图书专有出版权的出版机构，拥有一定的平台技术和专业优势的网络公司均可以进军专业数据库服务市场，甚至在许多领域，比如法律、医药，民营企业、境外企业的专业数据库产品远远早于传统出版机构的规划和布局。

（三）知识库产品

知识库产品，是指以知识体系为内核，综合采用文字、图片、音视频等多种知识素材，围绕特定领域、特定行业甚至是特定问题，提供一站式知识服务。知识库产品是新兴、先进的知识服务类型，融入了知识体系的内核，能够满足特定领域的知识需求，目前正处于探索和建设阶段。

知识库产品是专业数据库产品的升级，是对专业数据库产品的优化和迭代。知识库产品相对于传统的专业数据库产品而言，最大的不同点在于，通过知识元的研发、知识体系的构建，再运用知识体系对海量知识条目进行标引，继而经过知识关联和知识计算，形成可视化的知识图谱，形成未曾发现的二次数据。

（四）大型开放式网络课程 MOOC（Massive Open Online Courses）

MOOC，是指出版机构按照学科领域的不同，集中拍摄、制作各个领域权威教授的网络课程，通过互联网传播的手段，面向规模巨大的学生受众群体开放和提供服务。例如，人民卫生出版社的人卫 MOOC 联盟产品。

二、定制化知识服务

定制化知识服务，是根据用户需求，以欲解决的问题为目标，不仅为用户检索并提供数据，更要根据相关知识对提供的数据进行筛选、清洗、拆分、重组，提供解决问题的产品或者方案。定制化知识服务的主要形态有：

（一）个性化知识解决方案

通过用户特定类别、特定领域的个性化知识问题需求，提供点对点的直联、直供、直销的知识解决方案，以满足用户的个性化知识需求。例如，励德爱思唯尔的数字化决策工具。

移动型知识服务平台，也是个性化知识解决方案的一种，是指遵循移动互联网传播规律，以知识元数据为资源基础，以通信技术为支撑，针对用户个性化、定制化的知识需求，采取模糊匹配、语音回复等方式，提供个性化的知识解决方案。法律出版社正在研发的手机律师产品便属这种类型。

（二）小规模限制性在线课程 SPOC（Small Private Online Course）

SPOC，是指根据企业需求，创建小规模限制性在线课程，为特定用户提供服务。

继 MOOC 之后，美国又兴起了 SPOC 热，即用于解决小规模学生群体的特定学习问题而开设的网络课程，应该说 SPOC 属于知识服务的定制化服务范畴，它解决了小部分学生的学习难点和问题，同时将线上和线下的课程、答疑相结合。

同样作为在线课程，SPOC 相对于 MOOC 而言，有以下几个方面的不同。其一，小规模：将课堂人数控制在一定数量规模，一般不超过 50 人，并对课程活动作出明确规定，如在线时间、作业完成情况和考试及格线等。其二，大数据技术的应用：可实时捕捉用户的学习行为、学习数据，并对其学习行为、数据做统计分析，进行用户画像。其三，个性化：服务于特定的群体，致力于解决具体的知识疑难问题，具有个性化辅导、专门性辅导的特点，可做到因人施教、因材施教。SPOC 课程产品是对 MOOC产品的改进和扬弃，它能够有效提高出版机构和目标用户的互动性，并且能够提高课程的完成率和通过率。

无论是 MOOC，还是 SPOC，要想取得较高的通过率，都需要借助大数据技术，实现数据回传、捕获学生的个性化学习问题，进而才能采取有效的针对性措施，以实现预期的理想课程效果。

（三）智能知识服务

智能知识服务，是指以人工智能技术为依托，借助大数据开展知识体系构建、知识计算、知识图谱构建，开展机器撰稿、新闻推荐、智能选题策划、智能审校、智能印刷、智能发行、智能机器人阅读等服务方式。

人工智能包含的范畴特别广泛，包括但不限于智能推理、新闻推荐和新闻撰稿、机器视觉、AI艺术、智能搜索、机器翻译、语音识别、自动驾驶、机器人、深度学习、数据挖掘、知识图谱等方面；覆盖了经济、政治、社会、生态等各个领域，具体包括智能家居、智能教育、智能交通、智能金融、智能医疗、智能制造、智能超市等。

就新闻资讯行业而言，智能知识服务的形式，如机器撰稿、新闻推荐早已不是新鲜事物：2017年8月11日，一则"四川九寨沟地震，中国地震网机器人写稿，用时25秒"的新闻引起了国内民众的广泛关注，人工智能离新闻出版业如此之近，是好多人所始料未及的。而更冲击媒体人的是美国"作家"人工智能技术平台Wordsmith，2013年机器自动撰写的新闻稿件数量达到3亿篇，超过了所有主要新闻机构的稿件产出数量；2014年，已撰写出超过10亿篇的新闻稿。至于新闻推荐、自动推荐则每天都在"今日头条"等各资讯类平台中无数次被应用，无怪乎大家感觉看了一篇报道之后马上会有类似资讯的出现。会写新闻的计算机人工智能程序大规模、持久性应用，将会导致大量的传统新闻记者的失业，尤其是不涉及深度报道、评论类的新闻记者群体。

就图书出版业而言，将会因为加上智能化的翅膀，而呈现出智能化发展的方向：知识服务领域，以知识计算为核心的前瞻技术将得到大范围应用，进而推动知识服务向着纵深方向发展；增强现实和虚拟现实领域，在原有3D实景建模、虚拟建模的基础上，智能建模将会被快速推广和应用；而在原有的MOOC、SPOC的基础上，大数据技术运用于在线教育，将催生出以学习者为中心、以交互式为主要特点的智能教育新形态；人工智能作用于图书出版业，还将带来一系列标准的立、改、废和法律法规的及时调整。

结合目前国内出版业的现状来看，部分出版机构已经在扩展性知识服务方面研发了相应的知识产品，并且取得了一定的社会效益和经济效益，尽管这种效益比例占出版机构整体收入还相对较低；但是，仍然有大部分出版机构在知识服务方面还没有形成清晰的知识服务战略规划，没有完成相应的知识积累、知识资源的转化与应用，还缺乏一支了解知识服务原理、通晓知识产品研发、洞察知识服务规律的复合型出版人才队伍。

同时，还应该看到，尽管我们的出版机构已经在知识服务方面进行了探索和试点，但是我们目前所取得的成果仍然局限于扩展性知识服务范畴，对于如何针对特定群体、特定个人的目标用户提供定制化的知识服务，出版单位还没有产生示范性、引领性的服务模式和服务案例。一言以蔽之，知识服务转型，还有很长的道路要走。

第六节　知识服务模式

以动力机制为标准，知识服务模式分为政策驱动型知识服务、产品驱动型知识服务、信息驱动型知识服务、技术驱动型知识服务和智慧驱动型知识服务；推动五种知识服务模式发展的动力分别是政策引擎、产品引擎、信息引擎、技术引擎和智慧引擎。"政府引导、企业主体、市场主导、创新驱动、质效并重"的知识服务发展格局是出版融合发展的必然选择和题中之义。

伴随着"十二五"时期国家新闻出版业转型升级的启动，"十三五"时期新闻出版转型升级的深入推动，媒体融合步入深度融合发展阶段，知识服务的发展呈现出多层次、全方位、立体化的发展特征。知识服务，是指出版单位围绕目标用户的知识需求，在各种显性和隐性知识资源中有针对性地提炼知识，通过提供信息、知识产品和解决方案，来解决用户问题的高级阶段的信息服务过程。知识服务已先后走过基础软硬件配置、知识资源的数字化和数据化、知识体系研发、知识服务供应等阶段，目前正处于提质增效、推广应用的阶段，也是经受市场检验的关键阶段。

我国较早时期出现的知识服务产品类型有数字图书馆、数据库产品、终端阅读产品、手机书等，后来又陆续出现了以知识体系为核心的知识库、大数据知识服务平台、MOOC/SPOC 在线教育平台、AR 图书、VR 图书等新产品、新形态。

自 2015 年至今，国家新闻出版行政主管部门先后启动了三批共 110 家知识服务模式试点单位的遴选、32 家知识服务技术支持单位的遴选、67 家数字化转型升级技术供应商的遴选、18 家知识服务类别科技与标准重点实验室的公布、8 项知识服务项目标准的发布、7 项知识服务国家标准的启动等工作，分别在试点示范、技术支持、科研支撑、标准研制等方面取得了卓有成效的业绩。

以知识服务层次为标准划分，出版单位所开展的知识服务分为三层：第一层为信息服务，第二层为知识产品，第三层为知识解决方案。

以满足不同的用户需求为标准划分，知识服务模式包括扩展型知识服务和定制化知识服务两种形态。扩展型知识服务，其用户以学习知识、拓展知识面为目的，不针对具体问题，而是针对用户意欲拓展的知识领域提供较为科学的研究方向和相关数据资料；定制化知识服务，是根据用户需求，以用户欲解决的问题为目标，不仅可依检索为用户提供数据，还能根据相关知识对提供的数据进行筛选、清洗、拆分、重组，提供解决问题的产品或者方案。

以动力源泉为标准划分，知识服务分为政策驱动型知识服务、产品驱动型知识服务、信息驱动型知识服务、技术驱动型知识服务和智慧驱动型知识服务等五种知识服务模式。本文将探讨这五种知识服务模式的发展方向及主要路径。

一、政策驱动型知识服务模式

政策驱动型知识服务模式是政府配置出版资源的体现，主要是以各行业的政策为支撑、为契机，以行业知识需求为导向，旨在以机构知识服务为主体的知识服务模式。

政策驱动型知识服务模式往往伴随系统、行业重大政策的出台和公布，采取较为前瞻性的数字技术，往往是政府购买服务，主要是政策撬动、引导而产生的知识服务市场；受政策辐射效应，此类知识服务模式往往也适用 B2C、B2G 的商业模式，知识服务产品在短期内能实现较高的市场占有率。

以政法类知识服务产品为例，《人民法院第三个五年改革纲要（2009—2013）》甫一公布，法律出版社即在 2012 年推出"中国法官电子图书馆"产品，并在全国各地数百家法院上线使用。在原国家新闻出版广电总局组织的"数字出版转型示范单位"评审中，法律出版社获批全国首批"数字出版转型示范单位"，该产品是其通过评审的关键性因素。法律出版社因此取得了良好的经济效益，实现了社会效益和经济效益的相统一。

2016 年 1 月，最高人民法院信息化建设工作领导小组首次提出建设"智慧法院"。2016 年 12 月，国务院印发的《"十三五"国家信息化规划》，明确指出支持"智慧法院"建设，推行电子诉讼，建设完善公正司法信息化工程。2016—2018 年，最高人民法院召开了多次信息化工作会议，会上多次强调建设"智慧法院"。"智慧法院"政策的出台，推动了"法信——中国法律应用数字网络服务平台"（以下简称"法信"）的建设，"法信"是典型的政策驱动型知识服务平台。"法信"是中国首家法律知识和案例大数据融合服务平台，由最高人民法院立项，财政部提供资金支持，人民法院出版社负责实施。平台建设定位于法律服务市场需求，在人民法院出版社自有资源的基础上，结合热点法律案例解读，不断丰富和扩展资源库，建设面向法律人士的精准化一站式法律知识服务平台。迄今为止，"法信"已经在全国 30 个省（区、市）的 3200 家法院上线，成为全国 80 万法律人优选的知识服务工具。

二、产品驱动型知识服务模式

产品驱动型知识服务模式是出版单位以知识资源为基础，研发和锻造优质知识服务产品，以优质资源为动力，以产品质量为抓手，提高知识服务市场占有率，抢占知识服务市场高地。

产品驱动型知识服务模式的主要特征有：产品内容丰富、结构合理、技术较为稳定和先进，产品美誉度和知名度较高，市场覆盖率较广。研发单位往往集数年乃至数十年之功，精心打磨知识服务精品，以产品核心竞争力取胜，进而在激烈的市场竞争中占有一席之地。

产品驱动型知识服务模式的主要案例有社会科学文献出版社的"皮书数据库"。该数据库以皮书系列研究报告为基础，内容丰富，主要包含中国经济发展数据库、中国社会发展数据库、世界经济与国际政治数据库、中国区域发展数据库、中国竞争力数据库、中国文化传媒数据库等产品，已经连续几年实现 2000 万元以上的产值。

人民卫生出版社研发的"人卫临床助手"也属于产品驱动型知识服务模式。截至 2018 年上半年，"人卫临床助手"资源建设已初具规模，涵盖疾病知识 11549 条，典型病例 5000 例，医学词汇 17 万条，国家临床路径 1213 个。

产品驱动型知识服务模式还包括一些影视产品，如地质出版社拍摄制作的 4D 电影《会飞的恐龙》。《会飞的恐龙》获得 9 项国家级、省部级大奖，放映次数多达 80 万次。其中，仅中国科技馆一年半就放映了 529 次，观影人次多达 79350，票房收入达到 159 万元，全国收入估计为 800 万元。

三、信息驱动型知识服务模式

信息驱动型知识服务模式，是指通过提供特定行业系统、特定地域区域、特定专题领域的资讯信息，为用户提供服务的知识服务模式。信息驱动型知识服务隶属于知识服务的第一层次——信息服务范畴，往往在新闻领域应用较多，其发展的典型性业态是融媒体。

信息来自对数据的萃取、过滤或格式化赋予数据一定的意义，来自或根据特定主题而收集的事实及数据。此种知识服务模式以行业资讯或其他动态信息为资源基础，通过运用大数据、人工智能等技术进行统计分析、资源整合，为相关行业企业或者从业者提供综合的解决方案。以信息驱动的知识服务产品更加注重多元化的解决方案，包括行业热点信息解读、主题报道、市场动态分析以及相关产业战略规划等。

励讯集团是典型的信息驱动型知识服务商，是目前世界上最大的科技、医学、法律、商业信息服务提供商之一，其收入的大部分来自信息服务。励讯集团在全球拥有超过 3 万名员工，为 180 多个国家的客户提供专业信息服务。

我国新闻业信息驱动型知识服务的主要案例体现为融媒体，包括行业性融媒体、区域性融媒体和品牌性融媒体，以及融媒体发展的高级形态中央厨房。"出版头条"和"百道网"是我国面向出版业的信息驱动型知识服务产品，大多以新闻出版业的新闻、资讯、动态信息为基础，经过大数据分析、人工加工编辑等手段进行资源重新整合，为出版单位和出版从业人员提供即时信息解读、市场分析等综合解决方案。

四、技术驱动型知识服务模式

技术驱动型知识服务模式，是以高新技术作为驱动，研发前瞻性产品，为用户提供新型服务的知识服务模式。高新技术的应用、前瞻性产品的研发、科技与新闻出版的融合，是技术驱动型知识服务模式的典型特征。

具体而言，技术驱动型知识服务模式又分为两种。其一，以高新技术为内核的知识服务，这类知识服务产品都使用高新技术，探索将前瞻性技术与传统内容相结合，研发新型产品，提供新型服务。如近几年持续成为焦点的大数据技术、AR 技术、VR 技术与新闻出版业的融合，催生出诸如法信大数据平台、"自然资源大数据平台"、苏州梦想人的 AR 图书系列产品、武汉和思易 VR 教育科普产品等。其中，"自然资源大数据平台"涵盖 23 类学科知识内容，知识关联关系 2000 多万种，文字、图片资源数百万条，并且通过网络爬虫技术持续扩充资源，可支撑用户数据模型及交互数据的可视化展示。其二，新闻出版机构自建技术团队，提供知识服务领域的技术开发服务。2018 年底，地质出版社旗下的中地数媒（北京）科技文化有限责任公司（数字出版分社）依托两家高新技术企业，数字出版业务收入突破 2000 万元，实现收入和利润较前一年度再翻一番，形成了由技术开发、影视制作、智库建设、自然资源知识服务在内的知识服务矩阵，正式步入市场化、规模化、高质量发展的阶段。

技术驱动型知识服务模式的关键在于将高新技术原理与新闻出版产业链有机结合，探索并找寻出各种技术在新闻出版业应用的路径和规律。值得一提的是，几乎所有新闻出版单位，都高度重视高新技术与传统内容的融合，都积极探索和布局媒体融合发展，努力实现科技为出版赋能。

五、智慧驱动型知识服务模式

智慧驱动型知识服务模式，是指以国家级重点实验室为龙头，以智库建设为核心，以产学研用一体化为整体格局，通过提供智慧型产品服务、智库咨询、智库报告、举办高端会议论坛、开展标准研制和宣贯，提供知识服务的模式。

智慧驱动型知识服务模式是近年来出现的创新型知识服务模式，其共同特征包括：

其一，以国家级重点实验室为龙头。开展智慧型知识服务的新闻出版单位大多都以融合发展、科技与标准的重点实验室为依托，高度重视研发，强调创新，将科技融入出版，努力实现全程媒体信息无处不在、全员媒体提升公众参与度、全息媒体多元展现、全效媒体功能多样的全媒体发展。

其二，以智库建设为核心。开展智慧驱动型知识服务，首要确保的是拥有足够的智力资源和专家智慧，建设一支强有力的专家队伍，因此，智库建设成为出版单位战略布局知识服务领域不可或缺的一环。如中国农业出版社成立了"三农出版发行高端智库"，中国建筑工业出版社设立了"建设发展研究院"，知识产权出版社发起了"i智库"，地质出版社面向自然资源行业组建了"睿智库"。"融智库"则是由知识产权出版社和地质出版社联合发起的专业智库，在课题委托、标准研制、论坛主办、成果出版、运行机制等方面已不断完善并日臻成熟。

其三，致力于智慧技术研发应用，持续开展标准研制宣贯。以知识产权出版社、人民卫生出版社等中央部委出版社为代表的智慧驱动型知识服务提供商，大多重视人工智能、增强现实、虚拟现实等智慧型技术的研发与应用，持之以恒地研发技术含量高的创新型产品，如中国知识产权大数据与智慧服务系统（DI Inspiro）、"人卫智网"医学教育智慧平台等。同时，各类标准化工作也在持续推进中，无论是早期的新闻出版转型升级标准体系，后来的复合出版工程系列标准，还是最近的国家知识服务标准的制定，这些致力知识服务的新闻出版企业都给予了人财物支持，给予了智慧支撑和智力支持，并且经常开展标准的宣传、贯彻和落地执行工作。

其四，创新是第一驱动，人才是第一资源。智慧型知识服务模式的市场主体，都把创新作为第一动力。在产品创新方面，各单位纷纷试水大数据产品、AR 产品、VR 视频、"机器人+"阅读的新业态、新模式；在技术创新方面，知识产权出版社长期致力于大数据、语义分析技术的应用与推广；在运营创新方面，"直销+代理""机构+个人""线上+线下"的销售模式纷纷涌现，成为数字出版创收、盈利的主要商业模式。智慧型知识服务模式的市场主体，都把人才作为第一资源。在发展模式方面，地质出版社推行协议工资制，引进行业领军人才和骨干人才，持续供应新兴出版的人才资源，按照市场经营规律和现代企业制度推进数字出版的产业化发展；人民法院出版社、人民卫生出版社、社会科学文献出版社等企业均拥有一支数十人规模的知识服务队伍，形成涵盖战略、内容、技术、运营等全方位的人力资源布局。

其五，提质增效重要性凸显，融合传统部门成为趋势。采取智慧型知识服务模式的新闻出版企业，除了一如既往地强调转型升级以外，还对提质增效提出了更高的要求。与此同时，对传统出版部门的支撑与融合，成为智慧型知识服务的未来发展方向。

"从要素驱动、投资驱动转向创新驱动"，"由高速增长转向中高速增长"，已经成为中国经济发展的新常态。该结论对数字出版的发展、对知识服务模式的演进同样是适用的。持续了一段时间的以项目供给支撑数字出版、以平台开发维持知识服务的局面即将步入历史。让市场在配置知识服务资源中发挥决定性作用，同时更好发挥政府配置资源的作用，将成为新时代知识服务发展的主流方向和正确路径。

今后，政策驱动型知识服务需要更好地发挥政府配置资源的作用，同时面向广大的机构市场进行大力推广和应用；产品驱动型知识服务、信息驱动型知识服务、技术驱动型知识服务，须以市场为导向，以满足用户知识需求为目标，以科技与新闻出版融合为抓手，形成"政府引导、企业主体、市场主导、创新驱动、质效并重"的发展格局；智慧驱动型知识服务将成为国有数字出版知识服务的主流模式，成为数字出版产业化、新兴出版提质增效、出版与科技融合的主力军，成为数字出版国家队提高发展质量和效益、承担媒体融合重任的必然选择。

第七节　知识服务的现状、问题与路径

在知识服务领域，新兴互联网企业充分运用"互联网+"的技术优势，不断创新知识服务模式，以"听书""共享"为代表的知识服务新业态在有效捕捉用户、抢占市场空白领域等方面取得了可喜的业绩，同时也存在着良莠不齐、快餐文化、不合规经营等问题；传统出版机构按照知识元建构、知识体系研发、知识标引和知识库建设的思路稳步推进，但是因自我造血机制尚未形成，知识服务市场化和规模化盈利没能如期实现。无论是传统出版机构还是新兴互联网企业，都应该以深化新闻出版转型升级为根本方向，在纸质载体层面多出精品力作，优化内容供给；在互联网载体方面，持续创新知识服务新模式与新形态，不断革新营销方式，运用现代营销手段；在未来发展趋势方面，要不断适应"互联网+""人工智能+""区块链+"等新形势和新业态，利用信息化、网络化、数字化、智能化的技术手段，不断提供适应新时代发展需求的精准化、个性化、定制化、交互化的优质数字内容服务，不断满足人民群众多样化、个性化的精神文化需求，为智慧社会、网络强国和数字中国建设提供有力支撑。

知识服务作为新闻出版行业转型升级的重要组成部分，自2015年初由原国家新闻出版广电总局数字出版司开始部署，到2017年底，得到了全国新闻出版企业的高度认可，也在一定程度上影响和带动了一批新兴互联网

企业的发展。传统出版单位按照软硬件改造、资源库建设、行业级运营平台研发、知识服务的供给侧改革的思路，有条不紊地加以推进，尽管横向对比，见效不是太明显，但是纵向对比自身转型，已是一日千里；新兴互联网企业则在知识共建共享、碎片化知识服务创新等方面重点发力，掀起了一股新的知识服务热潮，并且取得了相对明显的经济效益和社会效益。

在知识服务热潮的背后，客观冷静稍加思考，便可以看出：传统出版企业按照知识元建构、知识体系形成、知识标引数据、知识图谱生成、知识服务提供的思路，稳步加以推进，尽管见效较慢，但是在知识的传承、文化的传播、全民阅读能力的提升方面，起着不可替代的重要作用。而以"听书""共享"为代表的新兴互联网知识服务的业态模式，尽管圈粉无数、资本运作提速较快、让许多人为之眼前一亮；但是毕竟在知识的厚重性、权威性、准确度方面，还存在着较大差距；同时，内容供给良莠不齐、文化快餐消费、功利阅读的痕迹较重，甚至少部分企业因出现管理不严、传播违法违规信息的问题而被作出短期下架的行政处罚。

从宽泛的角度加以理解，知识服务的概念超越载体、超越时空，一直以来，传统出版企业始终承担着知识服务提供商的角色没有改变。所不同的是，以前主要是以纸质载体形式，提供纸质的书报刊等产品，在"互联网+"时代，提供知识服务的载体更加立体化、形式更加多元化、方式更加智能化。出版业转型升级的最终方向必然是为目标用户提供全方位、立体化、多层次、多介质的知识服务。

一、知识服务现状认知

纵观近几年新闻出版业转型升级的整体推进情况以及传统互联网企业的转型升级情况，可以发现以下知识服务进展的现状。

一方面，新兴互联网企业知识服务如火如荼：以"知乎"为代表的知识共建和知识共享模式，充分发挥着吸引力法则的作用，短期内迅速融资，并成功晋级为独角兽企业；以"得到"为代表的"碎片化知识服务"模式，旨在充分用好用户的碎片化时间，实现个人知识的扩展和增值，取得了一年吸粉 700 万用户的骄人业绩；以"喜马拉雅"为代表的声音传递和分享知识模式，更是在短短的几年时间内，实现了数亿用户的覆盖率。新兴互联网企业开创的知识服务模式，如同轻骑兵，创新了技术赋能知识服务的格局，以其轻松、快捷而广受欢迎，将知识共享、粉丝经济、吸引力法则的效应发挥到极致，也因此在短期内实现了较好的经济效益，甚至形成了一种气候，某种程度上成了全民阅读的弄潮儿。

另一方面，传统出版企业知识服务步步为营：传统出版企业，尤其是专业出版机构，自 2013 年以来，充分运用财政资金的杠杆作用，以文化产业各种项目为抓手，通过技术改造、资源库建设、运营平台搭建的阶梯，加速迈向知识服务的康庄大道。近几年，传统出版企业更是在大数据、增强现实、虚拟现实、《中国出版物在线信息交换图书产品信息格式规范》CNONIX、《中国标准关联标识符》ISLI、人工智能等领域不断创新、不断突破。在原国家新闻出版广电总局以及其他政府主管部门的指导和推动下，传统出版企业知识服务的重要里程碑事件有：

1. 2015 年 3 月，原国家新闻出版广电总局经过遴选和公示，正式发布了第一批知识服务模式试点单位 28 家。

2. 2015 年 8 月，国务院印发了《促进大数据发展行动纲要》，提出了政府治理大数据等十大工程，其中涉及教育文化大数据、服务业大数据、新兴产业大数据等与知识服务密切相关的大数据应用布局和规划，在万众创新大数据工程中专门提到了要建立"国家知识服务平台与知识资源服务中心"。

3. 2015 年 11 月 12 日，经过遴选和公示，32 家知识服务技术支持单位正式公布。

4. 2015 年 11 月 23 日，8 项知识服务模式试点通用标准正式发布。

5. 2016 年 3 月，原国家新闻出版广电总局日前正式批复中国新闻出版研究院筹建知识资源服务中心。11 月，原国家新闻出版广电总局数字出版司发布了《2016 年新闻出版业数字化转型升级软件技术服务商推荐名录》，共有 67 家数字化转型升级软件技术服务商入选。

6. 2017 年 1 月，原国家新闻出版广电总局公布了 42 家新闻出版科技与标准重点实验室，其中 18 家属知识服务重点实验室，占比为 42%。例如，地质出版社获批智慧型知识服务关键技术与标准重点实验室，知识产权出版社获批知识产权知识挖掘与服务实验室，社会科学文献出版社获批社会科学领域知识挖掘与服务实验室等。

7. 2017 年 7 月，国务院发布了《新一代人工智能发展规划》，其中重点提到了"知识计算引擎和知识服务技术"。指出要"重点突破知识加工、深度搜索和可视交互核心技术，实现对知识持续增量的自动获取，具备概念识别、实体发现、属性预测、知识演化建模和关系挖掘能力，形成涵盖数十亿实体规模的多源、多学科和多数据类型的跨媒体知识图谱"。该部分内容对于新闻出版业深度推进知识服务建设具有较强的方向指引价值和技术指导意义。

8. 2017 年 7 月，2015 年发布的 8 项知识服务模式试点通用标准，有 7 项标准上升为国家标准：《知识服务标准体系表》《知识资源建设与服务工作指南》《知识资源建设与服务基础术语》《知识资源通用类型》《知识元描述通用规范》《知识应用单元描述通用规范》《知识关联通用规则》和《主题分类词表描述与建设规范》。

9. 2017 年 11 月，全国范围内第二批知识服务模式试点单位征集启动，并将于 2018 年上半年加以公布。

10. 2018 年 3 月，国家知识资源服务中心征集并遴选知识服务模式（综合类）试点单位，最终遴选出 55 家企事业单位参与试点工作。

11. 2019 年 12 月 31 日，7 项知识服务国家标准发布。

12. 2020 年 7 月 1 日，7 项知识服务国家标准实施。

在知识服务领域，传统出版企业如同重装部队，所提供的知识服务在学科的完整性、学术的规范性、体系的健全性以及知识的精准性方面，是新兴互联网企业所无法企及的。实践中，也出现了一大批知识服务经典案例，如人民法院出版社的法信大数据平台、中国大地出版社的国家土地督察移动知识服务平台、人民出版社的党员小书包、社科文献出版社的皮书数据库等产品。这些平台和产品，经过层层渠道分发，分别在各专业机构系统生根发芽，源源不断地为特定行业、特定领域的专业人士提供着垂直知识服务。

二、知识服务问题剖析

本着实事求是的态度，客观加以分析，无论是新兴互联网企业所开展的知识服务，还是传统出版企业所布局的知识服务，均存在着一些问题，这些问题影响了知识服务的稳定性、健康化推进，也容易将出版从业者带入误区。

2017年6月，《全民阅读促进条例》正式发布，标志着全民阅读已上升为国家级战略。全民阅读国家战略的推行，旨在培养公民阅读习惯，提高公民阅读能力，提升公民阅读质量，传播有益于公民全面发展和社会文明进步的科学文化知识。从全民阅读的角度来看，新兴互联网企业所提供的"听书""共享""碎片化"知识服务，显然是难以全面承担提高阅读能力、提升阅读质量、促进公民全面发展和社会文明进步的重任。其所提供的阅读，绝大多数属于浅阅读范畴，是快餐文化的必然产物，是基于猎奇、兴趣而进行的阅读。这种文化快餐存在的问题是"压饿不营养、营养不均衡、不全面、不成体系"，所提供的知识为碎片化知识，或者是其他人"咀嚼"以后的知识残羹，没有留下用户深度分析、思考、论证的思维轨迹。如同鲁迅先生所言："一部红楼梦，经学家看见《易》，道学家看见淫，才子看见缠绵，革命家看见排满，流言家看见宫闱秘事。"而快餐文化所提供的知识服务，是一维的，是单一的，是"一千个读者心中，只有一个哈姆雷特"的效应；用户所接受的仅仅是一种观点，仅仅是被灌输的观点、理论或是思想。同时，新兴互联网企业所鼓吹的"快乐阅读""懒人阅读"模式，本身是与知识获取的规律背道而驰的：知识的获取过程，是一个"痛苦、蜕变"的过程，从"腹中空空"到"腹有经纶""腹有诗书气自华"本就是一个"破茧成蝶"的过程，而破茧成蝶是需要付出代价和牺牲的；"快乐阅读""懒人听书"是一种功利阅读的体现，是一种浮躁心态的体现。

从新闻出版业转型升级的角度来审视传统出版企业所开展的知识服务，其主要问题有：长期依靠财政项目的支持，真正的财政资金的杠杆作用、撬动作用没有充分体现；自我造血能力不足、市场运营能力欠缺、提质增效不明显；最后，数字出版业务的部门制发展模式，导致了数字出版负责人很少以"企业家"的角色来开展经营和管理，客观上的动力机制、压力机制缺位，也是知识服务"开花不结果"的深层次原因。实践证明，部门主任的角色恐难以承担出版转型、媒体融合的重任，敢于担当、忠诚履职的企业家精神所引领的数字出版公司才能扛起转型升级的大旗。最终，不言而喻的结果是目前鲜有出版企业依靠市场化知识服务取得较好经济效益的案例。传统出版企业知识服务难以实现市场化创收、规模化盈利的根本性原因，在于传统出版动能不足，而新兴出版动能在转换、接续方面又显得力不从心，以科研、技术、标准、数据等新生产要素为支撑的出版业新动能尚未完全形成，尚未发挥足够大的作用。

三、知识服务路径思考

以深化新闻出版业转型升级的视角，来看待传统出版企业知识服务转型，其主要路径有：

其一，在传统纸质载体的供给侧，多出精品力作，弘扬时代主旋律。从内容、产品角度来看，从目前我国的新闻出版业态格局来看，传统纸质图书也是知识服务的一种形态，而且是最重要的形态；从供给侧多提供精品力作，多出一些人民群众喜闻乐见的纸质图书产品，多出版能够不断满足人民群众高品质、多样化、个性化的精神文化需求，提升人民群众文化幸福感和获得感的优质图书。这是深化知识服务转型升级的不二法门，也是深化新闻出版业转型升级的根本宗旨。

其二，在互联网络新兴载体方面，创新知识服务模式。无论是新兴互联网企业，还是传统出版企业，都应牢牢抓住时代机遇，充分理解和运用新技术、新模式和新业态，将技术赋能出版的抓手用好，进而为用户提供更加优质、更加合理、更加新颖的知识服务类型。例如，截至 2017 年 6 月，我国出版企业已经出版了共计 276 种 AR 图书，在 AR 知识服务提供方面做出了重要探索和尝试；同时，人民法院出版社、地质出版社、公安大学出版社等单位在大数据知识服务提供方面，已经研发出相关平台，为广大读者提供了大数据知识服务；等等。面向未来，我们的新闻出版企业还会为广大读者提供更加智能化的知识服务，包括智能 AR 模型、智能教育助理、智能教育机器人等。

其三，传统出版机构应向新兴互联网企业学习，创新营销方式，加大营销力度。值得关注的是，以上所分析的新兴互联网企业，在开展知识服务方面，所运用的新型营销方式和方法，是传统出版机构应该大力学习和加以推广的。无论是知乎、得到、还是喜马拉雅抑或百道网，都成功地发挥了粉丝经济的效应，将移动端营销、"圈粉"营销、营销激励运用到最佳，进而在较短的时间内，赢得了数百万甚至数亿规模的用户；这些用户的黏性较强，成为新兴互联网企业忠诚的追随者。传统出版企业要综合运用新技术，打造新平台，凝练新思维，催生营销新模式，积极开展数字营销实践，引导提高数字消费水平，以营销为突破口，不断提高知识服务的数字化、智能化水平。

其四，深化新闻出版行业数字化转型升级，以数字化、智能化知识服务为抓手，不断扩大知识服务市场。新闻出版业的数字化转型升级，已然成为行业发展大势所趋，并且将成为国家级的战略。深化新闻出版业数字化转型升级的四大方向分别为：智能出版、知识服务、在线教育和全版权运营。传统出版企业和新兴互联网企业要不断适应"互联网+""人工智能+""区块链+"等新形势、新业态和新模式，利用信息化、网络化、数字化、智能化的技术手段，不断提供适应新时代发展需求的精准化、个性化、定制化、交互化的优质数字内容服务，为人民群众持续增长的精神文化需求提供高质量供给，为智慧社会、网络强国和数字中国建设提供有力支撑。在智能知识服务的构建方面，重点研发应用知识计算引擎、知识管理及知识服务的关键技术与标准，在合理合规的基础上鼓励发展共享知识经济，创新发展满足人民群众精神文化需要的扩展性知识服务和定制化知识服务。培育壮大以知识、技术、信息、数据等新生产要素为支撑的数字经济新动能，重点发展面向垂直领域的国民经济各行业的数字图书馆、数据库和知识库；以国家级知识资源服务中心的组建为契机，重点提供信息服务、知识产品和知识解决方案，形成涵盖国民经济各个行业数十亿实体规模的跨媒体知识图谱，加速推进新闻出版业新旧动能的接续转换。

第六章　增强现实与虚拟现实出版

关于增强现实与虚拟现实，《新一代人工智能发展规划》规定要重点突破关键技术，包括智能建模技术、架构技术等，建立健全虚拟现实与增强现实的技术、产品、服务标准和评价体系，推动重点行业融合发展。具体包括："混合增强智能新架构与新技术。重点突破人机协同的感知与执行一体化模型、智能计算前移的新型传感器件、通用混合计算架构等核心技术，构建自主适应环境的混合增强智能系统、人机群组混合增强智能系统及支撑环境。""重点突破虚拟对象智能行为建模技术，提升虚拟现实中智能对象行为的社会性、多样性和交互逼真性，实现虚拟现实、增强现实等技术与人工智能的有机结合和高效互动。""突破高性能软件建模、内容拍摄生成、增强现实与人机交互、集成环境与工具等关键技术，研制虚拟显示器件、光学器件、高性能真三维显示器、开发引擎等产品，建立虚拟现实与增强现实的技术、产品、服务标准和评价体系，推动重点行业融合应用。"

增强现实技术，作为人工智能的一个范畴，其作用于出版业，是智能出版的重要组成部分。《出版物 AR 技术应用规范》行业标准已经正式实施，其中对于增强现实出版的主要环节、技术原理和应用场景都作出了相应的规定。

随着增强现实和虚拟现实技术的不断发展，国内 AR 出版技术厂商涌现，不仅有传统的 IT 大型企业，还出现了一大批创业公司，存在着技术依赖性强、设备粗糙、标准规范缺失等问题。AR 技术应用于出版业的结果是融合出版了一大批 AR 图书、AR 游戏出版物，并且逐步催生出 AR 知识服务系统。AR 技术原理应用于出版产业链的主要环节包括：3D 模型库的建立、AR 编辑器的应用和图像识别显示。尽管目前 AR 出版物存在着研发成本高昂、盈利能力薄弱等问题，但是随着 AR 硬件设备、软件系统的不断发展，将会促进 AR 出版物的快速增长、AR 出版物标准的不断完善、AR 出版技术的不断更新和 AR 显示输出设备的不断改进。

增强现实技术应用于出版业的技术原理在于：需要打通三维模型建构、AR 编辑器研发和输出展示系统三大关键环节，要统筹运用虚拟建模、实景建模和混合建模三种技术，根据目标用户需要，合理选取定价体系，进而研发出适销对路的 AR 出版产品。

AR 出版物的生产制作流程，由选题策划、媒体制作、内容集成、输出展示、审核测试、发布推广和运营维护七个部分构成（图 6-1）。

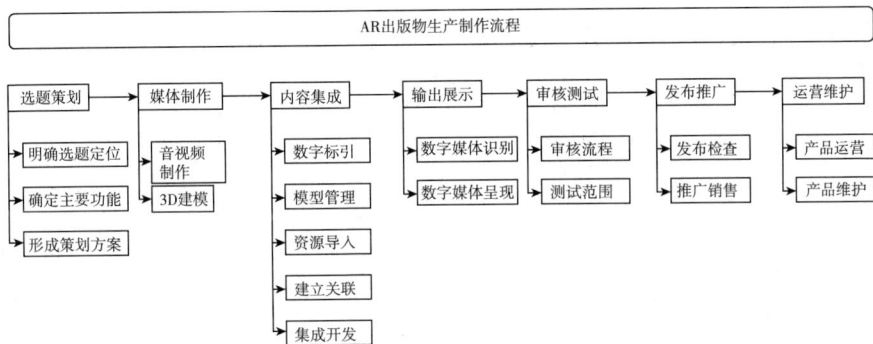

图 6-1　AR 出版物生产制作流程

3D 建模有实景建模、虚拟建模两种方式：

1. 3D 实景建模，是指运用数码相机、无人机、三维扫描仪等设备对现有场景、物体进行多角度环视拍摄然后进行后期编辑、加工，并加载播放来完成的一种 3D 建模方法。

2. 3D 虚拟建模，是指运用三维制作软件通过虚拟三维空间构建出具有三维数据的模型。

3D 建模的要求包括：

1. 应根据 AR 出版物的设计要求选择 3D 建模方式。

2. 3D 模型应遵循科学性、客观性和真实性原则，符合科学的比例、尺寸和规律。

3. 应按照建模的模型规范、贴图规范、动画制作、导出规范和引擎引用等通用性规范进行。

4. 应逐步提升建模的智能水平，提高虚拟对象行为的交互性、社交化和智能化。

第一节　增强现实出版的现状与趋势

增强现实（AR，Augmented Reality）技术是指借助计算机图形技术、可视化技术等将虚拟信息叠加集成在真实世界，使得真实世界和虚拟信息同时存在，从而达到超越现实的感官体验。基础技术包括跟踪定位技术、用户交互技术、虚拟融合技术和系统显示技术。

AR 技术具有三个突出特点：第一，是真实世界和虚拟信息的集成；第二，具备实时交互性；第三，在三维尺度空间中增添定位虚拟物体。AR 技术可应用的范围特别广泛，主要包括旅游、教育、医疗、建筑、设计、游戏等领域。

增强现实技术原理应用于新闻出版业，主要包括几个核心环节：3D 模型库的建设、AR 编辑器的应用和图像识别显示。这三个环节中，技术商主要发力点在于 AR 编辑器的技术研发和推广、图像识别显示系统的构建；而作为内容提供商的新闻出版企业，其优势仍然在于内容资源领域，在于 3D 模型库的建构，尤其是专业出版领域的 3D 模型建构。相对而言，技术商在 3D 模型建构方面显得捉襟见肘和信息完全不对称，不过，仍然有大量的技术厂商通过购置、版权引进、自主研发等方式，在市场准入门槛不高的大众出版领域获取了大量的 3D 模型，他们不仅瞄准了 AR 出版的技术，同时也考虑向 AR 出版的内容领域即 3D 模型建设方面进行渗透和抢占市场先机。

一、现状分布

（一）AR 技术厂商现状分布

目前，国内大型互联网企业如联想集团、百度、腾讯、阿里巴巴均在布局增强现实业务；与此同时，在创业公司层面，国内也涌现出梦想人科技、猫眼科技、奥图科技、亮风台、云视智通、央数文化、上海塔普仪器、大连新锐天地、视辰信息科技等增强现实公司，这些公司目前都表现出了较强的市场竞争力。这些技术企业目前主要的研发领域包括：AR 可穿戴设备研发（如奥图科技的酷镜）、3D 建模进而构建自身的 3D 模型库、提供 AR 技术开发软件等。

目前国内 AR 技术厂商在技术研发方面存在的主要问题有：其一，芯片和软件等底层核心技术严重依赖于国外厂商，自主知识产权比例较低，野蛮生长现象比比皆是；其二，设备研发粗糙，图像、3D 模型存在着大量粗制滥造的情况，头盔、眼镜等安全系数低，潜在的安全风险较大；其三，国家标准、行业标准缺位，尽管工信部、国家广播电视总局等有关主管部门在加快标准制定步伐，但是市面现有的大量 AR 出版物仍处于无章可循、无序发展的状态。

（二）AR 出版物的分布状况

国内已经有近百家出版企业已经纷纷试水 AR 图书的生产和制作，许多出版社已经开始布局用财政项目资金从事 AR 图书出版平台的研发和构建，进而在数字出版的道路上再次向科技与出版融合的目标靠近一步。

根据《出版物 AR 技术应用规范》（CY/T 178-2019）行业标准规定，AR 出版物（AR publication），是指应用三维（3D）模型等数字媒体与印刷图文及图文中的坐标点、空间位置等信息关联，满足用户增强现实体验需求的报纸、期刊、图书、网络出版物等。三维建模（3Dimensions modeling）或称 3D 建模，是指运用特定设备或者软件构建三维数据模型的过程。增强现实编辑器（augmented reality editing tool）或称 AR 编辑器（AR editing tool），是指用于对选题内容与图像、音频、视频、3D 模型、360°全景图、游戏等数字媒体进行关联，编辑制作 AR 出版物的专用软件。

国内外 AR 出版物的大致类型包括：1. AR 图书出版物，主要是 AR 图书和 AR 卡片，同时部分出版物需要佩戴 AR 眼镜；2. AR 游戏出版物，随着《Pokémon GO》游戏的大获成功，AR+LBS 的游戏模式越来越引起关注；3. AR 知识服务系统/AR 引擎，旨在实现 AR 技术与出版产业链的融合。

二、AR 图书出版

随着 AR 技术应用的广泛化，AR 技术与传统出版的教育、大众、专业三大出版均有所结合，目前面世的 AR 图书出版分布的领域集中于以下几个方面。

（一）AR 类教育出版产品

目前图书市场上的 AR 类教育出版产品主要包括教材教辅类 AR 读物和高职高专类 AR 读物。

1. 教材教辅类 AR 读物

教材出版的审核机制相对严格，就教材、教辅出版的 AR 技术应用先后顺序而言，大部分出版社优先选择将 AR 技术应用于教辅出版领域，而对于教材的出版，只有在经过严格的论证、确保 3D 呈现内容的专业权威之后才能加以实施。例如，人民教育出版社的《足球教材》、北京师范大学出版社的《初中物理》等出版物。

教辅类 AR 读物是目前 AR 技术应用于教育出版领域的优选方向，其原因是教辅出版的审查、审核机制相对宽松，同时也是传统出版机构试水新技术、提高市场份额的重要突破口之一。例如，山东教育出版社出版的《暑假生活指导》、龙门书局出版的《黄冈小状元》等图书。

2. 高职高专类 AR 读物

为了直观、立体地展现特定领域的职业教育内容，目前市场上已有出版社开了高等职业教育 AR 出版的先例，典型的体现是科学出版股份公司所出版的《爱医课》图书。

教育出版领域的 AR 产品品种相对较少，究其原因，在于 AR 技术应用于教育领域，一则其研发成本较高，会极大地提高图书定价，而教育领域相对严格的定价体系约束了其大范围大规模的开发应用；二则长期阅读、使用 AR 出版物会导致视力下降、用户安全风险加大等问题。

（二）大众出版

1. 科普类 AR 产品

"科技创新、科学普及是实现创新发展的两翼，要把科学普及放在与科技创新同等重要的位置。没有全民科学素质普遍提高，就难以建立起宏大的高素质创新大军，难以实现科技成果快速转化。"这是 2016 年习近平总书记在"科技三会"上的一个重要论断。科学普及被提到了前所未有的高度，与此同时，科普出版也相应地在各出版机构的战略规划中上升到了足够的高度。

AR 技术以其 3D 展示效果而被众多的出版企业率先用于出版科学普及类图书方向，例如，中信出版社《科学跑出来》系列图书、山东教育出版社《恐龙大世界》、中国少年儿童新闻出版总社《安全大百科》、中国法制出版社《贤二前传之宝藏传奇：钱可不是白花的》、接力出版社《香蕉火箭科学图画书》、湖南少年儿童出版社《科学是这样的：一千个芒果的求证》、北京工业大学出版社《探索北极》、科学出版社《科普院士卡》等图书。

2. 婴幼儿类 AR 读物

AR 技术应用于幼儿教育方面，具备天然的合理性和优越性，能够给婴幼儿教育带来直观、立体、3D 呈现的效果，也是目前各出版机构跃跃欲试的技术创新方向之一，目前在整个 AR 图书市场占比高达 90% 以上。[1]

目前市面上存在的婴幼儿类 AR 读物、卡片主要包括：华东师范大学出版社《美慧树》、安徽少儿出版社《AR 学习卡》少儿类 AR 读物、中国少年儿童新闻出版总社《我们爱科学》、浙江少年儿童出版社《孩子的科学》。

大众出版领域的 AR 产品规模大、品种多、市场表现也最佳，其原因在于婴幼儿图书领域的消费能力较强，家长们往往都愿意在子女教育方面加大投入。不过，长时期阅读 AR 出版物，对婴幼儿的视力、感官的损伤

---

[1]　该比例系对京东商城、当当网、淘宝网三大网络书店平台进行 AR 图书的统计分析后得出的结论。

应该被高度重视起来。

（三）专业出版

在特定的专业出版领域，AR 技术分别用于制造业图书、摄影类图书等出版业务，例如，中国摄影出版社《中国世界遗产影像志》、中国矿业大学出版社《采掘机械与液压传动》、人民邮电出版社《汽车文化（AR 增强现实版）》等。

上述类别的图书之所以采用 AR 技术出版，主要原因有：

其一，部分出版物所涉及的图书内容，在现实世界中很难被直观、立体地加以认知，例如医学领域所涉及的心脏的构成，这类图书最佳的展示效果是以 3D 模型的方式向读者推介。

其二，部分图书所涉及的内容，在现实世界中根本无法被真实感知，例如已经灭绝了的恐龙，只有用科学数据加以描述、复制的 3D 模型，才能够给广大读者以增强现实般的感受和认知。

三、AR 游戏出版

此前炒得火热的 VR 游戏是利用软硬件模拟一个完整的虚拟世界，让玩家获身临其境的体验，而 AR 游戏则是通过技术手段将虚拟与真实的世界相叠加。之前任天堂推出的《Pokémon GO》手游让沉寂多年的 AR 技术再次登上舞台，风头迅速盖过火热的 VR，由于该游戏锁区，所以国内玩家暂时无法进入。近期比较火热的 AR 游戏主要有：《Pokémon GO》、《Ingress AR》、《城市精灵 GO》等。

值得关注的是，随着《Pokémon GO》在海外市场的火爆，"增强现实技术（AR）+基于位置的服务（LBS）"产品也成为国内游戏厂商争相追逐的研发对象。但根据推测，AR+LBS 的游戏模式将可能带来游戏玩家大规模集中于特定的地点，甚至有可能产生非法集会、扰乱社会秩序的巨大风险。

2017 年 1 月 9 日，游戏出版工作委员会向原国家新闻出版广电总局咨询了"AR+LBS"相关游戏出版管理政策，并得到了如下回复："出于对国家安全与人民生命财产安全的高度负责，目前总局业务主管部门正在与国家有关部门协调，组织开展安全评估，一旦形成评估意见，将及时向社会公布。在此之前，总局暂不受理审批此类型游戏，建议国内游戏企业在研发、引进、运营此类型游戏时审慎考虑。"这意味着国内还未拿到版号的AR+LBS游戏在一段时间内将不能够通过广电总局的审核。①

四、AR 知识服务系统

目前国内已有中国科技大学先进技术研究院的新媒体学院、梦想人科技公司等科研机构和技术企业，专门针对新闻出版行业，研发出独立的AR知识服务系统，主要包括：3D模型库、AR编辑器、APP展示商城、用户行为分析系统和定价支付系统等模块。

而原国家新闻出版广电总局数字出版司在2017年所启动的新闻出版企业数字化转型升级技术装备配置优化项目的"配置装备范围"部分，也明确提出，新闻出版企业可以根据企业自身发展实际情况，购置"知识服务支持工具系统、交互式在线学习/教育系统、增强/虚拟现实数字出版系统"等技术系统。②

前述AR图书出版物往往作为单一性的AR产品在市场上出现，其基本的生产制作流程是由出版企业委托专门的AR技术厂商生产制作AR图书，这种生产制作的环节较为传统，出版企业往往承担的是委托加工的角色；而AR知识服务系统的出现，使得出版企业能够具备自主生产AR出版物的能力。

出版企业自主运用AR知识服务系统需要具备几个条件：

首先，要具备专门的3D模型库，三维模型的嵌入和展示是AR图书最核心的亮点，也是出版企业在AR出版产业链中所能够发挥核心竞争力的

---

① 《社会风险大　暂不受理 AR + LBS 类游戏》，见 http：//games. ifeng. com/a/20170110/44528751_0. shtml.

② 《关于开展新闻出版企业数字化转型升级技术装备配置优化项目征集工作的通知》，国家新闻出版广电总局 "新闻出版业数字化转型升级项目级专栏"，2017 年 5 月 15 日，见 http：//www. gapp. gov. cn/ztzzd/zdgzl/cbyszhzxsjxmzl/contents/4380/330683. shtm.

主要板块。对于专业性出版社而言，三维模型的数据科学性、权威性和知识专业性是其生产和制作三维模型的天然优势和竞争筹码。

其次，需要具备掌握操作 AR 编辑器系统的专业化编辑，能够准确地将相关的三维模型嵌入到指定内容板块。

最后，需要具备安全系数较高的网络环境，确保所嵌入的 3D 模型不被攻击，不被篡改网页，这在 AR 教育出版领域显得更为重要。

五、AR 出版的趋势分析

关于 AR 出版物的发展趋势，目前市面上主要有三种观点。其一，完全乐观派。其表现是大力鼓吹 AR 技术应用于出版业的前景如何光明，甚至断言 AR 技术将颠覆传统出版业，代表性的文章是《一切出版都将 AR 化 传统出版已死?》《AR（增强现实）又将颠覆出版业》等。其二，过度悲观派。其表现是过分强调 AR 技术的不成熟、不稳定，展示效果不佳，配套技术没有跟进发展等。而笔者持第三种观点，即审慎乐观看待 AR 技术应用于出版业。AR 出版物在 3—5 年内将会呈现快速增长的发展趋势，但是新业态出现后将会呈现稳定发展的局面。

（一）完全乐观：一切出版都将 AR 化

完全乐观派认为："AR 的创造性是无限的，是图书与数字出版之间的创新产品，AR 打造了阅读新方式做到，闻得到书香、摸得到触感，又能感受科技数字化的力量。AR 出版是传统出版与数字出版下一级产品，未来科技化是人们想要的选择，因此，所有出版都将 AR 化，传统出版已死!!!"[①] 完全乐观派将先进技术的重要性加以凸显，并高度重视"科技第一生产力"的作用；其不足之处在于：第一，忽略了技术落地应用的时间周期、实际效果和产业化进程；第二，没有正确认识融合出版是"以内容建设为根本"，先进内容与先进技术紧密结合才是深度融合的必经之路；第三，传统出版仍然具有强大的生命力，也并非"所有出版都将 AR 化"，传统出版的市场前景和未来发展仍然很美好。

---

① 沈少维：《一切出版都将 AR 化，传统出版已死?》，《IT 产业网》2016 年 12 月 6 日。

（二）过度悲观：AR 技术的不成熟及负面性

悲观的原因之一是设备不成熟，硬件不过关。AR 技术目前呈现的最主要载体是，其一，手机、Pad 或者电脑并辅以专门的 APP 程序软件。面向 AR 产品的专用 AR 手机迟迟研发不出，极大影响了 AR 产品的应用和推广。其二，展示 3D 效果的 AR 眼镜。目前国内的诸多技术公司都在致力于研发 AR 智能眼镜，但是，就其发展现状而言，在高清度、美观度、体验效果、使用寿命、安全系数等方面都还存在着较大的问题，还没有出现大众所认可的 3D 智能眼镜。

悲观的原因之二是新技术的潜在危害性。不可否认的是，目前 AR 技术一拥而上，在制造、军事、医学、教育、游戏、出版等各领域都在发力，整个市场呈现出一片"欣欣向荣"的景象，但是，"兴一利必生一弊"，AR 技术的快速应用也带来了诸多潜在风险、隐患和现实的危害。

目前 AR 技术应用最多的方向是婴幼儿的教育，如前所述，它所带来的弊端是长时间的观看和体验，容易造成孩子视力下降、近视，甚至会出现头晕、呕吐等状况；任何一门学科、任何一门课程，其 AR 教材只能起到"锦上添花"的展示效果，并不能实现全过程的 AR 展示；AR 体验的虚拟性，容易造成青少年户外活动减少，带来身心健康的潜在威胁；对于自控力不足的青少年而言，AR 产品的应用，容易造成其沉溺于其中而不能自拔；对于内向型的孩子而言，AR 产品的过多接触，容易诱发其自闭的倾向，带来不可逆的心理健康威胁。

（三）审慎乐观：快速增长后的稳定发展

2016 年的确是一个 AR 行业的爆发点，了解 AR 或者渴望 AR 的人数呈几何倍数增加。AR 游戏蓬勃发展，AR 图书产品如雨后春笋般到处涌现，AR 国家标准、行业标准呼之欲出，都显示了其具备足够的发展潜力。

就新闻出版业而言，AR 技术在出版业的应用步伐加快。在总局层面，高度重视 AR 技术应用标准、AR 技术应用报告，总局数字司在新闻出版企业转型升级装备配置优化的通知中将"增强现实数字出版系统"明确列入配置的"可选装备"范围，并委托融智库研制 AR 技术在出版业应用的发展报告，中国新闻出版研究院启动了 AR 技术在新闻出版业应用的预研究课题；在企业层面，地质出版社委托南京大学信息管理学院研制 AR 出版物企业标准、AR 白皮书报告；在产品层面，中信出版社、江苏凤凰教育出版社、山东教育出版社、中国法制出版社等一大批出版社分别出版发行了自己的 AR 图书，掀起了一股 AR 图书热潮；在技术层面，以苏州梦想人科技为代表的 AR 技术公司积极融入出版业，大力推广 AR、VR 技术在出版业的应用，随处可见他们活跃于出版业的身影。

但是，AR 技术大面积大规模地被应用于新闻出版业，仍然需要 AR 智能眼镜、AR 手机等设备的完善和升级，就像 1987 年"大哥大"手机进入中国，但直到 1995 年才在中国引起一个小规模的爆发，只有富豪才能用得起大哥大手机，而手机得到大规模的推广和普及却要到 2000 年。到 2005 年，手机几乎是每个人的必备品了。

AR 出版产品必然也会经历市场长时间的考验，在时间的检验中加以改进和完善，最终实现大规模应用和推广。不过值得庆幸的是，现在的智能手机能够给市场带来足够惊艳的 AR 体验，在 AR 出版物成熟之前，市场已经对 AR 产品产生了急切的需求。这会对未来 AR 产品的推广和普及起到非常巨大的作用。

因此，笔者持审慎乐观态度的原因如下：

1. 工信部、原国家新闻出版广电总局等有关部委高度重视 AR 技术的应用和相关标准的研制。2016 年 5 月 10 日，工信部中国电子技术标准化研究院和新华网联合征集了虚拟现实（VR）和增强现实（AR）国家及行业标准。如上所述，2016 年 7 月，原国家新闻出版广电总局也开展了 AR 技术应用于新闻出版业的标准预研究课题，2016 年 12 月，开展了 AR 技术应用于出版业的白皮书研究工作。

2. 媒体深度融合呼唤新技术继续应用于新闻出版业。AR、VR、MR 等技术应用于新闻出版业，应用于教育出版等垂直领域，也是媒体深度融合的需要：新闻出版业转型升级是个长期过程，在转型的过程中，如大数据、AR、AI 等高新技术的应用是加速融合、推进升级的重要助力和支撑。

3. 国家继续扶持文化产业发展的政策，将为 AR 出版物的产业化发展提供重要战略机遇。近几年，政府主管部门充分运用财政杠杆的宏观调控手段，以文化产业发展专项资金、国有资本经营预算金等政策和资金支持文化产业的发展和繁荣，历年来共计投入 200 多亿元，这种投入还将继续保持并有所扩大，这是 AR 出版产品产业化、规模化发展的最重要推动外力。

4. AR 辅助设备的完善和升级是个长期过程。之所以保持审慎，是因为，AR 智能眼镜的不完善、AR 标准的付之阙如、AR 手机的迟迟未出现、AR 出版研究报告的缺位等，这些都是制约 AR 技术应用于出版业的重要因素，也是政府主管部门对 AR 技术应用保持谨慎乐观的重要原因。

目前已有越来越多的出版结构选择尝试将 AR 技术应用于传统出版，数十家出版社已经累计出版了三百多种 AR 图书产品，但是许多研发 AR 出版物的机构也是抱着"试试看"的心理，大部分是用转型升级财政资金用来试水，真正用自有资金投入 AR 产品，实现 AR 出版产业化还有一段很长的道路要走。

在 AR 出版呼声日隆的现象背后，我们要清醒地认识到其存在着成本高、自主知识产权薄弱、产品标准不统一、盈利趋势不明朗等问题；不过，仍然要在媒体融合的大背景下，努力将 AR 技术原理与出版业相结合，研发相关国家标准、行业标准，推动 AR 出版由"无序生长"的状态转型到快速、健康、稳定的发展轨道上。

第二节　增强现实出版产业发展分析与展望

经过多年的研发，我国 AR 出版物经历了从无到有、从小到大、从高速增长向高质量发展的阶段。AR 出版产业链由 3D 模型库、AR 编辑器、输出展示系统三部分构成。传统出版机构在 3D 模型库的建立方面具有专业性、体系化、科学性的天然优势，新型互联网企业则重点发力于 AR 编辑器的研发和推广，输出展示系统目前主要集中于 AR 头显、AR 眼镜、AR 手机和 APP 等载体。AR 出版产业的健康、快速发展，有赖于政府主管部门及时出台鼓励发展政策，有赖于企业标准、行业标准体系的建立健全，有赖于 AR 阅读体验的改进和优化，有赖于 AR 出版高端人才的培养与任用。

整体而言，我国出版业对于 AR 技术的应用尚处于探索阶段。由于 AR 技术本身还在不断成熟，出版企业对 AR 技术的创新应用受技术发展水平限制还比较明显，大多数 AR 出版应用产品尚不成熟，AR 硬件设备及核心系统尚需完善，加之相关技术标准和行业标准不足也制约了 AR 出版物发展。与此同时，受 AR 技术专业性及专业人才等因素的影响，国内综合技术实力领先的新兴互联网企业在 AR 领域的创新活力和创新能力，普遍要强于传统出版企业。

经过几年的发展，AR 出版产业已经形成了一定的集群效应，在管理层面引起了政府主管部门的高度重视，在行业层面引起了新闻出版企业的重要关注，在目标用户层面得到了广大读者的认可和肯定。但是，对 AR 图书价格过高的"吐槽"、对 3D 模型不清晰、声音图像调取不成功等方面的批评现象也时有发生。为此，进一步梳理和明确 AR 出版产业链的构成就显得尤为重要和难能可贵。

AR 出版产业链由四部分构成：3D 模型库的建立、AR 编辑器的研发与应用以及 AR 输出展示系统以及 AR 图书市场销售。换言之，增强现实技术原理应用于新闻出版业，主要包括几个核心环节：3D 模型库的建立、AR 编辑器的应用和图像识别现实。[①] 3D 模型的研发、制作与应用，是 AR 出版物与 MPR 出版物的最大差别，也是 AR 产业对现实进行增强表达的关键，是广大读者尤其是婴幼儿、青少年读者热衷于 AR 图书的核心所在；AR 编辑器主要由技术公司研制，负责将 3D 模型嵌入到图书固定的部分，并设定相应的 AR 码，便于将 3D 模型调取和展示；AR 输出展示系统，是 AR 图书效果呈现的"最后一公里"，目前主要包括智能手机、APP 程序、AR 眼镜、AR 头盔等。

---

① 郭玉洁、龙振宇、张新新：《AR 出版的现状及趋势分析》《科技与出版》2017 年第 8 期。

一、AR 出版物在京东商城、淘宝网及当当网三大电商平台的营销现状分析

（一）三大图书电商平台 AR 出版物营销情况

近年来，随着 AR 技术的不断成熟及其在出版物中应用的逐渐普及，AR 出版物获得了井喷式的快速发展，其市场规模也逐年扩大。根据对国内当前最为主流的三家图书电商平台——京东商城、淘宝网和当当网在线出售的 AR 出版物的数据统计，截至 2020 年 9 月，三家图书电商平台在售 AR 出版物共计 716 种，其中京东商城在售 AR 出版物有 640 种，淘宝网在售 AR 出版物有 612 种，当当网在售 AR 出版物有 532 种。此外，有 316 种 AR 出版物同时在京东商城、淘宝网及当当网三大电商平台上销售。从出售 AR 出版物种类的数量来看，京东商城居首，约占 AR 出版物总数的 90%，其次是淘宝网，占 AR 出版物总数的 85%，当当网次之，占 AR 出版物总数的 74%。京东商城、淘宝网和当当网作为中国主流的图书电商平台，在新型互联网营销策略的推动下，集聚了几乎所有中国出版企业出版的 AR 读物，其中相对于当当网，京东商城和淘宝网更为大众所熟知，其聚集了更多的 AR 出版物，具有更强的竞争力。

表 6-1　三大图书电商平台上 AR 出版物的在售数量统计　（单位：种）

图书电商平台	京东商城	淘宝网	当当网	总计
在售 AR 读物种类	640	612	532	716
	同时在售 316 种 AR 出版物			

从三大图书电商平台上在售的 AR 出版物种类来看，各大出版社出版的 AR 读物大都聚焦少儿、科普领域，以童话故事、科普知识、魔幻体验、少儿学习、亲子互动、益智游戏、世界探索、恐龙世界等主题为主。我们将其归类为科普、大众、教育和动画四大类，其中，围绕少儿的科普类题材的 AR 出版物种类最多，占比达 61%，其次是动画和教育类，分别占比 20% 和 17%，而大众题材的 AR 出版物种类则相对较少，仅占 2%。

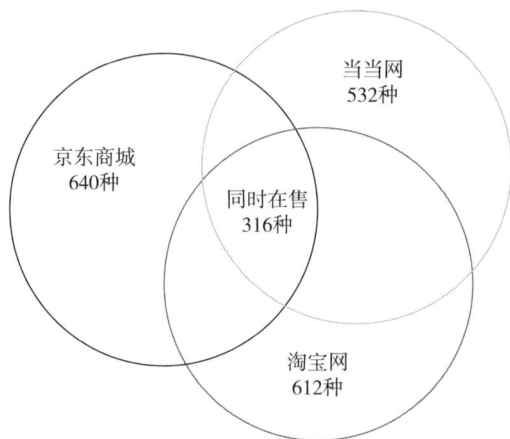

图 6-2　三大图书电商平台 AR 出版物在售种类情况

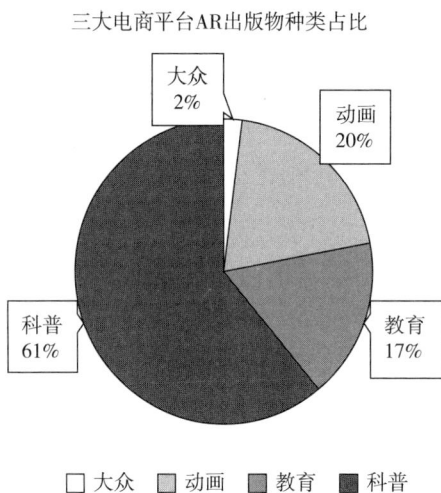

图 6-3　三大图书电商平台 AR 出版物种类占比

　　AR 出版物将图书从二维平面带入三维空间时代，图书内容不再是单调乏味的平面几何图形和图像，而是绘声绘色、生动直观、充满玄幻的虚拟 3D 立体形象。因而，鉴于当前火爆的少儿出版市场，AR 出版物十分适合儿童教育，为缺乏抽象思维的儿童供给各种直观详细、可触摸的 3D 内容，帮助他们更好地理解和学习各种知识。聚焦少儿科普出版，这也是

AR 技术在出版业最具有市场竞争力的一大应用。如长江少年儿童出版社打造的 AR 世界大探索,从海洋生物、动物王国、世纪恐龙和交通工具四个领域向孩子们展现了 AR 技术下的各种科学知识;再比如,大连新锐天地传媒有限公司面向儿童益智早教市场,出版了三套以恐龙为主题的 AR 涂涂乐和涂涂秀学习卡,以增强现实技术帮助孩童更好地认知远古时代的恐龙,提升他们对虚拟事物的感观能力。

此外,AR 技术在星球及地图领域也得到了很好的应用。例如成都地图出版社出版的 10 套《AR 全息绘本——盖亚斯星球套装》AR 读物,通过实景切换,可以帮助少儿朋友通过增强现实技术更加直观地观看、了解宇宙中的各种星球及其相互间的对应关系。相对于传统的纸质平面图书,AR 出版物将现实场景和虚拟场景结合,以实时的高度的人机互动为技术手段,帮助孩子们对宇宙星球的认知达到身临其境的感官体验。

当前,跟 AR 技术密切相关的出版物多聚焦在少儿科普题材领域,医学、工业、游戏、工程建设等领域应用的出版物则相对较少。这一方面反映了少儿出版当前的火爆市场行情,AR 技术率先以少儿出版为突破口,以抢占市场先机;另一方面也说明了 AR 技术当前在出版物的应用还不成熟,还有诸多领域有待深入研究和开发,其未来的应用前景还有很大的发展空间。

(二) AR 出版企业区域分布分析

从京东商城、淘宝网和当当网三大图书电商平台的 AR 出版企业及出版物统计数据来看,截至 2020 年 9 月,全国共有 19 个省(直辖市)的出版企业开展了 AR 图书出版,共计出版了 716 种 AR 图书读物。总体来看,北京地区的 AR 出版企业数量最多,AR 图书出版物种类最丰富。北京地区有 32 家出版企业制作、研发和出版了 168 种 AR 图书读物。位于东部沿海地区的山东、江苏、上海、广东、浙江 5 省市出版企业次之,各自分别出版了 60 种、52 种、46 种、42 种和 40 种 AR 出版物。黑龙江、吉林、辽宁、天津、江西、四川等省市则处于快速发展时期;湖南、陕西、四川省等省的 AR 出版企业和出版物则相对较少,而湖北、河南、云南等省的 AR 出版企业才刚刚起步。此外,从 AR 出版企业及其出版物数量统计表中我们可以看出，当前开展 AR 出版的大多数出版企业都位于经济较为发达的中东部沿海区域，而广大的西北内陆地区的出版企业则在 AR 技术出版业的应用工作中表现不佳。

表 6-2　AR 出版社及其 AR 出版物数量统计

（单位：种）

序号	省市	AR 出版社数量	AR 出版物数量
1	北京	32	168
2	天津	2	30
3	山东	4	60
4	辽宁	3	30
5	黑龙江	4	34
6	吉林	4	36
7	江苏	4	52
8	浙江	4	40
9	上海	3	46
10	江西	4	30
11	湖北	3	16
12	河南	3	18
13	四川	5	28
14	广东	4	42
15	湖南	3	26
16	陕西	3	24
17	山西	2	18
18	广西	2	14
19	云南	1	4
合计		90	716

AR出版社及其AR出版物数量统计

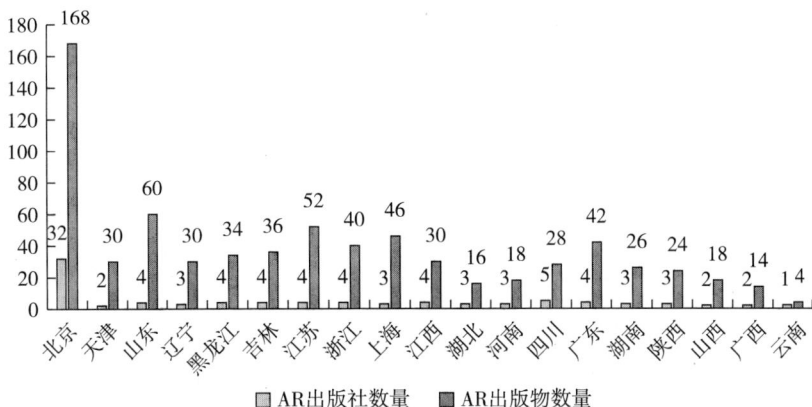

图 6-4　AR 出版社及其 AR 出版物数量统计图

从区域来看，北京在 AR 出版物领域占据了行业先机，以中信出版社、海豚出版社、中国青年出版社、现代出版社、清华大学出版社、北京工业大学出版社为代表的 32 家出版企业在 AR 出版物研发、制作和出版上走在了全国前列，共有 168 种出版物在京东商城、淘宝网和当当网三大图书电商平台上进行出售。这表明北京作为首都和全国文化中心，出版企业在充分利用先进技术进行数字化转型升级发展上起到了模范带头作用，各地方出版企业可以向北京看齐，积极进行技术革新，推动 AR 技术在传统出版业的应用。

从出版企业性质来看，以少儿和艺术为专业背景的出版企业在 AR 出版物领域的进军速度最快，以长江少年儿童出版色、海豚出版社、山东美术出版社和江西美术出版社为代表。由于 AR 出版物的读者多为少年儿童群体，因此各大从事少儿和美术出版的出版企业有了新的市场需求，更容易抓住机会，积极尝试 AR 技术在出版领域的应用。

从 AR 出版企业的地域分布来看，AR 出版企业跟其地方政治文化经济发展程度有着较为明显的正相关关系。首先，北京作为全国文化中心，从事 AR 出版物的企业数量最多，出版的 AR 出版物数量也位居全国之首，这与北京作为全国的政治中心、文化中心和经济中心有着密切联系，诸如现代教育出版社、海豚出版社、清华大学出版社、中国青年出版社等从事AR 出版物研发、制作和出版的出版企业，无疑走在了全国前列。其次，中东部沿海地区，经历了改革开放后四十多年的高速发展，其经济文化地位不断提高，从事 AR 出版物的企业数量较多，出版的 AR 出版物数量也较多，比如江苏凤凰出版集团、江苏文艺出版社、上海少年儿童出版社、百家出版社、浙江文艺出版社等在 AR 出版物研发制作方面都有不俗的表现。然而，东北及中部地区，其经济发展速度稍慢，其出版企业在 AR 出版物研发、制作和出版上投入普遍不足，其产品数量和成效尚不明显。再反观西部地区，诸如新疆、西藏、宁夏、内蒙古等地，由于经济发展相对较为滞后，当前还未全面开展 AR 出版物的研发、制作和出版工作。这不仅让我们深思，在当下信息技术如此发达的今天，各大出版企业应积极抓住 AR 技术在各领域的应用优势，充分挖掘 AR 技术的潜力，积极布局 AR 技术在出版业的应用，加快推进数字化转型升级，促进地区出版事业的快速发展。

（三）AR 出版物定价体系分析

近年来，AR 出版物借助京东商城、淘宝网和当当网等图书电商平台，作为普通商品面向普通个人用户进行出售。通过对京东商城、淘宝网和当当网三家电商平台 AR 出版物的售价统计数据来看，不同种类的 AR 出版物其售价也不同，且不同电商平台针对同样的 AR 出版物的定价机制也不相同。当前各大出版企业所出版的 AR 图书的售价多在 50 元以下，只有少数 AR 出版物的售价高于 200 元。

表 6-3　三大图书电商平台 AR 出版物售价统计　（单位：种）

价格＼平台	50 元以下	51～100 元	101～150 元	151～200 元	201～250 元	251～300 元	300 元以上	合计
京东商城	328	186	82	32	4	6	2	640
淘宝网	298	178	78	45	12	6	4	621
当当网	248	140	84	42	8	10	0	532
合计	874	504	244	119	24	22	6	1793

从上表中关于三大图书电商平台的 AR 出版物售价统计数据来看，售价在 50 元以下的 AR 出版物有 874 种，约占了三家电商平台 AR 出版物总数的一半；售价在 51~100 元的 AR 图书有 504 种，约占总数三成；售价在 101~105 元的 AR 出版物有 244 种，占总数的 14%；售价在 151~200 元的 AR 出版物有 119 种，占总数的 7%；其他售价在 200 元以上的 AR 出版物仅有 52 种，只占三家电商平台 AR 出版物总数的 3%。

从中我们不难看出，当前各大出版企业所出版的 AR 出版物其售价并不算高，其价格区间似乎在广大用户所能接受的范围内。一方面，跟 AR 技书在出版物中的应用尚未脱离传统出版有关，因为用户所购买的 AR 出版物仅是一种内容集成，在这一点上它和传统出版物并无差异，但是用户需要借助外在的 VR 体验设备诸如手机、电视、电脑或 AR 头显设备方可实现和 AR 出版物之间的互动体验，基于这一点，我们来理解 AR 出版物的定价并不算高就相对容易了。另一方面，由于当前的 AR 出版物大都聚焦在少儿科普题材领域，且尚处于摸索及起步阶段，各家出版企业为了争夺市场，提升 AR 出版物的市场占有率和影响力，充分考虑到市场实际，在价格上并未同传统出版物拉开较大的差距。

但是，我们不能单纯地从 AR 出版物的定价来贬低 AR 出版物的价值和发展前景。从另一个方面来讲，由于当前 AR 出版物的内容相对较少，通常一本 AR 图书仅有几页或十几页，内容较少，大都以图画为主，很少或几乎没有文字内容。相对于传统图书几十页，甚至上百页的内容来看，AR 图书的售价要远比传统纸质图书要高。

此外，由于图书电商平台为了扩大营销，通常在图书售价上进行了一定的折扣销售，比如京东平台对大部分 AR 图书都做了 7.5 折优惠促销。但是，如果是在实体书店或 AR 体验馆，大多数商家都是以原价为基准进行出售的，用户将要付出更高的价格购买 AR 出版物。

（四）AR 出版物售后好评度分析

同传统出版物一样，用户在购买 AR 出版物后对其进行的评价直接决定了该 AR 出版物的质量和影响力。通常，用户的评价度越高，其质量也就越好，用户的体验效果也就越好，AR 出版物也就越有价值。

通过用户对在京东商城、淘宝网和当当网三大图书电商平台购买 AR 出版物后对去做的评论情况来看，3% 的用户给出了一颗星的好评度，8% 的用户给出了两颗星的好评度，11% 的用户给出了三颗星的好评度，16% 的用户给出了四颗星的好评度，而多达 62% 的用户给出了五星好评。我们可以看出，大多数用户对其购买的 AR 出版物的体验效果持满意态度，只有少数用户对 AR 出版物评价较低。这说明 AR 出版物作为当前新兴的出版物形态，在接受用户体验时的市场反应较为乐观。

表 6-4　三大图书电商平台 AR 出版物售后好评度统计分析表

平台＼好评度	☆	☆☆	☆☆☆	☆☆☆☆	☆☆☆☆☆
京东商城	0	5%	12%	19%	64%
淘宝网	2%	6%	8%	15%	69%
当当网	5%	12%	14%	16%	53%
平均	3%	8%	11%	16%	62%

通过分析 AR 出版物用户售后评论时，大多数用户认为 AR 出版物形式新颖，画面精美漂亮，深受孩子们喜爱。有不少用户反映 AR 出版物内容贴近真实，互动性强，寓教于乐，启发孩子思考。AR 出版物支持多种语言，立体感强，图像生动，动物和真的一样，用户可以连接多种设备，从不同角度观看三维立体图像。对不少儿童来说，AR 出版物借助智能手机，可以观看到很酷的立体画面，整个场景绘声绘色，效果逼真，非常有创意，场景中的动物和真实的一模一样，效果逼真，通过孩子同手机的互动，达到游戏与教育相结合，寓教于乐的目的。

当然，AR 出版物并不是万能的，当前 AR 技术在出版业的应用还处于探索阶段，还有很多的技术问题还有待优化和完善。从京东商城、淘宝网和当当网三大图书电商平台 AR 出版物售后用户评论结果来看，还有不少用户对其持消极态度。具体表现在当前的 AR 出版物内容太少，而价格却较贵，通常一本 AR 图书的内容只有几页或十几页，却售价高达三四十或更多。部分用户反映，有的 AR 图书所支持现实的手机品牌和型号较少，部分手机无法接入体验 AR 效果。用户在使用 AR 图书时，需要扫码方可进入观看，但激活机会较少，且图片中的激活码不可折叠，否则扫码失效无法进入体验。在功能体验上，有的用户反馈部分 AR 图书功能较单一，3D 模型较粗糙，图案有些不够真实，画面不够流畅，且动画活动空间和幅度不够大，触发灵敏度不够高，小孩子看起来会出现眩晕现象。另外，在使用中，有用户提到有的 AR 出版物在使用时的动物不能发出声音，英语学习卡片发音不够准确等情况。

表 6-5　针对 AR 出版物的不同用户评价

好　评	差　评
形式新颖	内容太少
画面精美漂亮	价格较贵
内容贴近真实	支持显示的手机品牌较少
互动性强	激活码不可折叠，否则扫码失效
多种语音	个别单词发音不准
绘声绘色	动物不能叫出声
立体感强	功能单一
神奇的玩具	3D 模型较粗糙
有创意	图案不真实
画面很酷	激活机会较少
图像生动	画面看起来有点晕
可以连接多种设备体验观看	动画活动空间和幅度不够大
卡片纸质不错	画面不够流畅，设计有待提高
动物和真的一样	触发灵敏度不够高
可以从不同角度观看三维立体图像	
效果逼真	
游戏和教育结合	

当前，尽管 AR 技术在各个领域的应用正如火如荼，但就目前 AR 技术在中国国内的应用情况来看，仍有很大的发展空间。尽管很多出版企业

已经开始试水研发和出版各种 AR 出版物，但就其出版物质量和体验效果来看，还远没达到人机合一的体验效果，当前的 AR 出版物还是初级的、简单的电子出版物。无论是从其图书内容制作、画面效果渲染，还是软件功能设计，都还有很多可以提升和改进的空间。因此，一方面，我们不能盲目乐观地认为 AR 技术将完全颠覆传统出版业，一切出版都将 AR 化；另一方面我们也不能过度悲观地认为 AR 技术尚不成熟，还存在诸多负面效应。我们应对 AR 技术在出版业的应用持理性而审慎的乐观态度，加快推进 AR 技术在出版业的应用步伐，在确保快速发展的同时，努力提高 AR 出版物的质量，优化和完善产品功能，提升用户的体验效果，制作出真正深受广大用户喜爱和欢迎的 AR 出版物。

二、AR 出版产业链

（一）3D 模型库的创建

在各式各样的 AR 出版物之中，3D 模型适用的场景主要有两种。其一，在现实生活中，很难为肉眼所见的物体，这类物体用 3D 模型的形式加以展示，用于教学或者科普，将会起到事半功倍的作用；例如，心脏的三维模型。其二，在现实生活中，永远也不能见到的物体或者生物，人们只能通过想象在脑海中加以呈现。这样的物体或者生物，以科学、精准、等比例的三维模型加以呈现，将会起到增强现实的效果。例如，已经灭绝的生物，恐龙、剑齿虎等。

在 3D 模型库建立的过程中，传统出版机构具有无与伦比的优势：传统出版机构，尤其是专业出版企业，经过连续三年的知识服务建设，已经积累了相应学科大量的知识，并且已有相当一部分出版社建立了自身的知识元库和知识体系。知识体系对于构建科学、精准的 3D 模型具有直接的指导和参照意义。例如，地质出版社在恐龙这个地球科学细分学科领域，不惜重金，构建起了大部分 3D 模型，同时及时将这些模型与生命进化、化石演化、地学科普等图书相结合，起到多次复用的效果，正在出版一系列地学 AR 图书。

值得关注的是，新兴互联网企业在立足 AR 技术优势的同时，也在 AR 生态圈中布局 3D 模型库事宜，试图通过技术、内容、销售的次序，逐步打通 AR 出版生态圈。例如，苏州梦想人科技公司自建 AR 模型多达 4000 多个，合作共建的 AR 模型达到近 5000 个，已经储备了相当数量的 3D 模型。

不过，新兴互联网企业所构建的 AR 模型，在精准度、科学性、严谨性等方面存在着一定的不足，也导致了用户在阅读相关 AR 图书时的批评和"吐槽"。在对三大网络电商用户交互数据的分析统计中，发现针对 3D 模型，用户提出有"动物和真的不一样""3D 模型较粗糙""图案不真实""动物不能发出声音"等模型瑕疵；而现实案例中，甚至出现了有的技术公司将恐龙的脚趾数量弄错的情况。

越来越多的传统出版机构不断意识到，能否构建各专业知识领域的 AR 模型，将会直接影响到出版企业是否能够占据 AR 出版生态圈中的主导权和话语权，将会直接影响出版企业是否能够开展更加立体化、更加丰富、更加纵深的知识服务，将会直接影响未来 AR 出版产业是否能够健康有序发展。

值得关注的是，目前 3D 建模的"软肋"有：首先，建模成本居高不下，一本幼儿园的教材，AR 模型在 10 个左右，其 AR 模型成本高达数十万元；其次，建模水平不高，处于初级阶段。目前的 3D 建模绝大多数属于"静态建模"——即对实体的建模，而对于"动态建模"——虚拟对象行为的建模则没有涉及，同时，国内 3D 模型的智能化、社交化显示与体现基本尚未开展。为此《新一代人工智能发展规划》做出战略预判和指导，明确指出："重点突破虚拟对象智能行为建模技术，提升虚拟现实中智能对象行为的社会性、多样性和交互逼真性，实现虚拟现实、增强现实等技术与人工智能的有机结合和高效互动。"

（二）AR 编辑器的研发与应用

AR 编辑器的主要功能在于，为传统出版机构提供 AR 出版物生产、制作和管理的工具集。市场现有的技术厂商，如漫阅科技、苏州梦想人科技，均自主研发了 AR 编辑器，能够将 3D 模型管理、知识标引与分类、

3D 模型植入、模型编辑加工等流程集于一体，形成了相对完整的 AR 出版流程。AR 编辑器除了对 3D 模型进行生产、制作、管理以外，还附有对图片、声音、影像资料的管理与植入功能，甚至有的具备对 AR 使用频次、用户数据分析的功能。在"中国大地出版社地球科学 AR 编辑器"中，可以看到 AR 技术与大数据统计分析相结合的因素：例如 AR 分析模块，包括 AR 模型使用次数分析、图书使用 AR 排行、单书使用 AR 统计；用户分析系统，包括用户区域分析、年龄结构分析、阅读领域分析（图 6-5）。

图 6-5　中国大地出版社地球科学 AR 编辑器页面

不足之处在于：尽管 ISLI 国家标准提出的"服务编码、关联编码、校验码"相关规定，足以胜任 AR 出版物的生产、制作、流通和管理要求。但是，目前的 AR 出版物，在 3D 模型与图片、文字的关联关系管理方面仍然处于较为粗放的阶段，在 AR 编码规则、识别显示等方面也是良莠不齐。此外 AR 编辑器与 ISLI 国家标准的衔接紧密度不够，在 ISLI 码的申请、码段分配、铺码规范、编码管理、模型与文字的关联关系确定等方面，还处于缺位状态。

（三）输出展示系统的优化

在输出展示系统方面，AR 出版物目前主要通过头显、AR 眼镜、AR

手机、APP 等载体加以显示。尽管目前在商场、旅游景点等许多大众文化消费的场合，AR/VR 头显随处可见，并且价格便宜，能够让普通消费者随处体验。但不可否认的是，AR 输出展示系统还是存在着许多"硬伤"。其一，输出显示设备不便携、不友好、较为"蠢笨"：参与体验的用户的确可以做到"身临其境"地沉浸到增强/虚拟环境中，但是，从旁观者角度看，似乎难以理解。其二，输出显示设备价格高昂，但凡体验效果较好的设备，例如微软 Microsoft HoloLens，价格都在数万元，难以与普通大众的消费能力相匹配。而一些国产的 AR 眼镜、AR 头显，尽管价格低廉，但相伴相生的是粗制滥造、增强效果很差。其三，目前许多设备都设置了完全沉浸式的体验，如果在开阔的室外场景，则隐含着诸多安全风险。例如，国际上第一例 AR 游戏致死的案例发生于爱尔兰的都柏林，游戏玩家因沉迷于捕捉精灵而失足落水溺亡。日本每年有数十起因沉迷于"AR+LBS"游戏而导致的交通事故。

未来几年在输出展示系统方面可能取得突破性进展的是 AR 眼镜和 AR 手机，其中，AR 眼镜的便携化、混合现实与虚拟的功能将会成为重点创新的领域。2017 年上映的科幻电影《王牌特工 2：黄金圈》《星际特工：千星之城》均展现了 AR 眼镜的应用，可以支持远程视频虚拟会议，将现实与虚拟融为一体的特效的确令人震撼。

三、AR 出版产业化发展的思考与建议

随着 AR 出版物的普及，消费者最初对于增强现实这种新的阅读形态的"猎奇"心理逐渐转向理性化；与此同时，AR 出版物定价高、出版物数量良莠不齐、安全风险评估未到位等问题也逐步暴露。

在这种背景下，出版业在 AR 应用方面既需要保持开放和宽容的心态，提供持续的创新动力，又需要对技术和行业应用进行标准化管理，以推动 AR 技术的健康、持续、快速地应用于新闻出版业。当前，AR 技术在出版领域应用尚需在政策引导、行业规范制定、用户体验提升、人才培养打造等方面继续努力，以切实推动"AR+图书出版""AR+游戏出版"等 AR 出版产业的创新发展。

具体而言，建议政府主管部门在以下几个领域对 AR 技术应用于出版业进行宏观调控和指导。

（一）出台扶持发展政策

国务院《新一代人工智能发展规划》（以下简称《规划》）中明确规定："研究虚拟对象智能行为的数学表达与建模方法，虚拟对象与虚拟环境和用户之间进行自然、持续、深入交互等问题，智能对象建模的技术与方法体系。"《规划》对 AR 智能建模、虚拟对象与虚拟环境之间的交互提出了明确的技术创新要求，有助于推动 AR 技术的创新和应用。

2017 年 4 月，原国家新闻出版广电总局数字出版司下发的《关于开展新闻出版企业数字化转型升级技术装备配置优化项目征集工作的通知》中旗帜鲜明地指出："实现运营数据化、服务知识化，支持企业加强版权资产管理、开展知识服务，支持数字印刷、少数民族文字出版及古籍出版等专项业务。包括，版权资产管理系统与版权保护工具集、数字印刷工具、运营服务支撑系统、知识服务支持工具系统、交互式在线学习/教育系统、增强/虚拟现实数字出版系统等。"

从新闻出版管理部门相关负责同志的介绍中可以看出，新闻出版深化转型升级重点推动的第一项工作便是："优化技术装备。加快重大科技工程的成果转换，构建数字出版产业标准体系，建设技术公共服务体系，支持企业优化技术装备。依托重点实验室开展共性关键技术研发，促进云计算、物联网、大数据、区块链、增强现实、虚拟现实、人工智能等新兴前沿技术在新闻出版领域的应用。"[1] 相信对于技术装备的优化，包括对增强现实、虚拟现实的技术应用将会及时写入相关政策文件，进而更好地推动 AR 出版产业发展。

建议政府主管部门在新闻出版业认真论证、全面调研的基础上，出台一系列鼓励发展、推动创新的政策和指导意见：由新闻出版政府主管部门主导出台增强现实与知识服务、增强现实与大数据、增强现实与转型升

---

[1] 冯宏声：《关于推动新闻出版业数字化转型升级进入深化阶段的总体思路》，《新阅读》2018 年 2 月 23 日。

级、增强现实与融合发展紧密结合的相关政策，以便更好地鼓励、指导和规范 AR 出版新业态；由新闻出版政府主管部门联合财政部门，出台一系列扶持 AR 出版发展、鼓励出版业 AR 技术创新、加速出版业 AR 人才培养的财政政策，给予出版业 AR 技术应用以政策、项目和资金支持；由新闻出版行业协会牵头，组织和开展一系列 AR 技术应用于出版的高端论坛和会议，发布相应行业指导规范，不断提升 AR 技术落地的可能性，不断找寻 AR 技术与出版业融合发展的结合点。同时，建议出台一系列规范 AR 出版产品、确保信息传播安全的相应管理规定，对 AR 输出展示的平台系统安全性提出要求和规定，确保 AR 技术在新闻出版业的应用符合快速、健康的发展原则。

（二）建立健全标准体系

首先，在企业标准层面，要鼓励新闻出版企业、科研院所和技术企业联合开展 AR 技术应用于新闻出版业的标准规范研制，加强 AR 出版领域企业标准的应用和实施；其次，在团体标准层面，通过一定范围的企业应用，将 AR 出版领域的企业标准规范推广至新闻出版企业、团体和机构，逐步演变为团体标准；再次，在行业标准层面，提取 AR 技术应用的共性规范和通用规范，在适当的时机，将团体标准上升为指导性行业标准，以规范 AR 出版物的有序发展和 AR 出版产业的健康成长；最后，在充分调研、认真论证的基础上，形成 AR 出版领域的国家标准，并做好与其他国家标准的有序衔接。

在标准的具体内容层面，研制和应用基础类标准、产品类标准、技术类标准和管理类标准。其中，基础类标准包括术语标准、标识标准、元数据标准。产品类标准包括增强现实出版物质量标准、多媒体数字文件质量标准、质量检测标准、多媒体内容封装格式标准、硬件功能标准、平台服务功能标准等；技术类标准涉及终端硬件技术、呈现软件系统技术、图像识别技术、三维建模技术、服务平台技术标准等；管理类标准包括生产的流程管理标准、资源管理标准、平台管理标准等。

如前所述，要处理好 AR 出版领域系列标准与 ISLI 国际标准、国家标准的关系问题。AR 出版作为 MPR 出版的一个具体分支领域，其本质在于将文字、图片内容与三维模型进行关联，属于 MPR 出版物的一种创新形态。AR 出版系列标准要遵从 ISLI 国家标准所确定的服务编码规则、知识关联规则、源与目标关联关系、关联编码规则等规定，要逐步实现编码申领、编码校验、编码管理的专业化、规范化和统一化；在相关工具系统层面要实现与 ISLI 技术工具和系统的良好衔接。

（三）提升 AR 出版物的用户体验

鉴于 AR 技术开发与应用的自主知识产权大多被国外技术公司所垄断，政府主管部门应大力提倡和鼓励我国的新闻出版技术企业大力研发增强现实、虚拟现实领域的核心和关键技术，在 AR 开发工具集、AR 软件开发包（SDK）、AR 浏览器等领域逐步提高我国增强现实、虚拟现实的自主知识产权比例；在 AR 硬件设备方面，要继续努力提高用户体验的友好性和便捷性，推进 AR 可穿戴设备向便于携带、易于使用的方向发展；在 AR 出版核心工具和系统领域，要致力于 AR 编辑器、3D 模型库、输出展示系统和用户行为分析系统的研发，逐步打造适合于出版业的增强现实数字出版系统；在增强现实的三维模型研发层面，要根据国民经济发展的具体需要，重点围绕第一、第二、第三产业研发和制作三维模型，为 AR 出版的长足发展提供资源基础和储备。

（四）推动 AR 出版的产业化发展

主要表现在完善 AR 出版产业链方面。

第一，鼓励技术企业大力研发增强现实的编辑器工具系统、3D 建模工具系统和运营服务系统平台，不断提高出版业 AR 工具系统的实用性和便捷性。

第二，根据新闻出版业转型升级的整体部署，倡导新闻出版企业根据自身的专业出版领域、特色出版优势，适时开展三维模型的建构和研发，以适应 AR 出版的发展潮流，以有效应对 AR 出版业的激烈竞争。

第三，有效探索合理的商业模式，推进 AR 出版的市场化和产业化发展；通过对 AR 数字出版系统的构建与销售，对 AR 类图书、卡片、数字产品的推广和运营，不断提高 AR 出版的市场规模和用户规模，不断提升

AR 技术与出版业相结合的产业发展水平。

第四，设立产业投资引导基金，鼓励出版企业通过投资、并购等方式与包括 AR 技术公司在内的数字出版技术公司深度合作，充分发挥积极的示范、杠杆作用，在资本层面助力 AR 技术应用于出版业。

（五）加快 AR 人才的培养与打造

在科研层面，鼓励新闻出版企业、技术企业与科研院所通过共建实验室、签署战略合作协议等方式，联合开展 AR 技术应用于出版业的前瞻性课题研究；探索开设增强现实方面的出版课程，从人才源头确保 AR 出版业的有序健康发展；加强 AR 技术应用于出版业的相关培训，提高新闻出版企业的科技接受水平和技术应用能力；开展一系列 AR 模型制作、AR 编辑器应用、AR 产品运营等方面的行业大赛，不断提高新闻出版从业者的AR 技术驾驭能力和应用能力。

四、AR 出版前景展望

经过六年的发展，AR 出版物从无到有，规模从小到大，涉及领域从狭窄到宽泛，从企业标准到行业标准，正渐入佳境、步入良性发展轨道。可以展望的是，AR 出版物真正的风口到来，尚需 3—5 年的技术突破；其突破的标志是，AR 输出展示设备，如便携式 AR 眼镜的成功研制和量产推广，到那时，AR 出版物方能进入千家万户，进而满足消费者个性化、全方位、多样性的精神文化需求。

第三节　虚拟现实出版

1984 年，VPL 公司的 Jaron Lanier 首次提出"虚拟现实"的概念。自概念诞生之日起，虚拟现实（VR）技术至今已经过三十多年的发展，被认为是 21 世纪计算机领域最重要、最新奇的研究之一，被认为是 21 世纪关键的高新技术之一，具有多感知、沉浸性、交互性、想象性等特征，是集成了多学科、多技术的综合技术。

一、虚拟现实技术概述

虚拟现实，是人类与计算机和极其复杂的数据进行交互的一种方法，[①]就是用一个系统模仿现实世界的技术。虚拟现实实际上是一种可创建和体验虚拟世界的计算机系统，通过这种系统，用户可借助视觉、听觉及触觉等多种传感通道与虚拟世界进行自然的交互。它是以仿真的方式给用户创造一个实时反映实体对象变化与相互作用的三维虚拟世界，并通过头盔显示器（HMD）、数据手套等辅助传感设备，提供给用户一个观测与该虚拟世界交互的三维界面，使用户可直接参与并探索仿真对象在所处环境中的作用与变化，产生沉浸感。VR 技术是计算机技术、计算机图形学、计算机视觉、视觉生理学、视觉心理学、仿真技术、微电子技术、多媒体技术、信息技术、立体显示技术、传感与测量技术、软件工程、语音识别与合成技术、人机接口技术、网络技术及人工智能技术等多种高新技术集成之结晶。

VR 技术主要有五个方面的特征。第一，虚拟性：借助于计算机塑造的环境是虚幻、虚拟的；第二，仿真性：人对这种环境的感觉（视、听、触、嗅等）是逼真的，如同真实世界一样；第三，交互性：人可以通过自然的方法（手动、眼动、口说、其他肢体动作等）与这个环境进行交互；第四，沉浸性：在虚拟现实系统中，用户可通过视觉、听觉、嗅觉等多种感官功能，几乎完全沉浸其中，产生身临其境的感受；第五，自主性：是指虚拟环境中物体依据各自的模型和规则按操作者的要求进行自主运动的程度。例如，当受到力的推动时，物体会向力的方向移动，或翻倒，或从桌面落到地面等。[②]

---

① 韦有双、王飞等：《虚拟现实与系统仿真》，《计算机仿真》1999 年第 2 期。
② 李敏、韩丰：《虚拟现实技术综述》，《软件导刊》2010 年第 6 期。

二、虚拟现实关键技术原理

(一)实现虚拟现实的关键技术

1. 动态环境建模技术,它包括实际环境三维数据获取方法、非接触式视觉建模技术等。[1] 虚拟环境的构建,是 VR 系统的核心内容,目的是获取实际环境的三维数据,并根据应用的需要建立起相应的虚拟环境模型。

2. 实时、限时三维动画技术,即实时三维图形生成技术,为保证实时,至少保证图形的刷新频率不低于 15 帧/秒,最好高于 30 帧/秒。[2]

3. 立体显示和传感器技术,包括头盔式三维立体显示器、数据手套、力觉和触觉传感器技术。

4. 快速、高精度的三维跟踪技术。

5. 系统集成技术:鉴于 VR 系统中包括大量的感知信息和模型,系统集成至关重要。系统集成技术主要包括信息同步技术、模型的标定技术、数据管理模型、数据转换技术、语音识别与合成技术等。

(二)关于虚拟现实系统

2016 年 4 月,中国电子技术标准化研究院编撰的《虚拟现实产业白皮书》认为:虚拟现实工具与设备、内容制作、分发平台、行业应用和相关服务等共同构成虚拟现实产业链。其中,工具和设备类可细分为输入设备、输出设备、显示设备、拍摄设备及相关软件等;内容制作可细分为影视、游戏等内容的制作;分发平台可细分为应用商店、社交影院、实体体验店、网店、播放器等;行业应用可细分为工业、军事、医疗、教育、房地产、旅游、会展等;相关服务可细分为平台、媒体和孵化器;等等。

将其进行系统整合后可简要概括为:硬件、软件、应用和服务四个方面(图 6-6)。

---

[1] 李敏、韩丰:《虚拟现实技术综述》,《软件导刊》2010 年第 6 期。
[2] 汤朋、张晖:《浅谈虚拟现实技术》,《求知导刊》2018 年第 36 期。

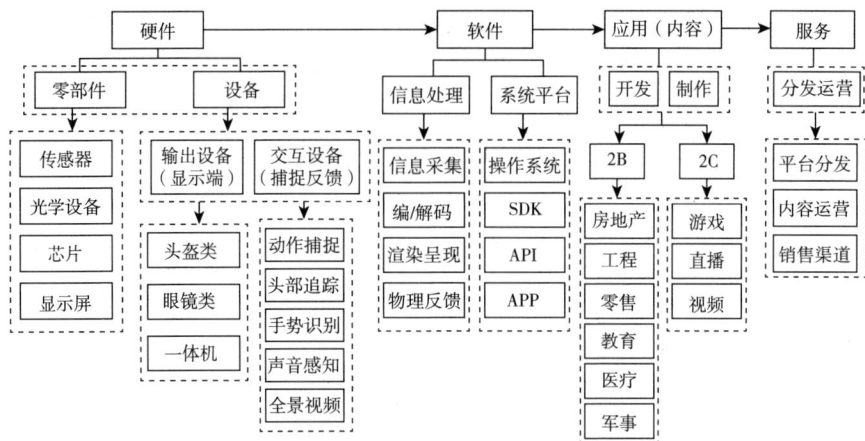

图 6-6　VR 产业链示意图

三、出版业虚拟现实技术应用场景

随着短视频的快速发展，知识的视频化、视频的知识化成为一种潮流和趋势。VR 技术，本质而言，是将用户带入一种身临其境的视频体验之中，其在出版业的应用场景，均可以归结于用视频阐述知识、用视频传播知识、用视频科普知识。由此，我们在找寻 VR 技术在出版业的应用场景时，都要带有视频的视角，植入视频的元素。

鉴于此，VR 技术应用于新闻出版业的场景可以包括历史人物、场景的再现与宣传；出版业的展会论坛、展览展示；教育出版领域的在线教育、智能教育、研学旅行、实验课程等；专业出版涉及的道路桥梁、地质灾害、文物古迹、水利水电、工业仿真等场景。

国内最早尝试"VR+出版"模式的是 2015 年 10 月电子工业出版社出版的《梵高地图》，用 VR 影像还原书中内容，并制作了一部反映梵高一生轨迹的虚拟现实纪录片，举办了一场"梵高地图"同名展览，这是国内第一场虚拟现实艺术展，是"VR+出版"技术的首次尝试。2016 年，出版企业纷纷试水 VR 技术，对 VR 技术有了更多的尝试和探索。但 VR 图书每年仅有十种左右，与 AR 图书相比差距较大，且以少儿读物为主。其中，北京少年儿童出版社出版了《恐龙世界大冒险》《大开眼界：西游记》《大开眼界：宇宙星空大冒险》等 VR 出版物，辽宁科学技术出版社推出《VR超级看：爱丽丝梦游仙境》，北京工业大学出版社出版了《探索北极》等。2017 年，清华大学出版社出版了《你的安全防护手册》《鬼跤》等系列图书，随书配备一副简易 VR 眼镜，读者可通过扫描书中的二维码下载 APP，并利用 VR 眼镜观看逼真的现场格斗场景，获得了更真切的学习体验。2018 年，地质出版社推出了《徐霞客游记 VR 版》，通过 VR 的形式，以徐霞客的视角，对喀斯特地貌、溶洞等地质知识进行了科普和介绍。2019年，以生态文明知识服务联盟为主体的多家出版社，纷纷与武汉和思易科技公司合作，先后布局 VR 知识库、VR 党建一体机、VR 粤剧、VR 三生教育等 VR 出版新业态，如中国农业科技出版社研发的 VR 果业产品、海洋出版社的"VR 海洋生态文明知识"、地质出版社的"VR 地质博物馆"等。2019 年底，《VR 技术在出版业的应用要求》行业标准立项申请业已报送至主管部门审核；2020 年 7 月，该项行业标准正式获得中宣部出版局批复立项。VR 技术与出版业的融合点在于沉浸式视频与知识点的结合，突破口在于可穿戴设备的进一步改善，真正的风口在于随着 5G 技术的大力推广和应用，强交互性、无延迟感的用户体验将助力产业规模的倍速、十倍速发展。

第四节　混合现实应用于出版业

随着增强现实、虚拟现实技术在出版业的加速应用，一种图书产品同时运用 AR 技术和 VR 技术的 MR 出版物形态开始出现，如 2016 年 5 月，中国法制出版社出版的《贤二前传之宝藏传奇：钱可不是白花的》一书，就同时应用了 AR 和 VR 两种技术，形成纸质图书、手机应用、VR 眼镜相结合的图书产品，读者可自己组装配套的 VR 纸质眼镜，在充满中国风的山水场景中观看图书配套的动画，同时通过 AR 程序扫描对应页面，可获得增强现实的立体动态阅读体验。山东教育出版社在上海书展期间推出了一套《恐龙大世界》图书，图书利用 MR 技术，集学习知识、游戏娱乐为一体。

目前，AR、VR 技术在新闻出版业的应用在企业标准、行业标准研制方面取得了阶段性进展；产品研发方面，从融智库统计的三大网络图书营销平台的数据来看，2016—2018 年，全国共出版了 276 种 AR 图书，具有了一定的市场规模。存在的问题在于：AR 出版物输出展示端不完善，用户交互体验不够友好；图书价格大多较高，是普通图书的一到四倍，甚至更高，换言之，AR 技术成本间接由读者承受了；AR 模型制作，尤其是虚拟建模价格居高不下，甚至呈现出畸高的状态；AR 图书所关联的 APP 信息安全监管存在隐患；等等。

在人工智能时代，AR、VR、MR 技术应用于出版业，将主要发力于以下几个方面。

其一，关键共性技术方面：建模的智能化将覆盖虚拟对象实体、虚拟对象的行为，更加增强虚拟对象行为的社会化、智能化和交互性，而不是停留在目前简单的交互层面。这将大大提高人机交互的灵活性和逼真性，加速实现增强现实、虚拟现实与人工智能技术的高效互动与有机融合，进而促进 AR 动态出版的发展与繁荣，使得出版业态与博物馆等展览展示业态相互融合。

其二，人工智能经济方面：增强现实、虚拟现实的高性能建模技术将会取得突破性进展，进而使得 AR 出版物的成本大大降低；输出展示终端、设备将会更加友好化，开源便捷的开发引擎将会加速应用；AR、VR 出版物的标准体系和评价体系将会出现；一大批 AR、VR 龙头技术企业将会出现，并成为文化产业尤其是新闻出版业的技术提供商，协助政府主管部门解决好 AR 出版物版权复合性、监管即时性、标准研制与应用等时代课题。

其三，智能社会构建方面："虚拟环境和实体环境的协同融合，满足个人感知、分析、判断与决策等实时信息需求，实现在工作、学习、生活、娱乐等不同场景下的流畅切换"①。这种虚拟环境与实体环境相得益彰的社会网络的形成，将会提升时下欣欣向荣的网络文学业态，推进网络文学演变为"阅读+沉浸式体验"的虚拟与现实并存的新生业态，这种新生业态将会以"AR+LBS"游戏的面貌出现在消费者的生活中。

---

① 《新一代人工智能发展规划》，2017 年 7 月，见 http：//www. gov. cn/zhengce/content/2017-07/20/content_ 5211996. htm。

第七章　5G 技术在新闻出版业的应用原理与场景展望

　　5G 技术的出现、应用和普及，将分别在内容生产、产品形态、用户体验和营销体系等方面推动数字出版产业性新变革。未来的内容生产将基本遵循"PGC（专业生产内容）主导、UGC（用户生产内容）辅助"的模式，在内容审核方面将进一步发挥"AI+人工"审核机制的作用；与此同时，数字图书馆、知识库等产品，将受益于 5G 技术的深度融合，实现产品迭代升级，并且新型的出版形态将会出现，如 AR/VR 出版、定制化知识服务平台等；用户作为数字出版产品的消费终端，也将因为 5G 关键技术的移动情境感知、移动云计算、超高速传输等技术特性，获得前所未有的产品体验；数字出版营销理念、营销对象、营销渠道构建方面将呈现出新变化和新趋势。应对 5G 技术所带来的新机遇和新挑战，出版领域要坚守马克思主义在意识形态的指导地位这一根本方向，要坚持走主题出版、精品出版和融合出版的发展道路。已经到来的 5G 商用时代，对数字出版宏观调控、行业自治和企业治理都提出了新要求和新标准，促使上述三方面及时作出调整，以适应新的媒体格局和产业生态。

第一节　5G 技术引领数字出版流程变革

　　5G 是指"第五代移动电话行动通信标准"来源，也即第五代移动通信技术，具有高速度、高并发、高兼容和低能耗、低时延等优越性能，"除了提供人与人之间的通信功能之外，更把通信能力延展到人与机器，成为智能互联网的基础"。① 5G 实现了万物互联，进一步将人与人、人与世界的互联互通上升到了生理性联结和心理性联结。根据国际标准化组织3GPP（第三代合作伙伴计划）定义的 5G 三类典型的业务场景，即 3D/超高清视频等增强型移动宽带（eMBB）、大规模机器通信/大规模物联网业务（mMTC）以及超可靠、低时延通信（uRLLC），为医疗、教育、交通、影视、家居等诸行业创造了跨越式发展机遇，数字出版产业也将大为受益。

首先，增强移动带宽对于直播、高清视频、VR 出版、AR 出版等依靠大量带宽支撑的前瞻性数字出版业务，具有直接的推动作用。"VR 业务所涉及的全景视频、立体 3D、高分辨率画质等对网络传输速度和带宽提出了较高要求，而解决这些问题正是 5G 的强项。"② 其次，大规模机器通信对于新闻出版物联网的建设与发展，有较大的启发意义。试想每本图书、数字图书、每条知识、每个电子阅读器都接入网络，图书与图书之间、条目与条目之间、电纸书与电纸书之间都可实现互联互通，那么，每本书所反馈的数据，将回溯至生产者手中，进而形成完整的数据回流闭环，这在 5G之前的时代是难以想象的。最后，超可靠、低时延通信在 VR 出版物的用户体验方面和 AR 出版物的动态建模和智能建模方面也将有广阔的应用前景。未来可期，5G 将为数字出版产业创造革命性重构的时代机遇，成为推动数字出版提质增效、推进媒体融合走向纵深的有力抓手。

一、以 5G 技术引领出版产业链新变化

5G 技术的广泛应用，加之移动情境感知、VR/AR、移动云计算和云存储等前沿技术的成熟，进一步赋能数字出版工作，在内容生产、产品形态、用户体验、营销方式等方面，均展现出新内涵和新特征，加速实现数字出版事业的高质量发展。

---

① 项立刚：《5G 时代：什么是 5G，它将如何改变世界》，中国人民大学出版社 2019 年版，第 4—8 页。
② 徐丽芳、陈铭：《5G 时代的虚拟现实出版》，《中国出版》2019 年第 18 期。

（一）内容生产和审核将更为专业和自动化

5G 技术对具体的数字内容生产过程所带来的新变化主要包括：PGC（专业生产内容）将会扮演愈发重要的角色；"人工智能+人工"的内容审核模式将成为产业主流，机器审核的重要性将会日益凸显（图 7-1）。

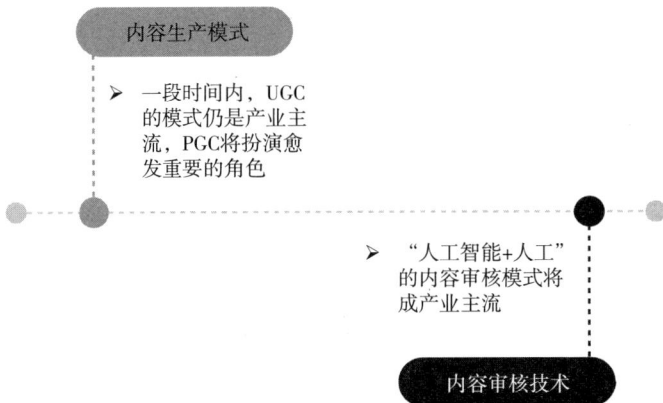

内容生产模式

➤ 一段时间内，UGC 的模式仍是产业主流，PGC 将扮演愈发重要的角色

➤ "人工智能+人工"的内容审核模式将成产业主流

内容审核技术

图 7-1　5G 时代的数字出版：内容生产和内容审核将更为专业和自动化

在内容生产模式方面，UGC（用户生产内容）的模式仍会是产业主流，但 PGC 将会扮演愈发重要的角色。互联网门槛进一步降低，并得益于移动互联网终端设备的普及与通信宽带"提速降费"等利好局面，用户依然是互联网内容的主要生产者和有力的传播者。基于 5G"容量增强、接入海量终端、高速率、低时延"等技术优势，UGC 生产模式也存在较大的内容隐患，数字出版产品的制作、上传、传播、下载均可以达到"即时"效果，由此带来的企业/平台的内容审核标准、流程、手段、力度和技术等要求都将进一步提高。因此，在 5G 技术环境下，诸如 PGC 这种的"专业生产内容"的模式在未来将发挥关键作用，确保如知识服务、视听产品、电子书、在线教育等数字出版产品的内容质量的高水准、知识化、专业性等，促使 5G 技术赋能新闻出版作品产出更多的社会效益。"数字出版首要的就是保证内容高质量"[①]，数字出版人也要时刻践行习近平总书记提出的

[①]　章红雨：《2019 中国数字出版创新论坛在京举行》，《中国新闻出版广电报》2019 年 5 月。

"四力"要求，应用数字技术，"写"出精品力作，让数字出版助力我国由出版大国向出版强国迈进。

在内容审核技术方面，随着 5G 时代的到来，数字出版产品的内容审核技术也面临着严峻考验，数字视听产品尤甚。众所周知，目前大多数的互联网资讯平台使用的内容审核模式是"人工+机器"的审核机制，对于一般性的静态文字、图片、语音和视频过滤等方面还尚可奏效，但是在对 VR/AR 直播、机器人新闻等追求超低时延的作品内容，以及 5G 高速率网络下的"一对一"即时通信等来说，实现同步审核和监控的难度较大，目前的技术手段面临极大挑战。因此，除了需要进一步扩充传统的专家审核、职业审核等人工审核队伍数量，加强职业素养培训之外，引进自然语言处理、图像识别、声纹识别等人工智能技术实属当务之急。"AI+人工"的内容审核模式将成为产业主流，并且，机器审核的应用范围将会更加广泛，识别关键文字、敏感视频并自动标记和过滤的机器审核模式将发挥关键作用。尤其是在 5G 环境下，大量全新的短视频形态出现，VR/AR 直播、超高清视频将进入"井喷式"发展阶段，基于其产品特性、传播特点，"短视频平台可以借助大数据、人工智能、云屏蔽等技术，加强对内容的精确匹配和快速识别"[①]。

（二）产品形态将实现重要创新

从工业技术发展史来看，社会技术推动产业变革的重要表现之一就是带来产品形态的变革性迭代甚至催化全新产品形态的"横空出世"。5G 技术作为新一代移动通信技术也不例外。对于数字出版产业来说，数字图书馆、移动云知识库、VR/AR 出版物等将步入创新性的发展阶段（图 7-2）。

首先，在 VR/AR 出版领域，更高阶的应用范例将陆续研发。现阶段 AR 技术应用于新闻出版业已屡见不鲜，大量 AR 出版物出现在少儿出版、大众出版、教育出版甚至是专业出版之中，农业、海洋、地质、林业等自然资源领域开始频繁推出 VR 视频、VR 图书等专业性极高的创新产品。与此同时，丰富的产业实践也推动了《出版物 AR 技术应用规范》等行业标

---

① 邱晶晨：《浅析新媒体环境下网络直播中的乱象分析》，《新闻采编》2017 年第 5 期。

图 7-2　5G 时代的数字出版：产品形态将实现重要创新

准陆续出台。① 目前的 AR 出版、VR 出版正由单一品种、单一企业平台向 AR、VR 集成性平台的方向发展，商业模式也从"用户为内容付费"逐步转向"用户向平台付费"。

　　5G 技术应用于数字出版业后，将催生更高阶的 AR 出版物、VR 出版物：强交互、智能化、社交化的 3D 模型将大量涌现，将实现对现有的 AR 出版物、VR 出版物的重塑和迭代；静态建模将向动态建模的趋势发展，3D 模型所指向的虚拟对象行为的社交化、智能化特点将进一步凸显，进而更能提升目标用户的友好体验感和产品忠诚度；高阶 AR 出版物的模型调取和显示超高速传输、VR 出版物虚拟场景进入的超低时延迟甚或无延迟感特点将淋漓尽致地发挥出来。这一点，在《新一代人工智能发展规划》和《出版物 AR 技术应用规范》行业标准中均有所涉及和展望。

　　VR 云也将成为 VR/AR 与 5G 融合应用的范例。一方面，VR 云能够把 VR 内容聚合并实现面向用户和垂直行业的极速分发，带动数字内容产业繁荣；另一方面，VR 云又将大量计算密集型任务从终端设备转向"云"，从而帮助 VR 设备"减重"，大幅度削减用户的使用成本。AR 云、VR 云的陆续出现，将促使 3D 模型库的管理、AR 输出展示等内容处理环节的工作逐渐转向云端；基于云端的 AR 出版物、VR 出版物的数据传输、存储和计算能力将大大增强，给用户以更加友好的视听体验。

---

① 张新新：《加速推进传统出版与新兴出版动能接续转换——2017 年数字出版盘点》，《科技与出版》2018 年第 2 期。

其次，知识库和数据库等产品将迎来跨越式发展阶段。目前，数字出版事业转型升级正在深入推进，数据库产品也逐步演化为基于知识体系构建的专题知识库产品。此前，4G 技术环境下的专题知识库，在知识计算、知识图谱生成方面存在界面不友好、反应速度较慢等问题，在移动终端进行知识图谱展示功能方面更是"捉襟见肘"。然而随着云技术的建设、成熟和推广应用，这些问题将会逐步得到解决，特别是 5G 技术的应用，将进一步为专题知识库的展示、营销推广和大规模产业化提供扎实的技术基础。

在历经此前一系列网络安全事故之后，专题知识库产品已经完成了从本地到云端的部署转变，而未来的发展趋势则是由云端再转向移动云的部署，安全性大大加强。基于专题知识库所构建的移动云，在底层基础设施、应用平台、软件服务、数字资源调度等方面都将呈现出迅捷化、自动化、智能化的特征。移动云计算有了 5G 网络的加持，其计算方法、计算速度、计算量级都将得到空前提升，专题知识库的内涵和外延也将随之迭代。

（三）用户体验将得到大幅优化

5G 技术大规模应用之后，将会在用户群体中产生大规模影响，一方面，用户体验将会通过真正定制化服务的实现得到大幅度优化（图7-3）；但是另　方面，数字技术的发展对用户个体来说，将进一步激发"信息茧房"效应。

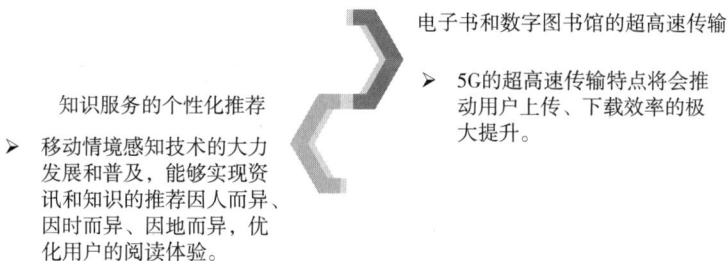

电子书和数字图书馆的超高速传输
➢ 5G的超高速传输特点将会推动用户上传、下载效率的极大提升。

知识服务的个性化推荐
➢ 移动情境感知技术的大力发展和普及，能够实现资讯和知识的推荐因人而异、因时而异、因地而异，优化用户的阅读体验。

图 7-3　5G 时代的数字出版：用户体验将得到大幅优化

首先，电子书和数字图书馆作为数字出版的主流业务形态，几乎占据了数字出版传统业务的"半壁江山"，而 5G 的超高速传输特点将会实现用户上传、下载效率的极大提升。作为数字出版业务的重要组成部分，移动手机阅读业务近十年来一直保持平稳的增速。许多国有出版企业的数字出版，其收入的一半以上都来自手机阅读业务。随着 5G 技术的推广和应用，"每个人都是一个行走的手机图书馆"，移动云计算技术的快速发展，能够有效增强用户手机阅读的黏性、提高下载效率；但有一点需要注意，在 5G 技术广泛应用的趋势下，智能终端设备的存储容量需要及时跟进，以适应 5G 应用场景下数字内容产品的下载速度、数量和规模，尤其是数据量较大的高清数字图书、数字音频和视频产品。

其次，移动情境感知技术的大力发展和普及，能够实现资讯和知识的推荐因人而异、因时而异、因地而异，优化用户的阅读体验。5G 技术所包含的关键共性技术之一——情境感知技术、移动情境感知技术已经在图书馆、网络电商等领域得到广泛应用。情境获取、情境建模、情境用户偏好提取等情境感知计算研究的主要内容，已经为数字图书馆个性化推荐系统的构建提供了深厚的理论和技术基础。[①] 网络图书电商的用户行为分析与产品推荐系统，也是基于情境感知技术，向用户推送个性化广告资讯。现阶段，知识服务商成为出版单位转型和业务升级的选择之一。[②] 在 5G 技术的应用背景下，知识服务将更为多元化，类型将拓展至文献产品、知识产品、知识资源、知识工具等，[③] 并且以知识服务为基础，更加多样性的外延产品与服务也将具有更多的市场空间。

国家标准《新闻出版—系列知识服务—知识资源建设与服务工作指南（征求意见稿）》明确了扩展性和定制化两种知识服务类型，后者主要包括提供个性化知识解决方案和移动型知识服务平台。个性化意味着将移动优先的融合发展战略与移动情境感知技术相结合，通过时间、空间、行为数据描绘用户的精准画像，进而向其推送"信息服务、知识产品和知识解

---

① 周玲元、段隆振：《数字图书馆联盟中基于情境感知的个性化推荐服务研究》，《图书馆理论与实践》2014 年第 7 期。

② 英欢超：《5G 时代出版业发展的研究论述》，《传媒论坛》2019 年第 2 期。

③ 冯宏声：《5G 时代出版业发展前景思考》，《国际人才交流》2017 年第 12 期。

决方案"等多层次的知识服务，① 移动型知识服务平台也向着更加人性化、更加个性化、更能满足用户定制化的精神文化需要方向发展。

虽然 5G 技术的应用会为用户实现真正意义上的定制化服务，但是在传播趋势演进方面，随着超高速传播的流行，越是受欢迎的数字出版产品，头部效应展现越充分，对用户社群产生的影响越大，传播的空间范围越广泛，影响力留存越持久。尤其是伴随着高度定制化的知识服务产品出现，人们往往会开始倾向于只看他们选择的和能"取悦"自己的内容，久而久之便会重构"信息茧房"，用户对现实世界也会产生一定失真感。

（四）营销体系将进行综合性演进

技术革新深刻影响着社会生产结构，尤其是 5G、区块链、人工智能等相关前沿技术的跨越式迈进，为数字出版全产业链带来创新发展动力，尤其是将数字出版产品或服务推向市场和用户群体的营销环节，发生了重要演进和迭代。数字出版产品的营销体系，与图书出版商的图书广告、图书订货会等线下传统模式较为不同，优先考虑用户体验和知识需求，通过综合多种媒介、平台、社群的产品推广、分发和销售方式服务。

数字出版的营销体系，正在经历着从以生产者为中心向以目标用户为中心的演变，更多地考虑用户的需求、场景和阅读偏好，并以此为出发点改进和完善产品研发和技术应用。5G 技术推动数字出版营销变革的两项主要技术是内容分发网络和情境感知技术。在 5G 时代，超级规模的音频、视频、直播等业务的爆发式增长，会对网络流量提出严峻挑战，而内容分发网络通过"在传统网络中添加新的层次，即智能虚拟网络。综合考虑各节点连接状态、负载情况以及用户距离等信息，通过将相关内容分发至靠近用户的 CDN 代理服务器上，实现用户就近获取所需的信息，使得网络拥塞状况得以缓解，降低响应时间，提高响应速度"②。情境感知技术，是指借助可穿戴设备、无线通信技术、传感技术等，感知用户所处的环境，并

———————

　　① 张新新、刘华东：《出版+人工智能：未来出版的新模式与新形态——以〈新一代人工智能发展规划〉为视角》，《科技与出版》2017 年第 12 期。

　　② 赵国锋、陈婧等：《5G 移动通信网络关键技术综述》，《重庆邮电大学学报（自然科学版）》2015 年第 8 期。

根据获得的信息，为用户主动、智能、个性化地推送服务的技术。① 数字图书馆作为一种重要的数字出版产品形态，在集团化、联盟化发展进程中，"数字图书馆联盟情境感知推荐模型分为五个模块：用户情境信息的获取与更新合成模块、数字资源本体构建模块、用户情境偏好模型构建模块、数字信息语义匹配模块、基于情境感知的数字图书馆联盟推荐服务模块"②。在 5G 技术全面应用之后，数字出版产业的营销体系将会发生系列革新，分别体现在营销理念、营销对象、营销渠道或平台等角度（图 7-4）。

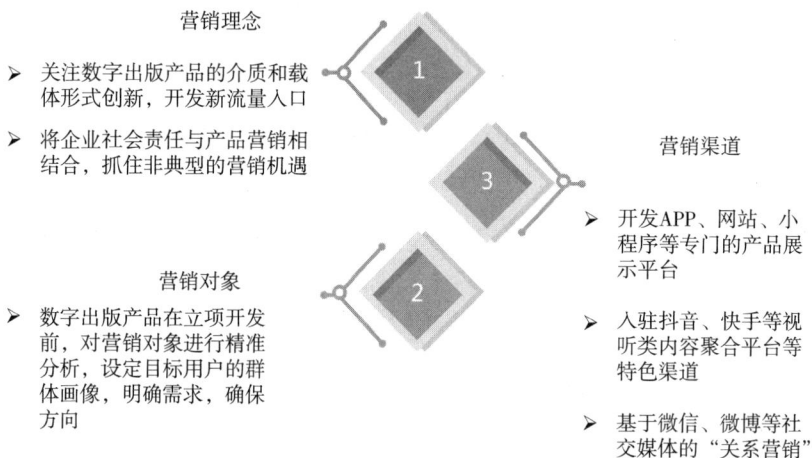

图 7-4　5G 时代的数字出版：营销方式将进行综合性演进

首先，在营销理念方面，如前所述，5G 等移动通信技术的不断革新，对数字出版产品的内容生产环节产生了创新性影响。相关数字出版企业尤其是营销人才队伍，也需要随之更新自身的营销理念。具体体现在：一是不仅要关注优质内容的产出，还要积极思考和关注数字出版产品的介质和载体形式的创新，在原有的 U 盘、光盘、Kindle 等数字内容承载物的基础

---

① 张新新：《5G 技术在新闻出版业的应用原理与场景展望》，《中国出版》2019 年第 18 期。
② 周玲元、段隆振：《数字图书馆联盟中基于情境感知的个性化推荐服务研究》，《图书馆理论与实践》2014 年第 7 期。

上，与产品研发人员密切交流和配合，继续开发各类专业 APP、网站、小程序和视听类内容聚合平台等流量入口，在 5G "高速度""高并发"等技术优势的加持下，逐步建立起长效、稳定、可持续的用户"拉新"和"留存"机制。二是数字出版企业要及时运用 5G 技术，将企业社会责任与产品营销相结合，积极主动地承担起应有的社会责任。尤其面临重大社会事件时，数字出版市场主体纷纷开展公益数字出版活动，以"免费""限期"等方式响应国家号召，体现了出版人、数字出版从业者的使命与担当。2020 年初，新冠肺炎疫情在全国爆发，国家知识资源服务中心号召全国 100 多家数字出版企业提供免费的知识服务，创新了公益数字出版模式，便是这种社会责任担当的体现。公益数字出版，首先是公益责任与使命担当，某种程度而言，也是一种公益营销。值得思考的是，在火神山医院、雷神山医院实现 5G 网络全覆盖和 5G 远程医疗会诊的时候，出版业的动作则相对缓慢，5G 移动数字图书馆迟迟没有跟上；就公益数字出版而言，没有及时将 5G 技术应用于数字出版、第一时间为疫区提供 5G 精神文化产品，有一些小小的遗憾。

其次，在营销对象方面，数字出版企业的营销模式的首要特征便是"以用户体验为中心"。5G 网络的带宽和速率呈现指数级增长，能够保障用户在使用数字出版产品和服务过程中的高流畅、高清晰体验。更为重要的是，得益于大数据、移动情境感知、区块链等技术的普及和应用，数字出版产品能够实现真正的"定制化服务"。因此，数字出版产品在立项开发前，便需要对营销对象进行精准分析，设定目标用户的群体画像，明确需求，才能在后续营销过程中开展有方向、有针对性的营销和推广活动。因此，在 5G 时代，数字出版产品的营销模式要着力于对营销对象的精准定位。这要求我们相关数字出版业务的管理者具备前瞻性的战略眼光，以及对文化产业政策和市场规律的精准把控和分析能力，要求我们的数字出版营销人才队伍具备较高的产品定位认知力、一定的市场趋势预判力和潜在用户群体的调研和访问能力。例如，中地数媒（北京）文化科技有限责任公司在开发"自然资源数字图书馆"之前，便将全国自然资源领域的政府管理部门、高校中的对口院系、专业科研院所等确定为主要的用户群体，在后续的产品推广过程中，营销方向也主要集中于此。截至 2019 年末，该产品已经覆盖了 100 多家高校、4 省 400 多家自然资源厅局、100 多家地矿相关的事业单位，取得了较为可观的经济收益。

第三，在营销渠道方面，5G 网络的广泛适用，为数字出版产品广开销售渠道提供了优越的技术环境。因此，数字出版企业在传统的营销模式的基础上，需要不断丰富产品营销渠道：一是积极开发诸如专业化 APP、网站、小程序等专门的产品展示平台，确保产品功能完善和运营稳定，具备专门、有效、简便的用户反馈意见的入口，通过互动交流促进数字出版产品的更新迭代；二是在传统电商平台的基础上，继续入驻抖音、快手、西瓜短视频、微信"视频号"等视听类内容聚合平台等特色渠道（这些数字视听平台将在 5G 时代迎来发展的另一个风口），发挥渠道自身所带有的"流量集聚"优势，实现数字出版产品的营销工作"最基层""最普遍"和"最接地气儿"；三是微信、微博等社交媒体所独有的"关系营销"和"口碑营销"属性，数字出版企业要充分重视，如通过具有行业特色的微信公众平台进行产品的第一手营销，这样不仅能够实现出版机构与用户之间的"零距离"互动，还因为关注者群体本身便是产品的目标用户之一，基本能够实现较大的宣传力度和购买力度；除此之外，国内部分数字出版企业还探索出了独具特色的"产品代理型渠道"，通过与知名数字出版商进行合作，利用其高效的销售渠道和完善的服务模式，将本企业的数字出版产品授权予其代为销售，对自身营收也形成有益补充。

二、出版产业应对 5G 策略分析

以 5G、区块链、人工智能等为代表的新技术的加速应用，是我国文化领域正在发生的广泛、深刻媒体格局变革的题中之义。5G 技术将会进一步凸显数字出版的自动化、智能化，而自动化、智能化也需要在正确的出版导向的指引下才能实现健康有序发展。出版领域应对 5G 技术所带来的全新机遇和挑战，一方面要坚持马克思主义在意识形态领域的指导地位；另一方面要持之以恒地走主题出版、精品出版和融合出版的发展道路。

（一）坚持马克思主义在意识形态领域指导地位的根本制度

要坚持马克思主义在意识形态领域的指导地位这一根本制度。随着《中共中央关于坚持和完善中国特色社会主义制度、推进国家治理体系和治理能力现代化若干重大问题的决定》的颁布，第一次将坚持马克思主义在意识形态领域指导地位作为根本制度加以明确。"坚持马克思主义在意识形态领域指导地位的根本制度，是保证我国文化建设正确方向、更好担负起新时代使命任务的必然要求。"①

作为新时代我国文化领域的重要使命任务之一，数字出版的高质量发展，离不开5G等高新技术的支撑作用，更离不开马克思主义在意识形态指导地位的根本制度保障。作为重要的舆论宣传阵地，数字出版直面互联网这个最大变量，直面出版业网络意识形态阵地的最前沿。如何将互联网这个"最大变量"转变为"最大正能量"，转变为出版事业发展的"最大增量"？成为数字出版人必须回答的时代之问。

一方面，要始终坚持马克思主义在意识形态领域指导地位的根本制度，用当代中国马克思主义、21世纪马克思主义、马克思主义中国化的最新成果——习近平新时代中国特色社会主义思想武装数字出版人的头脑，教育数字出版从业者；要用习近平新时代中国特色社会主义思想全面武装和教育数字出版人才队伍体系——领军人才、管理人才、内容人才、技术人才、运维人才，将习近平新时代中国特色社会主义思想的宣贯和落实体现在每一次的数字出版继续教育培训之中；要把习近平新时代中国特色社会主义思想的宣贯落实情况作为社会效益考核的重中之重，作为最大的社会效益进行谋划和统筹；要将习近平新时代中国特色社会主义思想贯穿于数字出版产业链的全环节，深化至数字出版的项目申报、实施、管理与验收全过程，指导数字出版策划、内容、技术、运维、管理的各方面工作；要在5G技术运用的过程中，有效应对超高速传输、宽覆盖所带来的数字新闻资讯即时生产、即时传播等监管挑战，预判和识别5G技术应用的安

---

① 黄坤明：《坚持马克思主义在意识形态领域指导地位的根本制度》，《人民日报》2019年11月20日。

全性问题，学懂、弄通和做实习近平新时代中国特色社会主义思想，将其运用于数字新闻监管全过程和工作各方面。

另一方面，要充分发挥 5G 技术的超高速传输、高并发、大连接、宽覆盖、低能耗、低时延等优势，创新数字出版的新业态、新模式：发挥 5G 技术的增强带宽特点，提升 AR 出版的动态建模与智能建模水平，扩大动态 3D 模型的研发规模，提高 3D 模型虚拟对象行为的社交化和智能化水平；发挥 5G 技术的低时延特点，尤其是确保 1～10 毫秒的延迟感、4～8K 的高清分辨率，为目标用户提供全角度、沉浸式、"无感延迟"的 VR 出版体验，提高用户的黏性和忠诚度；用好 5G 的超密集网络异构技术、移动云计算技术、软件定义网络等技术，及时捕获、挖掘和分析用户数据，提高数据流程、解决同频干扰，提升移动互联网端的计算能力，优化和改进知识计算系统，为新闻出版大数据的二次数据即知识图谱的生成提供最新技术赋能和支撑；要抓住 5G 技术所带来的战略机遇期，充分发挥 5G 之花的技术优势，创新传播方式，扩大覆盖面，推动马克思主义意识形态指导地位在数字出版领域入脑入心、贯彻落实、落地生根。5G 元年之后，在不久的将来，如何坚持和贯彻马克思主义在意识形态指导地位的根本制度将成为产学研各界理论研究和实践工作的重中之重。

（二）持之以恒地走主题出版、精品出版和融合出版的发展方向

步入 5G 时代，先进技术与先进内容的结合更加紧密，传统出版和新兴出版的融合更加纵深，在此大背景下，数字出版的整体转型要以党和政府主管部门的宏观调控为指南，继续坚持主题出版、精品出版和融合出版的发展方向。"数字出版宏观调控体系中，计划调控和财政调控是两种典型性、常态化的调控手段，两者占比很大，对数字出版多年的发展与繁荣起到了实质性的推动作用。"① 主题出版、精品出版和融合出版成为数字出版质量发展的主要抓手，成为数字出版计划调控的重要组成部分，也是数

---

① 张新新：《传统出版与新兴出版深度融合，推进数字出版高质量发展——2019 年度中国数字出版盘点》，《科技与出版》2020 年第 3 期。

字出版市场调节的发展焦点和枢纽所在（图 7-5）。

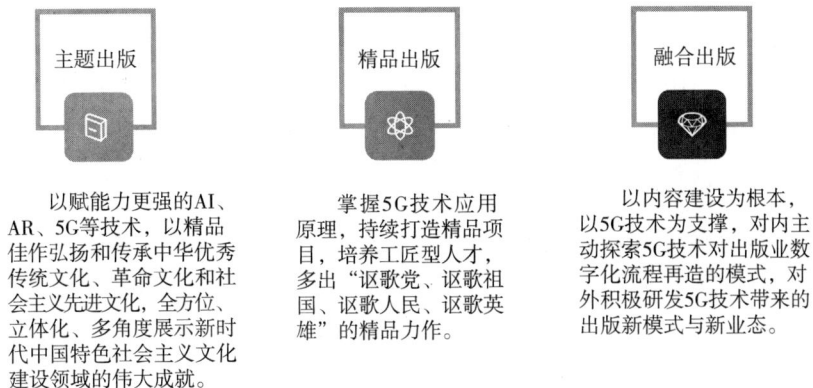

主题出版	精品出版	融合出版
以赋能力更强的 AI、AR、5G 等技术，以精品佳作弘扬和传承中华优秀传统文化、革命文化和社会主义先进文化，全方位、立体化、多角度展示新时代中国特色社会主义文化建设领域的伟大成就。	掌握 5G 技术应用原理，持续打造精品项目，培养工匠型人才，多出"讴歌党、讴歌祖国、讴歌人民、讴歌英雄"的精品力作。	以内容建设为根本，以 5G 技术为支撑，对内主动探索 5G 技术对出版业数字化流程再造的模式，对外积极研发 5G 技术带来的出版新模式与新业态。

图 7-5　5G 语境下的数字出版发展方向

5G 语境下的数字出版，应坚持走主题出版之路，为国家立心，为民族铸魂，强化习近平新时代中国特色社会主义思想的研究阐释，创新传播方式方法，以赋能力更强的 5G 技术，以精品佳作弘扬和传承中华优秀传统文化、革命文化和社会主义先进文化，全方位、立体化、多角度地展示新时代中国特色社会主义文化建设领域的伟大成就。新时代以来，主题出版成为出版业规划调控最重要的手段之一，逐年呈现出日渐强化、优化的趋势：2019 年，中宣部明确了"加强习近平新时代中国特色社会主义思想的研究阐释、庆祝新中国成立 70 周年"等五个方面主题出版的选题重点；2020 年，部署了"着眼为党和国家立心，加强习近平新时代中国特色社会主义思想的研究阐释""全面小康、扶贫攻坚战""健康安全和生态保护教育""唱响中国经济光明论""深化社会主义核心价值观宣传阐释""提早谋划、提前启动，认真组织做好庆祝中国共产党成立 100 周年选题编写出版工作"等六方面选题重点，同时提出了"着力开拓创新""打破思维定式和传统套路，积极探索新载体新路数"等工作要求。

5G 语境下的数字出版，应坚持走精品出版之路，掌握 5G 技术应用原理，持续打造精品项目、工匠型人才，多出讴歌党、讴歌祖国、讴歌人民、讴歌英雄的精品力作。"网络时代，无论是纸质书籍，还是数字化、网络化的产品，要做成精品，同样需要从多方面把握质量，一时的流行只能说明其在商业上的成功，只有真正的精品才能经得起时间的检验。"① 精品出版，紧紧围绕讴歌党和国家主要工作，围绕传播正能量和弘扬主旋律，侧重于出版内容的先进性，强调出版内容的高质量，聚焦于积极策划、制作和传播社会主义先进文化，日益成为新闻出版企业的工作重心和焦点所在。精品出版的概念，尚无统一认知，从其特征归纳，精品出版理应包含精品规划、精品策划、先进内容、精品编校、精准传播等要素。从编辑过程的能力要求来看，相对于一般图书而言，精品出版在策划力、审核力、编校力、制作力、传播力等方面都有着更高要求、更严标准和更高质量。5G 技术作为先进技术的最新体现，与大数据、区块链、人工智能等高新技术一起，正在变革着舆论生态和媒体传播格局。5G 技术应用于精品出版业态，是先进技术与先进内容相结合的最新体现。随着 5G 技术商用程度的进一步加深，相信越来越多的基于 5G 技术的出版业态将会出现。科研层面，地质出版社所牵头的智慧型知识服务关键技术与标准重点实验室已于 2019 年 7 月启动了《5G 技术在新闻出版业的应用研究》科研课题；在实践中，已经出现了相关案例：2019 年，人民融媒传播有限责任公司首次推出了三维码技术融合出版物，所研发的 VR 融媒图书，无须佩戴 VR 眼镜即可实现裸眼三维视觉效果。

5G 语境下的数字出版，应坚持走融合出版之路，以内容建设为根本，以 5G 技术为支撑，对内主动探索 5G 技术对出版业数字化流程再造的模式，对外积极研发 5G 技术带来的出版新模式与新业态。原新闻出版总署出台《关于加快我国数字出版产业发展的若干意见》已近十年，十年间，数字出版的发展经历了转型升级的初级阶段，步入融合发展的较高阶段；其主体内容已经由之前的基础软硬件改造、流程数字化、特色资源库建设、行业级运营平台搭建，转变为更为宏观、更为抽象的传统出版与新兴出版融合发展、融合走向纵深，具体表现为：传统出版和新兴出版在业务理念、内容生产、技术应用、传播方式、体制机制、方法手段等方

---

① 《精品永不过时，聂振宁新书〈出版力〉谈如何做好精品出版》，2019 年 8 月 26 日。

面的深度融合。5G 技术、区块链、大数据、人工智能加速应用于出版
业，推动着数字出版这些年在技术应用的尝试和探索方面取得了一定进
展，使得现代信息技术服务于内容策划、内容生产、产品制作、内容传
播方面实现了若干突破。5G 技术与出版业融合的关键在于：坚守内容优
势、内容为王的同时，把握 5G 技术应用原理，找寻 5G 技术在出版业的
应用场景，包括内部出版流程的应用场景和对外提供基于 5G 技术的新
产品和新服务。

三、结语

5G 时代的数字出版，要坚守马克思主义在意识形态的指导地位这一
根本制度，要坚持走主题出版、精品出版和融合出版的发展道路。未来
内容生产将实现"PGC 主导、UGC 辅助"，"AI+人工"的内容审核机制
将发挥作用；与此同时，"数字图书馆、知识库"① 等产品与 5G 深度融
合，实现功能迭代，AR/VR 出版、定制化知识服务平台等新型产品形态
也将出现；用户作为数字出版产品的消费终端，得益于移动情境感知、
移动云计算等技术特性，获得超前的产品体验；数字出版的营销理念、
营销对象、营销渠道要充分用好 5G 技术所带来的战略机遇和创新优势，
关注营销载体和介质的创新，聚焦用户体验中心，创新移动通信端的营销
环境和方式。

那么究竟如何将 5G 技术这个互联网"最大变量"中所出现的"新变
量"转变成为产业发展的"更大正能量"？首先，在党和政府宏观调控领
域，建议尽快出台支持 5G 技术与出版融合的扶持性资金和项目支持，同
时加快制定 5G 技术在出版业应用的有关法律法规、部委规章和政策性文
件，以适应飞速发展的产业现状。其次，在行业自治方面，充分用好我国
5G 技术在国际标准领域的显著优势，加快制定 5G 技术在出版领域应用的
标准规范并及时进行宣贯和实施。最后，在企业治理方面，数字出版市场

---

① 张新新：《"十三五"的数字出版人才政策与实践研究——以政产学研一体化为视角》，
《出版广角》2016 年第 19 期。

主体要巩固自身内容优势，"积极适应用户需求和市场结构变化，不断进行内容创新、产品创新和模式创新"[①]，以更加主动、更加积极的姿态拥抱5G 技术为数字出版领域带来的新变化和新发展。

第二节　5G 技术应用于出版业的场景展望

5G 技术的超高速传输、低延迟、宽覆盖等特点，将重塑和变革新闻出版的诸多领域。内容分发网络、移动云计算技术、情境感知技术将在多场景发挥作用。5G 技术的应用和推广，对新闻传播领域的作品生产能力、传播能力和监管能力都提出了新的要求；5G 技术的普及和泛在，将有助于数字视听产品、AR 出版、VR 出版、新闻出版大数据、知识服务、电视数字图书馆等新兴出版业态的创新与发展。5G 为新闻出版业带来战略机遇的同时，也在政策调控、标准研制、队伍建设、内容监管方面带来了一系列的挑战。

在应用场景方面，5G 技术以其超高速传输、低延迟、宽覆盖、低功耗等特点，将会对新闻出版领域的大数据建设、增强现实出版、虚拟现实出版、定制化知识服务、电视数字图书馆以及数字视听产品等起到持续改善和加速优化的作用，将会催化出众多意想不到的应用场景，成为新闻出版高质量发展的重要引擎。

一、5G 技术在新闻传播领域的应用场景

首先，新闻生产能力将会全面增强。5G 技术将会带动新闻资讯的全程感知、全员参与，以及 AR、VR、MR 的全息数据采集。5G 支持下的新闻资讯大数据将提高机器撰稿的精准性，"快笔小新""梦幻写手""张小明"等机器撰稿软件将更加充分地发挥作用，实现新闻资讯产品的智能化、批量化生产，进而推动记者向着深度新闻报道的方向转型。

---

① 尹琨：《5G 为出版业带来哪些想象》，《中国新闻出版广电报》2019 年 3 月 13 日。

人人都将成为主播，万物都将成为新闻源，即时生产、即刻上传的新闻资讯将会大量产生。多形态、多媒体的新闻资讯将会全面展现，AR 新闻、VR 新闻、MR 新闻、全息资讯等目前电影中才会出现的场景将会变成日常生活的画面。

其次，新闻传播能力将超速提升。实时传播、低延迟甚至无迟延感的传输将第一时间展现；信息资讯的全息传播、全效传播，将会通过互联网、移动互联网、多种智能终端设备实现；通过对用户数据的全面采集和精准分析，将实现信息、内容精准地分发；情境感知技术的广泛应用，导致内容推荐更加精准化、个性化，为目标用户提供各取所需的新闻产品。

最后，新闻监管能力将面临严峻挑战。监管对象将会大幅度提升，数量、规模发生海量级增长，因为人人都是信息源、新闻源；传播速度超快，即时上传、即刻传播导致监管手段、监管能力面临严峻考验；同时，人的表现欲与社会主流价值观龃龉所引发的新闻伦理问题，将成为新闻监管所要关注的重中之重。

二、5G 技术在新兴出版领域的应用场景

5G 技术对出版业，尤其是新兴出版领域，将会产生深刻的影响，包括数字视听产品、新闻出版大数据、增强现实出版、虚拟现实出版、知识服务形态以及出版与广电交叉领域的电视数字图书馆等。

（一）数字视听产品

5G 技术影响最大的便是视听领域，上传、下载的超高速，观看体验的低延迟甚至无延迟、最大范围的覆盖面，是用户观看、体验数字视听产品时的最佳享受。数字视听类产品，是指运用数字视频技术和数字音频技术对传统视听产品提升和再造后而产生的数字化产品，包括数字视频产品和数字音频产品。[①] 5G 技术应用于数字视听领域，一则可以帮助用户在最短

---

① 数字编辑专业技术资格考试指导用书编委会：《数字编辑实务》，北京联合出版公司 2015 年版，第 13—19 页。

的时间内下载数字视频和数字音频产品，大大缩短目标用户获取数字视听产品的时间；二则有助于提升用户听觉和视觉体验，用户几乎感觉不到数字音视频产品体验过程中的延迟时间，进而提高对数字视听产品的满意度和忠诚度。因此，音频产品、短视频产品、直播平台将会再次获得一次发展和繁荣的战略机遇期。

（二）新闻出版大数据

国内的新闻出版大数据建设始于 2014 年，迄今为止，在法律、审计、公安、自然资源领域的大数据平台建设已经取得阶段性进展；重庆出版集团的重庆市文教大数据平台数据采集总量已超过 1339 万条，并构建出数据采集、加工、治理、服务、检索、分析、监控等完整的大数据产业链。5G时代的到来，超密集网络异构技术有助于提高数据流量，解决同频干扰；移动云计算技术有助于提升移动互联网端的数据计算能力，为大数据二次数据的产生提供技术支撑；软件定义网络技术的控制平面可以获取、监控用户数据，有助于用户数据的采集、分析和挖掘。总之，数据计算的速度和效率将会大幅度提升，以关系计算、实例计算、属性计算为主体内容的知识计算系统将会得到极大优化和运用，新闻出版大数据的二次数据的生成即知识图谱的产生将会更加便利和迅捷。

（三）AR 出版

AR 出版物是指应用三维（3D）模型等数字媒体与印刷图文及图文中的坐标点、空间位置等信息关联，满足用户增强现实体验需求的报纸、期刊、图书、网络出版物等。[①] 在 4G 时代，市场上在销的 AR 出版物存在的问题主要有：AR 智能眼镜在高清晰度、美观度、体验效果、使用寿命、安全系数等方面还存在着较大的问题，[②] 3D 动画画面不够流畅、模型触发不灵敏、支持的手机品牌较少等。从 AR 出版的三个主要环节来看，3D 模型库的建立、AR 编辑器的应用以及输出展示系统，都会在 5G 技术的应用下实现更加良性的发展，把 AR 出版物推广和普及到每个个体用户。在 5G

---

① 《中华人民共和国新闻出版行业标准——出版物 AR 技术应用规范》。
② 郭玉洁、龙振宇、张新新：《AR 出版的现状及趋势分析》，《科技与出版》2017 年第 8 期。

时代，AR 出版主要实现由静态模型向动态模型的升级，3D 模型所构建的虚拟对象行为的交互性、智能化、社交化特点将进一步增强。AR 眼镜的性能也将进一步改善，用户体验 AR 出版物的 3D 模型的"无延迟感"将充分体现，用户对 AR 出版物的阅读享受将更加满意。

（四）VR 出版

VR 技术应用于新闻出版业的场景可以包括历史人物、场景的再现与宣传；出版业的展会论坛、展览展示；教育出版领域的在线教育、智能教育、研学旅行、实验课程等；专业出版涉及道路桥梁、地质灾害、文物古迹、水利水电、工业仿真等场景。

5G 赋能 VR 出版主要体现在：其 VR 视频的体验延迟可控制在 1—10 毫秒，分辨率有望从 4K 高清提升到 8K 高清，并可实现无线传输。VR 眼镜的体验感将更加改善，保证快捷而稳定的传输速率，将进一步增强广大用户的黏性；由此带来的商业模式变化是，将改变传统 B2B、B2G 的商业模式，使之向着 B2C 的模式转换。每一位社会公民都将成为潜在的 VR 用户，这一点对 AR 出版物的用户同样适用。

（五）知识服务

在《新闻出版—知识服务—知识资源建设与知识服务工作指南》的国家标准中，将知识服务分为扩展性知识服务与定制化知识服务。其中，定制化知识服务既包括知识解决方案，即根据用户特定类别、特定领域的个性化知识需求，提供点对点的直联、直供、直销的知识服务解决方案，以满足用户的个性化知识需求；也包括移动型知识服务，即遵循移动互联网传播规律，以知识元为基础，针对用户个性化、定制化的知识需求，提供个性化的和贴身的知识解决方案，如采取模糊匹配、语音回复等方式。①

在 5G 时代，随着智能终端功能的不断强化，每位携带智能手机、智能 Pad 的用户，都将成为一个"行走的数字图书馆"，随时随地可拥有一个海量数据的"移动知识服务平台"。手机上、平板上可配置包含上万种电子图书的数字图书馆，轻松打开，没有丝毫的迟延；同时，以移动型知

---

① 张新新：《出版机构知识服务转型的思考与构想》，《中国出版》2015 年第 24 期。

识库为代表的个人专属知识库将变得唾手可得。知识服务的个性化推送、精准化供给、定制化订阅将随时随地可以实现。5G 将会加速移动手机阅读业务、网络出版业务、数字图书馆业务、移动知识服务平台等业务形态的变革、创新与发展。

（六）电视数字图书馆

电视数字图书馆作为一种新兴的数字出版业态，是媒体融合向纵深推进的重要标志，将新闻、出版与广播电影网络进行了有机融合。尽管其运营和推广尚处于探索阶段，社会效益和经济效益也有待进一步的观察和论证，但是越来越多的省份都积极参与到电视数字图书馆的建设中来。歌华有线云图书馆是一个包含 320 多万种图书、8 亿页全文资料、5000 万条期刊数据、2000 万条报纸元数据、1000 万个词条的电视数字图书馆。首批进入"数字电视图书馆试验工程"的广电网络是北京、重庆、天津、甘肃、江苏等五家省级广电网络公司，2016 年 1 月开始在线运行，实现了电视、手机、平板电脑多屏互动，完成了"百万图书进千万家庭"实验工程一期目标。[①]

在 5G 技术的推广和应用过程中，电视数字图书馆将会取得进一步发展：其传输速度更快、机顶盒数字资源总量更丰富、用户体验更快捷，将会更好地推进广播电视与新闻出版的深度融合与跨界发展。

三、结语

整体看来，5G 技术对新闻出版的产品研发、技术应用、销售运维、队伍建设、标准制定、政策出台将会起到较为积极的作用。将会催生出多元化的新闻资讯产品形态、多样式的新兴出版产品形态，同时将对新闻出版的盈利模式进行重塑和变更，将会促进一大批跨界、融合型人才队伍的成长，并在国家标准、行业标准、宏观调控政策方面起到创新与改革的预期效果。

---

① 《"数字电视网络图书馆"西北五省联合平台落地商谈会圆满召开》，2017 年 4 月 26 日，见 http://news.cnr.cn/native/gd/20170426/t20170426_523726183.shtml。

　　硬币总是存在着两面，5G 对新闻出版的发展而言，也是机遇与挑战并存。5G 技术的来临，对新闻出版导向管理、意识形态把控也会提出一系列严峻的挑战。在 5G 广泛普及、加速应用的同时，如何避免超高速传播所带来的互联网传播"更大变量"？如何将互联网这个"最大变量"变为"更大正能量"？这些问题需要政府主管部门去积极思考和应对，需要尽快开展相关的预研究，以应对新的传播时代的到来，应对 5G 时代的到来。

第八章　区块链技术在新闻出版业的
应用原理与场景展望

本章将在前述区块链技术概念、特征和类型的基础上，创新性地提出"基础层、驱动层、应用层、标准层"区块链四层架构，阐述和论证区块链在新闻出版业的七个应用场景：新闻溯源、版权保护、选题策划、编校印发、知识服务、新闻出版大数据和新闻出版智库建设，最后指出区块链技术应用的两面性问题。

第一节　区块链基础架构与技术原理

技术应用原理和应用场景，是"'出版+技术''出版×技术'的内核所在、硬核所在，是出版与技术深度融合、科技与出版紧密结合的策略机枢"[①]。不只出版，新闻传播亦是如此。要探索区块链应用于新闻出版业的场景，就要弄清楚区块链的基础架构和技术原理。

关于区块链的架构，袁勇提出"数据层、网络层、共识层、激励层、合约层、应用层"的六层架构；[②] 谢铉洋提出"共享数据层""共享协议层""应用程序编程接口（APIs）和应用程序（APPs）"的三层架构；[③] 姚忠将提出"基础层（网络层、数据层）、驱动层（共识机制、激励机制、

---

①　方卿、张新新：《推进出版业高质量发展的几个面向》，《科技与出版》2020 年第 5 期。
②　袁勇、王飞跃：《区块链技术发展现状与展望》，《自动化学报》2016 年第 4 期。
③　中国人民银行合肥中心支行科技处课题组：《区块链结构、参与主体及应用展望》，《金融纵横》2017 年第 1 期。

智能合约）、应用层（应用、服务平台）"的三层架构;① 沈鑫、裴庆祺、刘雪峰提出"底层数据、分布式记账本、组网方式和核心机制、区块链节点、智能合约、上层应用"的六层架构。②

综合以上几种观点，可归纳出新闻出版业的区块链技术应用架构——基础层（数据层、网络层）、驱动层（共识层、激励层、合约层）、应用层（新闻溯源、版权保护、选题策划、编校印发知识服务、新闻出版大数据、新闻出版智库建设），并将"标准层"贯穿始终（图8-1）。

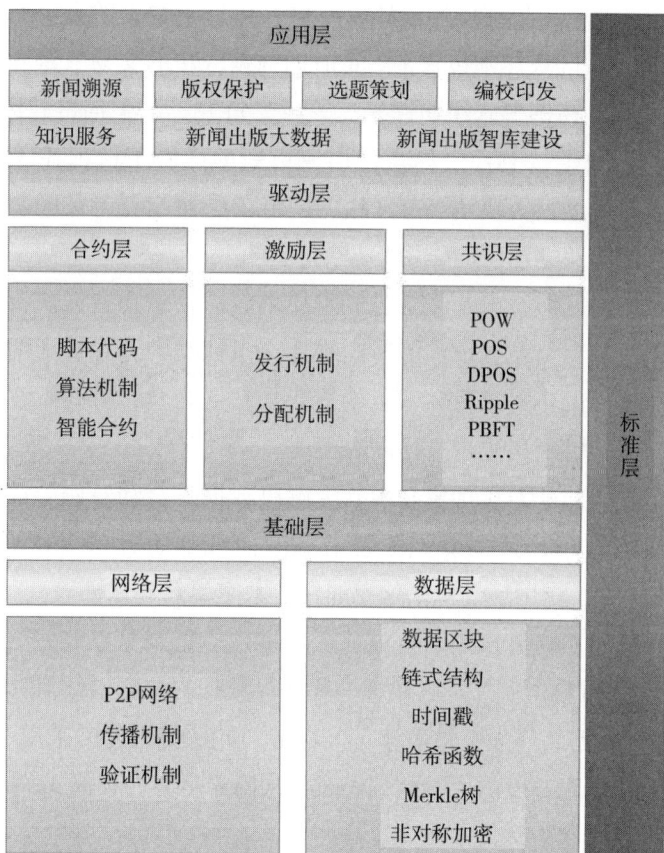

图 8-1　区块链技术在新闻出版业的应用原理和场景

---

① 姚忠将、葛敬国:《关于区块链原理及应用的综述》,《科研信息化技术与应用》2017年第2期。

② 沈鑫、裴庆祺等:《区块链技术综述》,《网络与信息安全学报》2016年第11期。

一、基础层

基础层包括数据层和网络层，数据层封装了数据区块、时间戳、非对称加密等关键技术。

数据区块：以比特币为例，数据区块包括区块头和区块体两部分，区块头装载了"该区块的版本号、前一区块地址、该区块的目标哈希值和共识过程的解散技术、Merkle 根和时间戳等信息"[1]，其作用在于链接到前面区块并且为区块链提供完整性，Merkle 根"保证了数据的真实性、安全性和不可抵赖"[2]；区块体则包含了一定时间内该区块的交易数量和所有交易记录，以 Merkle 树的形式组织起来。关于"链"——单向链式结构，"矿工"将当前区块链接到前一区块，形成最新的区块主链；各区块环环相扣，从而形成从创世区块到当前区块的主链，进而起到记录区块链数据历史、数据溯源和数据定位的作用。

时间戳：时间戳技术是区块链的重要创新点，包含在区块头中，记录数据的写入时间，为数据增加了时间维度，是数据的存在性证明，能够确保区块链数据库的不可篡改和不可伪造。从长远来看，时间戳技术应用于区块链，甚至能够对历史进行回溯和再现。

非对称加密：非对称加密技术是为解决数据安全和身份验证需求而集成到区块链的技术，其主要算法包括椭圆曲线加密算法（ECC）、RSA、Rabin、D-H 等，应用场景包括信息加密、数字签名和认证等。

哈希算法：哈希算法用于生成前区块地址、记录信息摘要、交互者地址和 Merkle 根树数据库等。区块链一般保存数据的哈希函数值（散列函数值），将原始数据编码为字符串计入区块链，如比特币通常采用双 SHA256 哈希函数，将任意长度的原始数据经过两次哈希运算转换为 32 字节的二进制数字进行存储和识别。

Merkle 树：区块链技术的重要组成部分，将运算为散列函数值的交易

---

[1] Bitcoin Source Code，https：//github. com/bitcoin/bitcoin/，January 18，2016。

[2] 姚忠将、葛敬国：《关于区块链原理及应用的综述》，《科研信息化技术与应用》2017 年第 2 期。

信息按照二叉树状结构组织并保存于区块体之中，其作用在于快速归纳和验证区块数据的存在和完整性。

基础层的网络层则包含对等式网络（P2P）、数据传播和验证机制等要素。

P2P 网络（peer-to-peer network）：对等式网络是区块链"去中心化"特点的集中体现，用对等式网络进行组网，网络中的每个节点地位对等且以扁平式拓扑结构互联互通，不存在任何中心化的特殊结构和节点，每个节点都可进行网络路由、验证区块数据、传播区块数据和发现新节点。

数据传播机制：区块链采用广播的方式向全网公布交易信息，区块数据生成后，由生成该数据的节点面向全网其他节点进行广播并验证，节点验证通过后再进行广播直至被全网节点接收。一般并不需要全部节点都接收到，而是由足够多的节点做出响应即可认为交易通过，整合入区块账本。

数据验证机制：对称式网络中的节点接收到广播的数据和新区块后，会验证其有效性，验证通过则继续转发；如果数据无效，则废弃该数据不再广播。以比特币为例，矿工节点主要是从数据结构、语法规范、输入输出、数字签名等方面验证交易数据是否有效。

二、驱动层

驱动层主要包含共识层、激励层和合约层。

共识层是为了解决"拜占庭将军问题"，所谓"拜占庭将军问题"，是指去中心化的节点之间相互缺乏信任，如何达成共识使得所有节点一致行动。在分布式系统中高效达成共识主要由 PoW（Proof of Work，工作量证明）共识机制、PoS（Proof of Stake，权益证明）共识机制和 DPoS（Delegated Proof of Stake，授权股份证明）共识机制等加以实现。PoW 机制是中本聪发明的、应用于比特币系统的共识机制，核心在于通过全网节点算力竞争来确保数据一致和达成共识，优点是通过算力竞争保障系统安全和去中心化，不足是容易造成大量的计算资源、电力资源浪费，且容易引起区块链设备的"军备竞赛"：设备越先进、计算能力越强的节点越容易获得财富。PoS 机制，是 PoW 机制的替代解决方案，区块记账权由最高权益的节点获得，权益评价标准是币龄——节点对特定数量货币的所有权，其优点是提高了节点性能，降低了资源消耗，不足是不准确性导致易受攻击干扰。DPoS 机制，即"所有节点根据股份权益（币龄）投票的方式选出得票最高的 101 个记账代表负责交易的打包和挖矿，减少记账和验证者的数量"。因为大幅减少了验证和记账的节点数量，所以能够达成快速共识。除上述三种主流的共识机制以外，还有 Ripple 共识、PBFT 共识、Casper 共识、Pool 验证池等多种机制，不过同样都面临着资源浪费和共识速度的问题。

激励层主要通过发行机制和分配机制来加以实现。区块链的本质是共识节点之间的任务众包过程，而共识节点的逐利性导致其获取最大化的收益是参与记账和验证的目标所在。为此，需要引入激励机制，以确保区块链的长久和稳定运行。发行机制，主要是用代币发行的方式，通过发行区块链定义的货币、收取手续费等来鼓励共识节点去参与记账和验证工作，如比特币、以太币等。分配机制，是指算力小的节点通过加入"矿池"，通力合作，"挖"到新区块并共享该区块"虚拟货币"和手续费奖励的机制。

合约层包含了各类脚本代码、算法机制和智能合约，是区块链商业逻辑的体现。比特币最初通过非图灵完备的简单脚本代码（锁定脚本和解锁脚本）来控制交易过程，即产生了智能合约的雏形。所谓智能合约，是基于不可篡改的数据而自动化执行的规则和条款，是部署在区块链上智能化、可共享、去中心化的信息传递服务程序，一旦具备相关条件、达到相应要求，则自动化执行。随着区块链的深入发展，越来越多图灵完备的智能合约开始出现，如"以太坊已经研发出一套图灵完备的脚本语言，用户可基于以太坊构建任意复杂和精确定义的智能合约与去中心化应用，从而为基于区块链构建可编程的金融与社会系统奠定了基础"①。

---

① Ethereum White Paper, "A Next-generation Smart Contract and Decentralized Application Platform", https：//github. com/ethereum/wiki/wiki/WhitePaper, November 12, 2015。

三、应用层

关于区块链的应用层，从不同的维度可作不同的划分，有学者提出了三大应用模式：可编程货币、可编程金融、可编程社会，并设想了六大应用场景：数字货币、数据存储、数据鉴证、金融交易、资产管理和选举投票；也有学者从服务平台和具体服务的角度作出划分，前者是基础应用，由底层数据和计算工具组成，后者是具体服务，如银行记账、医疗信息管理等。以新闻出版业为视角，区块链技术同样存在着众多应用场景，如新闻溯源、版权保护、图书发行、知识服务联盟、新闻出版大数据等，将在后文重点阐述。

四、标准层

标准和产业是区块链的两翼、双螺旋。区块链产业的快速、健康发展，离不开标准的规范和引领。区块链标准体系贯穿于基础层、驱动层和应用层，并将规范和指导区块链产业链各环节和从业共同体。为确保区块链更快速度、更高质量地发展，区块链共同体要积极参与和主导国际标准制定，促进国家标准加快制定、行业标准配套制定，鼓励研制企业标准和团体标准。要根据区块链的发展特点和规律，建立健全区块链标准体系，包括：基础性标准（术语和概述、参考框架等）、关键技术标准（智能合约、共识机制、时间戳、账本管理、区块格式规范等）和安全类标准（信息安全、身份认证、证书存储规范等）。要加大对标准规范的宣贯、培训和产业化应用落地，真正发挥区块链标准的引领、示范作用，通过标准的制修订，不断提升区块链领域的国际话语权和规则制定权。

值得欣慰的是，2017 年 5 月，中国区块链技术和产业发展论坛发布了国内首个区块链标准——《区块链 参考架构》，系列国家标准《信息技术 区块链和分布式账本技术 参考框架》《信息技术 区块链和分布式记账技术 智能合约实施规范》《信息技术 区块链和分布式记账技术 存证应用指南》等也纷纷获批并步入研制阶段。2020 年 6 月，《区块链技术在版权保护中的应用技术要求—文学、图片作品》行业标准，作为第一项新闻出版领域的区块链行业标准也正式获批立项。

第二节 区块链在新闻出版业的应用场景分析

关于区块链技术在新闻出版业的应用场景，诸多学者都作出了积极的尝试，大致分为以下几个领域。

1. 在版权管理方面，有学者在指出互联网环境下版权之痛的同时，提出区块链的破局之路，借助"区块链的时间戳效力""对存证效力的加持"确认版权归属；① 有学者论述了"作者与作品捆绑及其加密技术保障身份性权利、'分布式账本—嵌入式'确权模式实时保护作品、智能合约最大限度保证著作财产权、交易平台最大限度保护著作财产权"等观点；② 有学者将区块链的"去中心化、智能合约、时间戳等技术与 IP 版权相结合，提出'价值去中心化'的创新理念和思维"③；有学者在对中国、美国、欧洲区块链数字知识资产管理平台进行分析的基础上，厘清了基于区块链技术的"数字知识资产注册—版权认证—资产交易—侵权追踪"的全过程。④

2. 在学术出版中，有学者结合学术研究中的信任危机，提出了依托区块链数字鉴证、"公钥—私钥"的非对称加密技术等，建设学术出版信任的具体策略："激励研究过程、遏制撰稿侵权；优化同行评议、激励审稿专家；开放学术评价、避免指标造假"⑤；有学者提出了将区块链应用于学术评价的系统设计："通过时间戳实时确权，用代币和奖励机制激励同行评议，用数据即服务开发评价延伸产品"⑥。

---

① 梁飞：《存在性证明——区块链技术在数字版权的运用》，《电视研究》2020 年第 2 期。
② 王清、陈潇婷：《区块链技术在数字著作权保护中的运用与法律规制》，《湖北大学学报（哲学社会科学版）》2019 年第 3 期。
③ 陈维超：《基于区块链的 IP 版权授权与运营机制研究》，《出版科学》2018 年第 5 期。
④ 郑阳、杜荣：《区块链技术在数字知识资产管理中的应用》，《出版科学》2018 年第 3 期。
⑤ 许洁、王嘉韵：《基于区块链技术的学术出版信任建设》，《出版科学》2017 年第 6 期。
⑥ 李媛：《区块链时代的学术评价创新研究》，《出版科学》2020 年第 3 期。

3. 在期刊出版中，有学者提出了区块链技术原理用于科技期刊的优势："创建透明的期刊管理工作流、打造可信任的科研评价体系、规范学术评审的权利和义务、深化资源节约型的科研合作"①；有学者分析了区块链技术在期刊中的具体应用，如"比特币地址与身份关联、数字签名和时间戳、作者匿名"等。②

4. 在数字出版领域，有学者提出"基于区块链技术的具有舆情监控预测、信息溯源核验、广告效果量化、用户价值回馈、版权确权流转、数字资产管理等功能的数字化出版平台，是实现报纸出版全流程数字化转型的有效路径"③；有学者明确提出了区块链与数字出版平台的关联性在于："时间戳与版权登记""数字签名机制与版权交易""智能合约与平台建设"。④

5. 在传统出版中，有人对区块链技术在出版业应用的"完善版权保护机制、创新出版业务模式"⑤、"存储图书信息、管理发行、反盗版"⑥ 等方面进行了展望；有人设想了未来出版的区块链商业模式：" '免费'经营、'去渠道'经营、'去运营'经营、出版物的'众筹'模式"等。⑦

上述观点的可贵之处在于将区块链的技术原理同出版业态、出版生态相结合，设想和提出了一些问题的解决方案和应用场景；不足之处在于，没有对内从新闻出版产业链环节的角度，深入编校印发各流程，对外深化到出版大数据、出版知识服务、新闻出版智库建设等具体出版场景，去深思和筹划区块链和出版业结合的应用场景。

---

① 陈晓峰等：《开放科学背景下区块链在科技期刊中的应用》，《中国传媒科技》2019 年第 2 期。

② 范真真、吴晨等：《区块链在学术期刊中的应用及实践》，《中国传媒科技》2019 年第 10 期。

③ 李媛、方卿：《基于区块链技术的报纸出版数字化转型》，《中国出版》2018 年第 15 期。

④ 张岩、梁耀丹：《基于区块链技术的去中心化数字出版平台研究》，《出版科学》2017 年第 6 期。

⑤ 罗晓银、张安超：《区块链在出版行业的应用展望》，《出版参考》2019 年第 10 期。

⑥ 曹阳：《浅析区块链技术在出版行业的应用前景》，《城市党报研究》2020 年第 6 期。

⑦ 钟声贤：《出版经营的区块链商业模式》，《视听》2019 年第 1 期。

一、新闻溯源

且先从新闻溯源的场景入手，谈一下区块链在虚假新闻应对方面的原理和作用。

新媒体环境下，虚假新闻产生的原因主要包括：利益驱动导致的投机行为、行业媒体和从业者自律的缺失、传统主流媒体的公信力下降，以及无法确定的信息源头等。虚假新闻的泛滥除误人视听、以讹传讹以外，还容易造成媒体公信力的下降，有时甚至会酿成严重的舆论事件，扰乱正常的经济社会秩序。解决虚假新闻乱象的重要途径之一便是进行新闻溯源，而区块链技术恰恰在这方面具有天然的优势。

将区块链技术应用于虚假新闻溯源，一则，给每条新闻数据加盖"时间戳"，使得多次传播的新闻具有了时间先后顺序，便可通过时间先后追溯到虚假新闻的源头，使得虚假传播的始作俑者无法遁形；二则，可通过广播方式，向全网发布广播，在区块链中发起虚假新闻源头追随的交易，发动全网的力量去追踪造谣者；三则，可通过共识机制，使得虚假新闻经受区块链大多数节点的考验，在传播的过程中被及时识别和遏制；四则，可通过激励机制，给予最先发现和锁定虚假新闻制造者的节点以经济激励，以在最短的时间内锁定信息源，发现造假者；五则，通过预先设定的条件和程序，当发现虚假新闻时，自动执行智能合约，提升虚假新闻的鉴别效率。最后，可通过联盟链的方式，建立起主流媒体的行业区块链，形成正能量新闻、客观真实新闻的时序数据库，逐步引导和规范新闻传播市场秩序。

二、版权保护

如前所述，多数学者都围绕区块链在版权保护方面的应用进行过论述。这里仅做简洁归纳和概括：区块链的多项关键技术与版权保护都息息相关，几乎可涵盖版权登记、使用、管理和保护的各个环节。版权确权环节，时间戳技术可确认作品发表时间，进而确认权利归属。版权交易环节，共识节点的广泛共识和记录，具有不可篡改、不可伪造特点，可用于版权公证和审计；智能合约的完善和应用，不受时间和地域限制，可快速达成版权交易，提高版权交易效率。版权管理环节，可通过版权联盟链的方式，以时间为纵轴，以知识体系为横轴，分门别类地对各个时期的各类版权进行有序管理和使用。版权保护环节，基于版权联盟链或私有链，调取带有时间戳的版权数据，形成完整的版权证据链，最大限度地形成版权侵权威慑，及时、高效地制止版权侵权行为。

三、选题策划

传统的出版策划，主要由编辑发起，提出选题创意，然后组织一个或一群作者进行创作。本质上，还是"中心化"的选题组织和创作方式，这一生产方式延续了数千年。其痛点在于个人或某个群体的智慧是相对有限的，以中心化的知识、智慧、经验去创作某个主题的作品，其专业性、全面性和权威性在理论上是受限的，难以涵盖某个主题的全面知识解决方案。

如何以"去中心化"的群体智慧进行选题策划和创作？其解决方案：一是，可以依托人工智能，"基于群体智能的'众智众创众筹'理念，优化运用智能蚁群算法、人工鱼群算法、烟花爆炸算法等群体智能的算法，可探索研发出众创撰稿、协同创作的工具系统，以起到众筹众智、集中专业领域智慧提供个性化、定制化知识解决方案的效果"①。二是，可运用区块链的技术原理，构建专业出版领域的联盟链，如法律出版联盟链、生态文明出版联盟链，或者构建出版企业的私有链，如某出版社私有链。在联盟链或私有链中，静态层面：在基础层建设含有时间戳的选题区块链，辅以知识标引技术，逐步建立健全某细分选题的历史顺序数据库，可追寻细分选题领域的区块链内第一个作者至最近的作者，便于进行选题的归纳和梳理；动态层面：可运用传播机制，就细分选题向全网节点发起广播，得

---

① 刘华东、马维娜、张新新：《"出版+人工智能"：智能出版的流程再造》，《出版广角》2018 年第 1 期。

到大多数的共识以后（采用 DPoS 机制），通过代币发行和分配奖励机制，高效、全面地聚集起细分选题的全链区域内的智力资源，最终以去中心化的方式全面、高效地完成选题策划和组稿工作。

四、编校印发

于出版而言，编校印发环节所涉及的数据，大多为内部经营管理数据，可尝试构建出版机构私有链。私有链本质上和其他分布式存储数据库没有差别。出版机构可用好本单位编辑加工、审校、复制环节的过程性数据，以时间为序，建设私有链。出版机构私有链研发的意义在于：其一，确保内部经营管理数据处于隐私和安全状态，尤其是盖有时间戳的销售、印制等区块数据，任何个人均无法篡改和伪造；其二，有助于企业文化建设，通过私有链，可以完整地还原和再现出版机构的经营管理历史，构建出网络出版社，为后续入职员工进行系统、完整的企业文化、企业历史培训教育；其三，改进生产方式，提高生产效率，通过专业知识体系标引的审校区块数据，可反映相同或相似稿件在不同的历史阶段所共同出现的审校问题，总结和归纳出"易错审校问题"数据库，有利于提升编辑审稿和校对质量；其四，可将印前定稿的私链内部版权数据与外部版权联盟链进行融合，实现数据互通互融、跨链合作交易，高效快速达成版权交易。

五、知识服务

"出版本质上是知识生产和知识传播"，从知识服务来看，未来的出版业要完成三个转型："制造业转型为服务业、产品生产商转型为知识服务商、互联网知识生产体系融合角度对出版价值链重塑"①。知识服务，作为时下出版深度融合的重要抓手，作为未来出版转型的最终目标，一直是出版共同体关注的焦点所在。

出版机构可根据自身专业知识资源数据构建私有链，其原理不再赘

---

① 方卿、王一鸣：《论出版的知识服务属性与出版转型路径》，《出版科学》2020 年第 1 期。

述。这里重点讲一下区块链在国家知识资源服务中心的应用场景。

国家知识资源服务中心，2015 年由新闻出版研究院筹建，2016 年由原国家新闻出版广电总局办公厅正式批复，共计囊括了三批次、110 家新闻出版政产学研机构。目前包含中医药、建筑、农业、法律、知识产权、人文社科等十几个专业领域的知识库，同时还包含知识服务标准体系、学术出版评价、版权保护、新闻出版科研成果、知识服务与版权产业联盟等栏目。①

理想状态的国家级知识资源服务中心，应该包含国民经济各行业的知识资源，提供各种形态的知识服务，综合采用各种知识服务模式，代表和展示着国家级的文化形象和文化自信。要想实现这一目标，时下通过网络接口链接到各出版机构自有网站的方式是难以胜任的。可以设想通过国家知识资源服务联盟区块链甚至是公有区块链的方式加以实现。

国家知识资源服务联盟链的建设，在基础层的构建设想如下：数据层方面，先要完成知识资源数据区块的研发，形成链式结构，以时间为序，加盖时间戳，以知识体系为内核，进行知识标引。采用非对称加密技术，如果由国家知识资源服务中心发起知识资源服务交易，则使用中心的公钥进行知识资源数据的加密，加密后发送给出版机构，出版机构使用自己的私钥进行解密，解密的过程，也就是知识资源交易的过程；如果由出版机构发起知识资源服务交易，则由出版机构将私钥信息发送给国家知识资源服务中心，中心使用出版机构的公钥对信息进行解密以确保信息是出版机构发送的。网络层方面，可通过全网任一节点发起广播，发起知识资源交易数据，并经过节点认证。在驱动层，采用 DPoS 共识机制，选举出得票最高的 101 家出版机构作为记账代表，负责知识资源服务交易的打包和挖矿，在减少算力资源浪费的前提下快速达成共识。对国家知识资源服务联盟链的所有节点采取代币发行的奖励和分配机制，以调动所有知识服务成员单位的积极性和能动性。然后通过智能合约的研发和完善，启动自动响应机制，对符合条件和规则的知识资源交易快速促成。在应用层，条件成熟时，可采用可编程货币模式，研发和确定国家知识资源联盟链内部定义

---

① 国家知识资源服务中心官网，见 http：//www.ckrsc.com/home？VNK＝46049c30。

和认可的虚拟货币，以虚拟货币进行奖励和分配。

六、新闻出版大数据

国内现有的出版大数据案例主要有人民法院出版社的法信大数据、中国大地（地质）出版社自然资源知识服务大数据、重庆出版集团的文化教育大数据等。出版共同体经过多年实践，已经探寻出"数据采集、存储、标引、计算、建模、知识图谱、数据服务"的出版大数据建构路径。[①] 从网络层设计原理来看，区块链是典型的分布式大数据技术。

区块链技术在新闻出版大数据领域的应用创新点主要有：在数据存储方面，每个节点存储一份数据，高冗余存储、去中心化、高安全性和隐私性特点确保了数据安全，防止出现中心化的存储机构遭受网络攻击或物理损毁，进而出现数据泄露或丢失的情况；在数据标引方面，除了进行知识标引外，还可对数据进行时间标引，加盖时间戳，进而能够对数据进行溯源，为大数据建设开启了一个新的窗口；在数据鉴证方面，时间戳、共识机制可方便数据进行存在性证明和真实性证明；在数据计算方面，通过区块链全网节点发起广播，聚集全链条的计算资源，能够几何级地提高数据计算能力；在数据建模和知识图谱方面，时间标引、知识标引的"双重标引"可催生新的建模方法，产生出更加立体化、带有时间标识的知识图谱，进一步拓宽了新闻出版大数据的应用场景。

七、新闻出版智库建设

新闻出版智库作为近年来的热门出版业态，逐步形成了相对完善的"成员管理、成果推广、资金筹募、旋转门和评价等智库运行机制"[②]，出现了如融智库、i 智库、建设发展研究院等一系列新型智库，在产生出版思想、辅助政府决策、引领行业发展方面发挥了重要作用。

以融智库（联盟型智库）为例，区块链技术赋能新闻出版智库建设，

---

① 张新新：《新闻出版业大数据应用的思索与展望》，《科技与出版》2016 年第 1 期。
② 张新新：《新闻出版智库运行机制研究》，《科技与出版》2019 年第 10 期。

主要是围绕智库专家思想及其外化的论文、著作等数据展开。融智库作为前瞻科技型的高端智库，涵盖了政产学研各界 200 多名专家，智库专家每年整体产生的论文数量不低于 1000 篇，重大课题和科研著作数量也是相当可观。以联盟区块链的形式，推动融智库的发展和壮大，可着手以下步骤：首先，进行论文、著作、课题的区块数据建设，采用时间戳、非对称加密技术，赋予智库以公钥、赋予专家以私钥；其次，在链内全网进行广播，发起科研成果版权交易，得到验收和达成共识后，采用代币奖励和分配机制，激励"矿工"节点；最后，建立和完善智能合约机制，符合规定条件和程序的交易，自动化执行交易。新闻出版智库联盟链的研发和应用，将有助于共享学术成果，打破学术资源垄断，鼓励智库专家内部思想交流，以去中心化的方式，构建出一个更加开放、更加安全、更加公平的智库思想交流平台。

八、结语

区块链技术作为一项前瞻性、颠覆性的技术，以其去中心化、时序数据、广泛参与性、可靠性、可编程性的特点和优势，引起了社会各行各业的关注和思考。把握区块链"基础层、驱动层、应用层、标准层"的基础架构，掌握区块链的时间戳、非对称加密、分布式节点共识机制、基于共识算力的激励机制、高效灵活的智能合约等关键技术，就可预见到在具体行业的应用场景。"新闻+区块链""出版+区块链"的应用场景主要包括新闻溯源、版权保护、选题策划、编校印发、知识服务、新闻出版大数据和新闻出版智库建设等。

任何新技术的应用都有两面性，区块链也不例外，我们在探索区块链在新闻出版业应用场景的同时，也要看到区块链的安全问题（51%以上算力的篡改威胁）、效率问题（如每秒处理 7 笔订单的瓶颈）、资源问题（区块链竞赛引发的电力和算力资源浪费）等一系列问题，避免掉入技术的陷阱。展望区块链应用的未来，只有加快标准规范的制定修订和宣贯落实，才能推动区块链在新闻出版业的快速、健康、可持续和高质量发展。

第九章　智能机器人在知识服务领域的创新应用

如果说人工智能是一出好戏，那么智能机器人一定是明星人设，属于其中的重要角色，也是最令人期待的智能领域。2017年7月，国务院《新一代人工智能发展规划》（以下简称《规划》）正式发布，其中"机器人"作为高频词，共计出现了31次，作为人工智能领域的热门领域和亮点话题，吸引着社会各界的眼球，也成为各行各业研究和应用的重点。在新闻出版业，智能机器人已经在图书馆、新闻撰稿、智能仓储、智能教育等领域得到了较多应用，同时，越来越多的应用场景将不断涌现，继续赋能新闻出版，深入推动转型升级。

根据2019年12月发布的国家标准——《新闻出版—知识服务—知识资源建设与服务工作指南》（GB/T 38382—2019）的规定，新闻出版机构所开展的知识服务，是指围绕目标用户的知识需求，在各种显性和隐性知识资源中有针对性地提炼知识，通过提供信息、知识产品和解决方案，来解决用户问题的高级阶段的信息服务过程。新闻出版机构所开展的知识服务分为三层：第一层为信息服务，是指新闻出版机构为目标用户提供资讯、书讯、图书基本信息、数字产品信息等服务；第二层为知识产品，是指新闻出版机构根据目标用户的需求所提供的数字报刊库、数字图书馆、条目数据库和以知识体系为核心的知识库等产品；第三层为知识解决方案，是指新闻出版机构根据用户个性化、定制化的知识需求，为目标用户提供点对点、直供直联直销的知识化的问题解决方案。

智能机器人应用于新闻出版知识服务领域，在机器人实体、传感器、效应器和控制器层面都有着显著的特殊性，需要充分结合内容产业的优势和特点，重点致力于机器人语音知识库建设和交互功能改进两方面。新闻出版知识服务智能机器人的应用场景包括：智慧图书馆的智能管理机器人、礼仪机器人、智能盘点机器人等；智能新闻机器人以其报道客观、发稿高效等优势，已广泛应用于新闻领域；出版领域的智能机器人应用层面，智能仓储机器人、智能教育机器人和智能销售机器人风生水起，不断推动"出版+人工智能"新模式、新业态的涌现和升级。

第一节　知识服务与智能机器人

相对而言，知识服务和智能机器人各自的相关研究体系已经较为系统和成熟，成果丰富，但是针对智能机器人在知识服务领域的应用研究，目前来看只有少数专家学者对此进行了探索，有关定义或论断都仍待进一步探究和论证。

一、知识服务

关于知识服务，首先需明确其概念和特性。

关于知识服务的概念，本书前面已详细介绍，不做赘述。以更加宏观的视野来看，国外研究文献较多使用的是知识密集型服务业的概念。经济合作与发展组织（OECD）将知识密集型服务业分为七类：信息服务业、研发服务业、法律服务业、金融服务业、市场服务业、工程性服务业、管理咨询业。目前，得到企业界和学术界普遍认同的是 Miles 等的观点，Miles 等人认为知识密集型服务业是指那些显著依赖于专门领域的专业性知识，向社会和用户提供以知识为基础的中间产品或服务的公司和组织。国内有关知识服务的研究多立足于特定的服务领域，尤其集中在图书情报领域。对知识服务的概念界定具有代表性的是张晓林的观点，他认为知识服务是以信息知识的搜寻、组织、分析、重组的知识和能力为基础，根据用户的问题和环境，融入用户解决问题的过程中，提出能够有效支持知识应用和知识创新的服务。总而言之，知识服务是一个满足客户不同类型知识需求的服务，其过程是知识服务提供者凭借其具有的高度专业化的知识，在充分挖掘客户需求的基础上，结合组织内外搜集、整理的信息与知识，进行知识创新，并借助适当的方法和手段，在与客户交互的过程中，帮助客户获取知识、提高客户解决问题的能力，帮助客户理性决策，或者直接帮助客户解决问题。

知识服务自身也具有明显的特性。根据李霞等人的观点，知识服务具有高度专业化的知识特性，服务蕴含高附加值、个性化与定制化特色，服务过程具有不同程度的交互性以及广泛的知识网络特性。与此同时，有学者对知识服务模式也进行了专门的分类，例如根据知识服务提供过程中服务双方交互的程度由高到低，可以将知识服务模式划分为专职顾问服务模式、参考咨询服务模式和自助服务模式。以动力机制为标准，知识服务模式可分为政策驱动型知识服务、产品驱动型知识服务、信息驱动型知识服务、技术驱动型知识服务和智慧驱动型知识服务；推动五种知识服务模式发展的动力分别是政策引擎、产品引擎、信息引擎、技术引擎和智慧引擎（图9-1）。

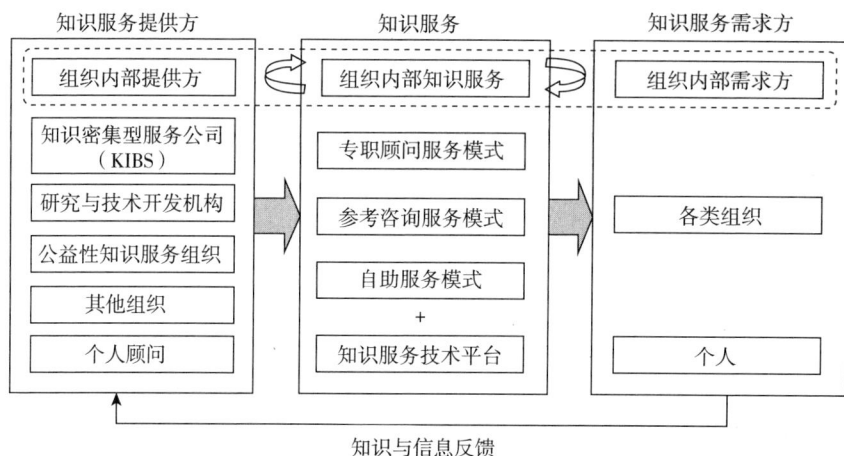

图9-1 知识服务模式划分①

① 姜占峰：《专业领域知识服务模式创新与实践思考》，《出版广角》2020年第14期。

　　除此之外，大数据时代的到来，对社会各个领域都产生深远影响，对于知识服务领域也不例外。有学者提出，在"大数据时代社会对知识服务的需求更加迫切和广泛"的同时，反过来"大数据时代也为知识服务提供了规模巨大丰富多样的知识资源"，尤其身处大数据时代，知识库建设都有长足进展，因此知识服务领域将拥有巨大的前景和市场，另外不可忽视的一点是，人工智能技术创新应用正呈现蓬勃趋势，智能机器人也必将会在知识服务的各个领域产生重要影响。

　　在大数据时代，知识服务开始出现创新发展趋势，"基于大数据的知识挖掘和服务是一项高科技活动，需要专门的数据挖掘技术才能实现知识的提取和服务"，同时鉴于大数据时代也是一个社交网络时代，"社会知识生产服务方式发生了根本变化，呈现信息和知识生产的大众化、社会化、协同化"。另外陈少华等学者也基本认同人工智能技术应用将会对新时代的知识服务产生重大影响的论断，明确指出"大数据时代知识服务的对象范围，已经从过去的社会人扩展到智能机器"，因而提出大数据时代的知识服务需要"加强知识库的建设与创新""建立集成化的知识服务系统和平台"。

二、人工智能与智能机器人

　　智能机器人目前正处于发展红利期。智能机器人作为人工智能领域的热门话题，成为学界和业界研究与应用的重点。

　　按照专家的研究，智能机器人的组成基本包括"本体或实体、传感器、效应器/执行器、控制器"等部分。控制器属于思考层，传感器对应着反应层，效应器/执行器属于执行层，这三层体系结构是目前最流行的机器人软硬件体系结构。

　　在现实中，智能机器人已经在工业制造、运输业、医疗卫生、服务业、危险环境、太空探测等领域得到了广泛应用。在新闻出版领域，智能机器人主要的应用场景包括智慧图书馆、机器人写作或播报新闻、智能化出版流程等。

　　在智慧图书馆领域，根据鲍劼等学者的研究成果，目前，高校图书馆应用的智能机器人，其功能设计基本包括"信息播报、语音互动、智能咨询、引导服务、屏显系统"等框架，功能实现依赖于"语音识别与合成""图书馆语音知识库""四元麦克风阵列技术"以及"基于语音识别的运动控制"等关键技术手段。

虽然目前来看，智能服务机器人还存在一些问题，需要今后的进一步探究与开发，例如：图书馆语音知识库的进一步完善、图书馆语音知识库的语义切分、机器人深度学习的能力、机器人行为控制等。在功能的后继开发方面，也可以从如何和读者信息库对接，通过机器人查询读者借还信息；如何利用好机器人，做阅读推广活动；如何利用机器人，进行图书管理等等角度继续设计和应用。

在新闻传播领域，近几年来，国内外财经新闻、体育新闻、地震警报等领域都在尝试机器人写作，人工智能进入新闻生产领域，不仅是信息科学领域的创新，还对新闻采编行业的未来发展产生深远影响。2017 年 8 月 8 日九寨沟地震发生后，中国地震台网官方微信平台推送了题为《四川阿坝州九寨沟县发生 7.0 级地震》的新闻稿，这篇稿件由国家地震台网研发的地震信息播报机器人完成，用时 25 秒，全文 585 个字，全球首发。机器人新闻（Robot Journalism），是基于特殊的计算机程序，收集、统计、分析而自动生成的新闻生产方式。根据辽宁广播电视台韩冰的研究，机器人新闻的具体生产步骤为："在挖掘和收集数据的基础上对数据进行分类并建模，计算机将数据与主旨搭配建立行文规则，由专业人员为程序提供各种适应不同场景的新闻模板，建构故事结构并选用新闻句式和词语，自动化的程序在此基础上生成新闻稿件并自动发布。"[①] 目前来看，机器人新闻已经对传统新闻传播业产生了深刻影响，人机协同革新了新闻采编流程，同时也有力地推动了融媒体快速发展。

在智能化出版领域，从人工智能的视角审视出版业，流程再造、流程重塑将会首当其冲，以大量的自动化、智能化系统取代人力资源的投入将会成为主要趋势。现有研究成果显示，以群体智能为理念先导、以知识体

---

① 韩冰：《机器人新闻：人工智能与新闻生产的邂逅》，《中国报业》2018 年第 18 期。

系构建为核心的出版流程再造将会在人工智能时代大放异彩。首先，"在选题创意环节，基于知识体系的查缺补漏进行策划、约稿，发挥'蓝海战略'的竞争优势"；其次，"在审校环节，按照知识点对章节、片段进行知识标引，将会实现纸书、电子书、知识库、音视频等多种产品的同步上线、协同生产"；第三，"协同编纂系统的充分使用，将会实现数字化校对业态的出现，将会推动内校、外校、作者校三位一体、协同开展"；第四，"基于知识标引的海量数据，通过知识计算、深度搜索和可视交互核心技术，实现对知识持续增量的自动获取，构建出动态、开源的出版业知识服务大数据，形成跨学科、跨领域、多种数据类型的跨媒体知识图谱"。① 通过人工智能加持，这种数字化生产流程能够同步支持纸质产品印制、数字图书上线和知识库的封装上市，从而大大提高新闻出版行业的生产效率，有效避免"先纸质书后数字化"的大量重复劳动和滞后工作。

在法律人工智能领域，法律人工智能是指人工智能技术在法律中的应用，其目标是充分提升法治效能。我国的智慧法院、智慧检务建设等国家重大工程，就是法律人工智能的落地应用。目前，法律人工智能的系统工程标杆是"上海刑事案件智能辅助办案系统"，其将公检法三机关的刑事业务在一个云平台内打通，部分实现了自动法律推理，大幅提升了工作实效和程序公正性。法律人工智能研发中的问题主要有理论建模和具体应用两大类，有学者将其总结为十大前沿问题："法律推理的形式模型""法律决策的计算模型""证据推理的计算模型""法律推理多主体建模""可执行立法检验建模""文本自动分类与总结""法律信息的自动提取""电子取证的机器学习""法律信息的检索系统"以及颇受关注的"法律机器人的研发"。法律机器人是一类面向客户的法律人工智能应用程序，用于自动执行具体法律任务，如文档自动化和计算机辅助法律检索。从智能搜索机器人、表单程式机器人到法律咨询机器人，法律机器人的用户界面多种多样。根据任务的不同，面向律师事务所客户的法律机器人解决方案往往

---

① 张新新：《人工智能引领新闻出版转型升级——2018年数字出版盘点》，《科技与出版》2019年第2期。

需要在律师监督下运行，而面向消费者和企业客户的法律机器人解决方案则通常不需要法律专业人士的直接监督。法律机器人不是用来取代诸如法官、律师等法律从业者的，它是人类智能之延伸，是法律人的得力助手，并不会替代法律人。

三、人工智能与知识服务创新

人工智能技术能够促进知识服务不断地创新发展。唐晓波等人对此有所研究，将人工智能时代知识服务的变化总结为以下几个方面。

首先是知识服务思维的转变。在传统的知识服务过程中，主要通过用户键入"服务需求"，从权威专家的经验总结中寻求答案。而人工智能技术的应用，将这种固化的思维方式进行了变革，目前来看，在用户提出相关服务需求之后，智能机器就会结合实际需求，并利用"强相关性"逻辑来进行计算，预测其未来的需求，运用的是"经验＋数据"的服务模式。因此，在人工智能时代，知识服务不仅要从用户需求方向进行挖掘，还要不断主动在强相关性中进行计算、延伸，提供预测性服务。

其次，知识服务主体更为多元化，由此前的文献、图书延伸至期刊、数据库、数字化图书等，并且得益于移动互联网的普及，搜索引擎、知识问答或共享社区、社交应用等新媒体应用形式的出现，人们获取知识的途径也变得更为多元化、多维度。

第三，知识服务更为智能化，也即人工智能能够使知识更为迅速、准确地满足用户需求。在计算机问答领域，科学家一般将问题分为7类：是什么、什么时候、什么地点、哪一个、是谁、为什么和怎么做。前五项属于事实类问答，计算机能够较好地进行匹配和回答，如在百度搜索框中检索"今天是什么节日"，它会自动显示答案"七夕节"，用户无须再在繁杂的词条中提取信息转换为知识，计算机可以直接提供知识服务。但是对于后两者"为什么"和"怎么做"的问题，计算机较难直接回答，需要用户在搜索结果中进行匹配和分析，找到自己想要的知识。现如今人工智能可以帮助解决这个问题，百度检索功能目前已经能够实现简单的"为什么"和"怎么做"的自动回答，通过搜索引擎提供的知识服务可直接为用户解惑，无须用户的思考，就像有一位专家坐在用户对面，直接回答用户的问题（图9-2）。

图9-2　百度检索功能自动回答框

随着智能机械的大量应用，为了适应机器人或者智能机械的数据接受和处理方式，知识表达很多是高度结构化、数据库化，甚至是数学化。过去是人需要增加和更新知识，现在不仅人需要新知识，智能机器也需要新知识。人工智能技术已经进入社会生产和社会管理领域，出现了工业机器人、家政机器人、新闻写作或播报机器人、法律咨询机器人等职能机器人。为了使这些机器人适应不同的工作场景和要求，尤其是应用于不同的知识服务场景和领域，开发者需要以合适的格式和方式向机器人提供知识，也即需要不断搭建和完善机器人的专业知识库。

目前来看，在新闻出版领域，尽管人工智能技术使得知识服务创新发展具有了极大的可能性和实现基础，但是智能机器人的应用正处于初步探索期，关键技术仍存有一定难度，机器人知识库构建难度较高，因而学界业界对此的专业研究数量也较少。如何在提高知识服务专业性与准确性的同时，发挥智能机器人的高效率、高人智与低能耗等优点，并结合人工智能、大数据、虚拟现实等前沿技术，将智能机器人广泛推广，应用于知识服务尤其是新闻出版等领域的知识服务，这一问题具有较高的研究价值和创新意义。

第二节　智能机器人发展概述

机器人技术作为 20 世纪人类最伟大的发明之一，自问世以来，历经六十多年的发展已经取得长足进步。如同其他诸多人工智能技术一样，机器人技术不是对未来的展望和遐想，而是已经发展了很多年并将继续发展，或许，在不久的将来，智能机器人将成为人类生活的一部分。

一、机器人

机器人是人工智能领域最令人们浮想联翩的，随着影视、文学的发展，其中关于智能机器人与人类未来走向描述得越多，就越让人们思考、关注和推动机器人产业的发展。

（一）机器人及其发展阶段

关于机器人的定义，各国协会、国际化组织以及中外专家学者均给出了不同的说法。

美国机器人工业协会给出的定义是：机器人是一种用于移动各种材料、零件、工具或专用装置，通过可编程动作来执行各种任务，并具有编程能力的多功能操作机。日本工业机器人协会给出的定义是：机器人是一种带有记忆装置和末端执行器的、能够通过自动化的动作而代替人类劳动的通用机器。国际标准化组织对机器人的定义是：机器人是一种能够通过编程和自动控制来执行诸如作业或移动等任务的机器。世界著名计算机教材精选系列——《人工智能：一种现代的方法（第 3 版）》的作者 Stuart J. Russell、Peter Norvig 指出："机器人是一种物理 Agent，通过对物质世界进行操作来执行任务。"我国有学者对机器人的定义是："机器人是一种自动化的机器，所不同的是这种机器具备一些与人或生物相似的智能能力，如感知能力、规划能力、动作能力和协同能力，是一种具有高度灵活性的自动化机器。"科普中国的科学百科指出：机器人（robot）是一种能够半自主或全自主工作的智能机器。①

早期的机械机器人，是斯特拉斯堡公鸡，造于 1574 年，服务到 1789 年。每天中午，它张开喙，伸出舌头，拍打翅膀，展开羽毛，抬起头并啼鸣 3 次。接下来是 18 世纪中期雅克·德·沃康森所发明的各种"人造人"和"人造动物"，其中最为著名的是 1738 年的"机械鸭"，可吃喝、排泄、发出"嘎嘎"声和在水中玩耍。1770~1773 年间，皮埃尔父子和亨利-路易·贾克德-罗夫设计并展示了 3 位惊人的自动人偶——众所周知的抄写员、绘图员和音乐家（通过复杂的凸轮阵列的发条运行），可书写文本、绘画战舰和演奏风琴。1912 年国际象棋机器被发明，通过一套明确的规则，在基础残局中博弈（王和车对抗王），无论起始棋局如何，均可在有限的移动步骤内将死。这是第一台能处理信息、基于信息决策的机器。

关于机器人的发展阶段，公认的看法是 20 世纪中后期，机器人的发展经历了从低到高的几个阶段：

第一代：程序控制机器人——工业机器人的鼻祖。程序控制机器人，又称为可编程示教再现型机器人，其特征是机器人能够按照事先教给它们的程序进行重复工作。1959 年美国人英格伯格和德沃尔制造的世界上第一台工业机器人就属于示教再现型，即人手把着机械手，把应当完成的任务做一遍，或者人用示教控制盒发出指令，让机器人的机械手臂运动，一步步完成它应当完成的各种动作。不足之处在于它只能刻板地完成程序规定的动作，不能适应变化了的情况，一旦环境情况略有变化（如装配线上的物品略有倾斜），就会出现问题。更糟糕的是它会对现场的人员造成危害，它没有感觉功能，有时会出现机器人伤人的情况。日本就曾经出现机器人把现场的一个工人抓起来塞到刀具下面的情况。

第二代：自适应机器人（20 世纪 70 年代）。主要标志是自身配备有相应的感觉传感器，如视觉传感器、触觉传感器、听觉传感器等，并用计算

---

① 百度百科，机器人词条。

机对其进行控制。自适应机器人是具有一定的感觉功能和自适能力的离线编程机器人，其特征是可以根据作业对象的状况改变作业内容，即所谓的"知觉判断机器人"。这种机器人通过传感器获取作业环境、操作对象的简单信息，然后由计算机对获得的信息进行分析、处理，控制机器人的动作。由于它能随着环境的变化而改变自己的行为，故称为自适应机器人。它具备初级的"智能"，但是尚未达到自主、自治的水平。

第三代：智能机器人（20世纪80年代中期以后）。这种机器人具有感知环境的能力，配备有视觉、听觉、触觉、嗅觉等感觉器官，能从外部环境中获取有关信息，将多种传感器得到的信息进行融合，能够有效地适应变化的环境，具有很强的自适应能力、学习能力和自治功能。即它具有思维能力，具有类似于人的智能，能对感知到的信息进行处理，以控制自己的行为，具有作用于环境的行为能力，能通过传动机构使自己的"手""脚"等肢体行动起来，正确、灵巧地执行思维机构下达的命令。"智能机器人的研究在计算机技术、机器人技术和人工智能理论的推动下发展迅速，逐渐成为机器人技术的研究热点和主导方向。"

（二）机器人的多维分类

根据不同的分类标准，可以将机器人划分为不同的类型。

按照机器人的发展阶段不同，如上所述，可分为程序控制机器人、自适应机器人和智能机器人。

按照应用环境的不同，可分为工业机器人和特种机器人。工业机器人是指面向工业领域的多关节机械手或多自由度的机器人。世界第一台工业机器人，是由"机器人之父"约瑟夫·恩格尔伯格于1959年发明的，自此，工业机器人广泛应用于制造业。工业机器人能自动执行工作，是靠自身动力和控制能力来实现各种功能的一种机器。特种机器人则是除工业机器人之外的、用于非制造业并服务于人类的各种先进机器人，包括：服务机器人、水下机器人、娱乐机器人、军用机器人、农业机器人、机器人化机器等。特种机器人往往属于非制造环境下的机器人，分支发展很快，渐成独立体系。特种机器人经常被应用在特殊条件、特殊环境中，例如《规划》所提及的海洋机器人、空间机器人、极地机器人等，再如NASA火星探测机器人军团的勇气号、机遇号、好奇号机器人等。

按照是否能够移动来看，现在的大部分机器人可以分为：操纵器（manipulators）、移动机器人（mobile robot）、移动操纵器（mobile manipulator）。操纵器（manipulators），又称为机械手/机器人手臂，物理上固定在特定的工作场所，其运动包含完整的可控关节链，最常见的是工业机器人。移动机器人（mobile robot），利用轮子、腿或其他类似机械装置在工作环境中来回移动，如无人陆地车辆、行星漫步者、无人飞行器、自主水下车辆等。移动操纵器（mobile manipulator），包括模仿人的躯干设计的人形机器人、人造肢体器官、智能环境（配置传感器、效应器的整体房屋）等。

按照控制方式不同，可作如下分类：

1. 操作型机器人：能自动控制，可重复编程，多功能，有几个自由度，可固定或运动，用于相关自动化系统中。

2. 程控型机器人：按事先设定的顺序、条件、步骤等程序，依次控制机器人的机械动作。在机械制造中，用于完成重复、单调的作业（如机床上下料等），包括固定程控机器人和可变程控机器人。

3. 示教再现型机器人：通过引导或其他方式，先教会机器人动作，输入工作程序，机器人则自动重复进行作业。

4. 数控型机器人：不必使机器人动作，通过数值、语言等对机器人进行示教，机器人根据示教后的信息进行作业。数控机器人属于第一代机器人，操作人员不是手动示教，而是通过编程来执行指定任务，主要以专用或通用计算机来控制机械设备，使之进行自动化操作，生产出合格的产品。其优点在于降低机器人的成本，提高作业精度，省去人工示教的麻烦。

5. 感觉控制型机器人：利用传感器获取的信息控制机器人的动作。

6. 适应控制型机器人：机器人能适应环境的变化，控制其自身的行动。

7. 学习控制型机器人：机器人能"体会"工作的经验，具有一定的学习功能，并将所"学"的经验用于工作中。

8. 智能机器人：以人工智能决定其行动的机器人。

国务院发布的《新一代人工智能发展规划》则将机器人分为工业机器人、服务机器人和特种机器人，此外还出现了细分领域的云机器人、手术机器人等相关表述。根据《中国机器人产业发展报告（2018）》的预测，2018 年我国机器人市场规模将达 87.4 亿美元。其中，工业机器人 62.3 亿美元、服务机器人 18.4 亿美元、特种机器人 6.7 亿美元。2013 年到 2018 年，我国机器人市场的平均增长率将达 29.7%。

值得一提的是，2016 年，原国土资源部提出"三深一土"（深地探测、深海探测、深空对地观测、土地科技创新）国土资源科技创新战略，而《规划》中所列出的海洋机器人、空间机器人、极地机器人等特种机器人与国土资源科技创新战略具有较高的吻合度和适配度。鉴于此，为更好地提供国土资源知识服务，落实科技赋能出版战略，中国大地出版社于 2018 年初启动了智能教育机器人研发工作，并在 2018 年 6 月的第二届中国新闻出版智库高峰论坛上，对第一款智能教育机器人"小悠"进行了路演和发布。

（三）电影与文学中的机器人

1920 年，捷克作家卡雷尔·凯佩克（Karel Capek）发表了科幻剧本《Rossum's Universal Robots》（罗萨姆的万能机器人）。在剧本中，凯佩克把捷克语"Robota"写成了"Robot"，"Robota"是奴隶的意思。该剧预告了机器人的发展对人类社会的悲剧性影响，引起了人们的广泛关注，被当成了"机器人"一词的起源。

科幻巨匠艾萨克·阿西莫夫在 1950 年发表的作品 Runaround（《转圈圈》，《我，机械人》中的一个短篇）中第一次明确提出"机器人三定律"（Three Laws of Robots），并且成为他的很多小说，包含基地系列小说中机器人的行为准则和故事发展的线索。

1. 机器人不得伤害人类，不得看到人类受到伤害而袖手旁观。

2. 机器人必须服从人类给予的命令，除非何种命令与第一定律相冲突。

3. 只要与第一或第二定律没有冲突，机器人就必须保护自己的生存。

机器人三定律成为此后数十年内包括《禁止星球》《星球大战》三部曲等电影都参考和借鉴的逻辑线索。机器人三定律，是涉及机器人是否具备人格、机器人与人类的关系的深刻论断。随着 2017 年 10 月在沙特阿拉伯未来创投展览会上苏菲亚（Sophia）成为地球上第一个被授予公民身份的机器人，关于机器人与人类的关系、人工智能与人类的关系所引发的思考被推向了一个新的高潮。

二、智能机器人

2020 年，我国《民法典》正式颁布。民法的基本原则之一就是意思自治：自己意志、自己行为、自己责任，自己获取和调研信息，分析研究，然后作出行为，最终承担相应的民事法律后果。自然人意思自治原则的精神，与智能机器人的感知、思考、运动几个要素是不谋而合的。

而关于智能机器人，目前在世界范围内尚没有一个权威的定义。在 2017 年 7 月国务院印发的《新一代人工智能发展规划》中，智能机器人被作为人工智能的新兴产业予以大力发展。《规划》指出："攻克智能机器人核心零部件、专用传感器，完善智能机器人硬件接口标准、软件接口协议标准以及安全使用标准。研制智能工业机器人、智能服务机器人，实现大规模应用并进入国际市场。研制和推广空间机器人、海洋机器人、极地机器人等特种智能机器人。建立智能机器人标准体系和安全规则。"[1]

（一）智能机器人的概念与特征

通过分析智能机器人的特征和发展阶段可以归纳出，智能机器人，是指能够进行自主感知、决策、执行和控制的机器人。

智能机器人区别于一般机器人，主要体现在以下三个要素：首先是感知要素，通过各种传感器，感觉和认知周围环境状态；其次是运动要素，通过效应器，用于实现机器人对外界做出特定的反应性动作；第三是思考要素，智能机器人的智能化程度更高，能够根据感知信息，自主产生目标

---

[1] 《新一代人工智能发展规划》，2017 年 7 月 8 日，见 http：//www. gov. cn/zhengce/content/2017-07/20/content_ 5211996. htm。

并规划实现目标的具体方案和步骤。

（二）智能机器人的分类

关于智能机器人的分类，按照智能化程度分类，可以分为传感型机器人（外部受控机器人）、交互型机器人以及自主型机器人。传感型智能机器人，又称外部受控机器人。机器人的本体上没有智能单元，只有执行机构和感应机构，智能处理单元在外部计算机上；它具有利用传感信息（包括视觉、听觉、触觉、接近觉、力觉和红外、超声及激光等）进行传感信息处理，实现控制与操作的能力。交互型机器人通过计算机系统与操作员或程序员进行人—机对话，实现对机器人的控制与操作。虽然具有了部分处理和决策功能，能够独立地实现一些诸如轨迹规划、简单的避障等功能，但是还要受到外部的控制。自主型机器人，在设计制作之后，机器人无须人的干预，能够在各种环境下自动完成各项拟人任务。自主型机器人的本体上具有感知、处理、决策、执行等模块，可以像一个自主的人一样独立地活动和处理问题。

根据国务院《新一代人工智能发展规划》，可分为：智能工业机器人，即能够自主进行感知、决策、执行和控制的工业机器人。随着智能化时代的到来，越来越多的 3D 视觉、力传感器将加持工业机器人，工业机器人借助人工智能的技术赋能，将向着人机协作、自主化、智能化、信息化和网络化的方向发展和演进。

智能服务机器人，是指能够自主进行感知、决策、执行和控制的服务机器人。《国家中长期科学和技术发展规划纲要（2006—2020 年）》中将智能服务机器人定义为"在非结构环境下为人类提供必要服务的多种高技术集成的智能化装备"。智能服务机器人的应用范围广泛，包括专业服务机器人和家用服务机器人：专业服务机器人可分为无人系统、仿生机器人、农业机器人、医疗机器人以及其他特殊用途机器人等；家用服务机器人可分为扫地机器人、户外清洗机器人、家政服务机器人、助老助残机器人、教育娱乐机器人等。

特种智能机器人，是指应用于专业领域，一般由经过专门培训的人员操作或使用的，辅助或代替人执行任务的智能机器人。根据特种机器人使用的空间（陆域、水域、空中、太空），可将特种机器人分为：地面机器人、地下机器人、水面机器人、水下机器人、空中机器人、空间机器人和其他机器人。《新一代人工智能发展规划》就旗帜鲜明地指出，我国要"研制和推广空间机器人、海洋机器人、极地机器人等特种智能机器人"。

第三节　智能机器人在知识服务领域的应用

在《新闻出版—知识服务—知识资源建设与服务工作指南》（GB/T 38382—2019）国家标准最后一条指出："智能知识服务以人工智能技术为依托，借助大数据开展知识体系构建、知识计算、知识图谱构建，开展机器撰稿、新闻推荐、智能选题策划、智能审校、智能印刷、智能发行、智能机器人等服务方式。"[①] 由此看来，智能机器人技术在新闻出版知识服务领域的创新性应用已被前瞻性地写入国家标准。

智能机器人应用于知识服务，关键在于明晰两点：其一，智能机器人的技术原理是什么？这是找寻智能机器人和新闻出版知识服务有机融合的前提和基础。其二，智能机器人技术原理如何与新闻出版产业链相结合？这是解决智能机器人在新闻出版知识服务领域的应用场景的问题，是智能机器人与知识服务紧密结合的落地之举、实践之要。

一、应用原理分析

智能机器人的主要组成部分包括：（1）本体：有物理实体的身体，存在于真实的物理世界并进行工作；（2）传感器，能够对身边环境进行感知和认识；（3）效应器和执行器，凭此采取行动；（4）控制器，机器人自治的关键。

控制器，属于思考层；传感器对应着反应层；效应器/执行器属于执行层。思考层、反应层、执行层，这三层体系结构是目前最流行的机器人

---

① 中国标准在线服务网：《新闻出版—知识服务—知识资源建设与服务工作指南》。

软硬件体系结构。新闻出版业属于内容产业，智能机器人与新闻出版知识服务相结合，在上述三层体系结构方面有显著的特殊性。

机器人的本体，也称机身，是指在各种驱动、传动装置及控制系统的协同配合下，在确定空间范围内运动的实体机械。本体，是机器人的物质身体，表明机器人要占用一定的物理空间、需要能量去执行思考和感应功能，意味着机器人可能产生自我的感觉。机器人的本体的表现形式，可以是机械手、机械臂，也可以是拟人、拟物的。早期的机械机器人，如斯特拉斯堡公鸡、沃康森鸭子等属于"拟物"的形态；而近期以来越来越多的人形机器人出现在我们的生活之中，"拟人"的本体也不断涌现，如第一个机器人公民——苏菲亚、石黑浩发明的机器人艾丽卡。人形机器人，又称仿生人，是一种旨在模仿人类外观和行为的机器人，尤其特指具有和人类相似肌体的种类。人形机器人常见于科幻小说、影视作品中。但是，2018年4月，外形酷似真人的美女机器人——艾丽卡，成功担任日本某电视台的新闻主播，并出席综艺节目，一时引起社会各界热议；这也同时意味着，人形机器人开始融入人类社会了。

（一）传感器

传感器，是指机器人感知环境、用来获得外界环境整体信息的系统。传感器是动物身体眼睛、耳朵、鼻子、舌头以及各种器官的机器版本。传感器主要由视觉传感器、触觉传感器、听觉传感器、方位传感器和本体感受传感器等组成，主要功能是对文字、图像、实景等进行识别。传感器的感知功能，主要分为三类：一是对环境的感知，如早期机器人配置的声呐传感器，后来的陆地机器人配置的光学测距仪、触觉传感器等；二是对位置的感知，即方位传感器，全球定位系统 GPS（Global Positioning System）是解决定位问题最常用的方案；三是对机器人本体感受传感器，使机器人知道自身的动作，如轴解码器用以测量统计机器人关节的准确状况、惯性传感器用以减少质量对速度变化抵抗导致的不确定性。传感器的感知功能还有一种二分法：对内部感知和外部感知，前者是机器人感知到自身的状态；后者是机器人感知到的外在世界。

在听觉传感方面，要用到语音识别，尤其是早教型机器人或幼教型机器人，对于青少年、儿童的语音识别和判断显得特别重要。面世的教育机器人，用户反馈的缺点之一就是对语音识别的精准度、反应度有待进一步提升。这也意味着教育机器人需要在语音传感方面持之以恒地加以改进。在视觉传感方面，目前已有智能教育机器人采用图像识别技术，通过识别用户的面部特征来实现机器人的启动和发动。在方位传感方面，需要运用定位系统，实现机器人与用户之间的行为互动，按照用户的指令前进或者后退，遇到障碍则避开或停止。

（二）效应器

效应器和执行器，是指机器人实现动作、移动和改变身体形状的手段，主要包括：运动系统（机器人的腿，行动至目的地）和操作系统（机器人的手臂，对物体进行处理）。效应器是腿、鳍、翅膀或动物身体上运动起来的部位的最佳替代品。凭借效应器，机器人可在物理世界做具体的事情。"效应器主要完成两件事情，即运动和操作，这也构成了机器人学两个主要的研究子领域——运动机器人，着眼研究机器人的运动，包括地面移动、空中和水下运动；操作机器人，主要研究各种类型的机械臂。"效应器的基本机制，如肌肉和电机，被称为执行器，可帮助机器人完成具体的工作。常见的执行器类型，包括电机、液压系统、气动系统、光化学反应材料、化学反应材料等。

在效应器方面，新闻出版行业研发的机器人，无论是图书馆领域还是智能教育、智能阅读领域，更多是侧重内容层面，强调优质内容的建设与输出，以便为目标用户提供更加个性化、定制化、高品位的内容服务。因而，对效应器的要求不会太高，一般不需要用到基座、腰部、臂部、腕部、手部等复杂的运动装置，而是采用齿轮/履带加以代替。

（三）控制器

控制器，是机器人的大脑，是指控制机器人自主行为、自主意识的硬件或软件。控制器也是机器人的核心部分，是影响机器人性能的关键要素。通过控制器的软硬件，机器人可以对传感器输入的信息、存储器的内容作出反应，决定采取的行动，然后控制效应器去实现该动作。控制器主要解决机器人自主的问题，赋予机器人拥有独立意识并按照自己意愿行动的能力。新闻出版业所研发的机器人，在控制器部分需要用到机器人语音知识库和深度学习技术。

机器人语音知识库主要负责离线知识服务，这与目前各专业出版社所建的专业知识库将会紧密衔接，比如地质出版社正在研发自然资源科普机器人、注重校园安全的一路领先教育公司拟研发安全科普机器人、政法类出版社正在研发普法机器人等。这些普及型、服务型机器人在离线知识服务方面需要依赖自身强大的专业数字资源知识库。未来的机器人知识库运营需要改进的方向有：知识点的细化、优化和新知识点的发现。

人机交互则是新闻出版业机器人所关注的另一个重点，这需要用到机器学习技术，尤其是深度学习。智能教育/智能阅读机器人，要实现与用户的友好交流，需要以深度学习技术为支撑，不断加强图像、语音、语料方面的训练，进而不断提高人机交互的水平和效率。在实践中，通过不断提高图像交互技术，已经有机器人将 AR 图书识别呈现与机器人的面部平板相结合，使之具备 AR 输出展示功能。

二、应用场景设想

在现实中，智能机器人已经在工业制造、运输业、医疗卫生、服务业、危险环境、太空探测等领域得到了广泛的应用，发挥了更加积极、卓有成效的作用。而在新闻出版知识服务领域，智能机器人主要的应用场景包括：图书馆应用、新闻业应用和出版业应用。

（一）图书馆+智能机器人

作为智慧型图书馆建设的重要组成部分，智能机器人在图书馆服务领域得到了广泛应用：清华大学图书馆、南京大学图书馆、中国矿业大学图书馆等多家图书馆已经研发和应用了智能盘点、管理、咨询等机器人，取得了一定的实践成效。

智能管理机器人，主要负责提供图书馆日常服务功能，主要包括智能图书借还、占座管理和预约研讨间等。例如清华大学的自动还书车、中国矿业大学的智能服务机器人等。

礼仪机器人/咨询机器人，如上海交通大学图书馆的"小交"机器人、清华大学图书馆的"小图"机器人、深圳图书馆的"小图丁"机器人，主要负责解答图书馆内的馆藏资源、使用规则、管理规定等问题。

智能盘点机器人，主要实现对图书馆内的图书资源进行统计、分析和盘点。智能盘点机器人功能设计要考虑三个方面：针对机器人自检模式、图书馆内馆藏资源的拓扑、机器人在馆内的路线设定以及相关识别技术的运用。智能盘点机器人所用的识别技术，有条形码技术、RFID 技术，后者的效率、准确率更高一些。2017 年 5 月，南京大学图书馆的智能盘点机器人已经升级为第三代，未来将向着更加动态、实时、高效盘点的方向迈进。2018 年 9 月底，"China 2018 中国国际教育装备（上海）博览会"在上海拉开序幕。会上，上海鱼越号智能科技公司自主研发的智能盘点机器人，引起教育专业人士和图书馆界的关注和青睐。其研发的超高频 RFID 机器人能做到每小时盘点 32000 本图书，高出其他设备 3 倍，是手工盘点速度的 30—40 倍，能够真正做到解放图书馆员盘点的双手。

智能机器人在智慧图书馆建设中存在的问题主要包括：其一，整体处于探索阶段，产业化应用不够。目前在国内图书馆中应用智能机器人进行管理、咨询、导读和盘点的情况并不多见，大部分处于尝试阶段，离最终的市场化推广和产业化应用还有较大差距。其二，综合性功能欠缺，大部分需要人机协作。这在智能盘点机器人领域体现得尤其明显。到目前为止，还没有哪家图书馆可以放手让机器人大显身手，给予充分的信任，反而都是把智能盘点机器人作为人工盘点的必要补充；或者是在机器人盘点的基础上，通过检查、核对等作为人工工作的修正和协同。其三，智能机器人知识服务尚需研究和拓展。如何把智能机器人的交互式功能与图书馆的数字资源标引、用户精准画像、个性化推荐、知识计算与大数据统计分析等智能知识服务功能相结合，这是时代提出的命题，也是未来智慧图书馆建设步入深水区的必经之路。

（二）新闻+智能机器人

智能机器人在新闻业的应用主要是在新闻生产环节，由人工智能软件完成新闻资讯的撰写和发布。新闻机器人广为国内媒体所知晓，是在 2017 年 8 月 8 日，一则"四川九寨沟地震，中国地震网机器人写稿，用时 25 秒"的消息迅速抢占各大媒体头条，引起社会广泛议论，甚至出现了对"记者"是否会被机器人所取代的研究和讨论。2018 年 11 月 7 日，在乌镇的世界互联网大会上，搜狗以新华社 2 位主持人为原型，和新华社合作开发了全球第一个"AI 合成主播"，并在大会上隆重推出。运用最新人工智能技术，"克隆"出与真人主播拥有同样播报能力的"分身"。"AI 合成主播"通过提取真人主播新闻播报视频中的声音、唇形、表情动作等特征，运用语音、唇形、表情合成以及深度学习等技术联合建模训练而成；将所输入的中英文文本自动生成相应内容的播报视频，并确保视频中音频和表情、唇动保持自然一致，展现与真人主播无异的信息传达效果。2020 年 5 月两会期间，由百度智能云和央视网在两会期间联合打造的全国首个集智能对话、语音交互、社交分享于一体的时事 AI 产品——"小智"主持的两会"智"通车正式亮相，这是新闻领域的虚拟机器人应用的又一示范性案例。

国外的机器人撰稿出现得更早：早在 2009 年，应用于新闻的人工智能软件 Stats Monkey 完成了美国职业棒球大联盟季后赛第一篇机器人稿件的撰写；2014 年 3 月 17 日清晨，《洛杉矶时报》采用机器人撰稿的方式发布了洛杉矶地震报道；2013 年，"作家"人工智能技术平台 Wordsmith，自动撰写的新闻稿件数量达到 3 亿篇，超过了美国所有主要新闻机构的稿件产出数量；2014 年，该软件已撰写出超过 10 亿篇的新闻稿。

目前国内外有代表性的新闻机器人包括：国外有美联社的 Word smith、华盛顿邮报的 Heliograf 以及纽约时报的 Blossom 等。国内则有新华社的快笔小新、腾讯的 Dreamwriter（梦幻写手）、第一财经的 DT 稿王、今日头条的"张小明"等。

智能机器人应用于新闻业，其优势在于：背后有大数据语料库做支撑，报道更加客观、发稿速度更快、出错量降低，能够有效减少人力资源投入，逐步淘汰知识附加值低、简单事实报道类的新闻资讯，推动记者向着深度新闻报道的方向转型。其不足在于：所撰写的新闻深度不够、感情温度不够、理论厚度不够，缺乏亮点和重点，仅仅局限于简单的天气预报、地震播报。"任何新闻媒体及其生产的新闻都毫无例外地拥有或凝聚着自己的世界观、价值观和人生观。"然而，新闻机器人则不能完成议题设置，无法体现撰写者的世界观、人生观、价值观和新闻立场，仅仅是对客观事实的描述和发布。

未来的新闻机器人发展，可以遐想：在优化客观性新闻报道的同时，通过大量的机器学习和语料训练，能够站在主流价值观、弘扬正能量、传播主旋律的立场，撰写出符合时代内涵、符合社会主流价值观的深度评论和报道，在坚守舆论阵地、增强网络空间话语权方面成为一支生力军。

（三）出版+智能机器人

智能机器人应用于出版行业，能够渗透到编辑、校对、印制、发行、销售等各个环节。尽管在编辑、校对等环节尚未出现特别典型的机器人应用案例，但智能仓储机器人、智能阅读机器人、智能教育机器人、书店礼仪机器人则早已实现了产业化应用。

1. 智能仓储机器人

智能仓储机器人，以人工智能算法的软件系统为核心，以数据挖掘、深度学习、人机协作、节拍控制、资源控制等技术为支撑，由移动机器人、机器人集群、移动货架、补货、拣货工作站等硬件系统组成，实现图书的上架下架、订单识别、品种拣选、补货退货、智能盘点等流程的完整订单智能履行系统。

尽管我国是世界首屈一指的人力资源大国，但是随着人口老龄化趋势加重，我国的人口红利正在逐步减少。诸多需要大量人力资源投入的产业，尤其是知识密集度低、科技含量低、劳动密集型的领域，都需要考虑交由机器人加以替代和填充。智能仓储机器人就是典型的案例。

就库房和仓储而言，早在 2012 年亚马逊就收购了一家名为 Kiva 的机器人公司，根据 2015 年第三季度的统计数据，亚马逊在 13 个仓储中心使用着超过 3 万个 Kiva 机器人。2014 年，笔者参观考察英国 Bookpoint 公司的库房，发现偌大的库房，人类库管员却没几个，整个图书订单的识别、图书挑选、装配、打包和快递，均由一条智能化的机器流水线所承担，极大地提高了库管、发运的效率，有效降低了人力资源的投入。

未来我国的出版业，在物流和仓储领域，智能机器人将会大量使用：在库房中，大量的人力资源得以节约，琐碎、繁重的图书拣选、配置、包装等工作将由智能机器人和智能装配系统加以替代；在物流方面，智能扫码、智能识别和无人机配送等系统也将加速应用，以提高仓储效率，提升配速速度。

2. 智能教育机器人

就教育出版而言，智能教育机器人将会成为未来发展的一道亮丽风景线。智能教育机器人是厂家研发的以培养综合能力、激发学习兴趣为目标的机器人系统，包括智能机器人本体、控制软件和教材课本等。智能教育机器人将以教育大数据知识库作为数据池，建立健全学习者个人的信息资料数据库，以语音识别来调取相关资料，以人脸识别来推送精准服务，进而实现与学习者的交流互动。这种交互式、智能式的教育将是未来智能教育的重要发展方向。

国内外的智能教育机器人，已经是屡见不鲜，较为知名的包括：丹麦的乐高机器人（LEGO）、德国的慧鱼（FISCHER）、韩国的 ROBOROBO、美国的 RB5X 机器人；国内主要有能力风暴机器人、小帅机器人、智伴机器人，由出版社主导研发的包括北方妇女儿童出版社基于纸质+数字+音频+机器人的创新教育理念所打造的人工智能教育机器人、地质出版社的"小悠"机器人、北京师范大学出版社主导研发的"小胖"机器人等。

从教育机器人服务的对象来看，有幼儿园学生、小学生和初中、高中学生。从功能设定来看，主要包含：（1）代替老师与学生进行互动的机器人——可进行自动化答疑与辅导等，例如市场上的 Keeko 教育机器人；（2）智能测评机器人——进行阅卷，批改作业，口语测评等，例如科大讯飞的"讯飞教育超脑"；（3）协助家长进行早教、陪伴青少年成长的机器人——例如小帅机器人，具备智能教育、成长陪伴和私人管家三种功能。

目前市面上的教育机器人存在的主要问题有：（1）机器人教材编审质量不高，缺乏权威泰斗担纲主编、影响力巨大的机器人教材。目前应用于机器人的教材内容，主要是在通用技术课程、人工智能课程之中，还没有在国家级教材层面出现智能机器人的面孔。（2）机器人语音知识库单一，局限于机械制造、机器人自身领域，没有向其他各学科知识跨界融合；例如，缺少科普、艺术、天文、地理等各专业方向的知识库。这方面，恰恰是作为文化企业的出版机构，已经率先实现了资源的数字化和数据化，奠定了机器人语音知识库的基础。（3）交互能力较弱，技术功底较差。目前许多机器人，可称之为"伪机器人"，都是之前"故事机""点读笔"的翻版，在原有的故事机、点读笔的基础上，做成人形的形状，摇身一变，变为机器人。智能教育机器人的技术核心，是在交互方面取得突破，要实现人和机器的语音交互、图像交互，这也是其"智能"的最重要体现。这种交互，一方面通过调取机器人内部的知识库，实现自动问答；另一方面可以通过网络在线，调取云服务器的资源，实现机器和人之间的互动。

智能教育机器人的未来发展方向如下：其一，行业标准亟须建立，尤其是智能机器人的内容标准、语音知识库建设规范、交互性能技术标准等；其二，内容优势需要挖掘和强化，由出版业主导研发的智能教育机器人，重心应放在内容的专业性、权威性和规范性方面，这样方可为消费者提供高质量、个性化、精细化的知识服务；其三，政府应多出台鼓励、扶持和推动智能教育机器人的政策和资金，深入推动新闻出版企业数字化转型升级，继续发挥技术赋能出版、科技推进融合的价值。

3. 知识服务机器人

我国的专业出版机构，往往经历了数十年的发展，积累了大量特定领域的知识资源，可以覆盖一个专业、行业、领域的最权威的知识信息。作为服务机器人的一个分支，知识服务机器人正在日益走向市场，在国民经济和社会发展中起着越来越重要的作用。有学者提出了知识型机器人和非知识型机器人的概念："非知识型机器人是面向工业领域的机械臂或多自由度的机器人，而知识服务型智能机器人是以大量的'知识数据库'作为基础，根据不同外界环境，自主做出判断和反应，及时处理和解决问题。"笔者以为，知识服务机器人是以知识库作为内核、提供知识服务的智能服务机器人。

国内知识服务机器人已经开始崭露头角：龙泉寺的"贤二"机器僧，

是宗教界的首创，集语音交互、视觉感知和机器学习功能于一身，开设微信公众号，入职凤凰新闻客户端，担任首席智慧官，提供佛学知识服务，被誉为佛教界 Siri。科大讯飞的庭审机器人、京东首款 AI 法律机器人"法咚咚"、2019 年重庆智博会亮相的法律机器人"大牛"、2020 年 6 月浙大城市学院的法律服务智能机器人"小蓝"等众多"法律+AI"方面的智能机器人纷纷问世。这些"法律+AI"机器人大多以海量的法律知识库作为后台支撑，能够支持语音识别、智能问答、智能检索、自主学习等功能，在与人类律师的法律知识竞赛之中，甚至可以完胜人类律师。中国大地出版社、地质出版社研发的"小悠"机器人将于 2020 年 8 月正式面世，其最大的特点在于将自然资源科普知识库内置在机器人的控制系统，进而能够提供专业的自然资源科普知识服务。

目前，知识服务机器人存在的问题主要有：其一，整体层面分析，诸多知识服务机器人项目处于概念阶段或曰初级阶段，"噱头""作秀"的成分远远大于实际功能，离真正的市场化、产业化还有一段不小的距离；其二，产业层面分析，产业融合成分偏低，自说自话的特点较为突出：无论是法律机器人、科普机器人，还是其他专业知识服务的机器人，大多是技术驱动研发，而内容资源的优势并没有真正发挥，机器人提供知识服务的专业性、权威性、全面性还有待进一步提升；其三，微观层面分析，机器人控制器部分，包括语音识别、语音知识库、专业数据库等核心软件系统的功能还不够强大，不足以支撑分类、精准、协同、个性化知识服务的提供。

知识服务机器人未来的发展，可从以下几个方面着力：在传感器方面，声音传感、视觉传感、位置传感要更加精准，以适应用户解决精准化的知识问题，尤其是面对低幼年龄用户时。如，当一个牙牙学语的孩子使用机器人进行交互时，其不标准的发音、表达要能够为机器人所接受和理解，继而提供符合正常语境所提问题的解决方案。在控制器方面：首先，要进行专业领域的知识元研发、知识体系建设、百科知识库的研制，为机器人语音知识库、检索后台提供内容支撑。其次，语音知识库的建设，要遵循"本体+外部""线上+线下"的路径，一方面在机器人本体植入含有专业领域语音知识库的芯片，以提高语音检索和匹配的精准度和高效率；另一方面，通过联网服务，将用户所提的问题指向装载海量知识资源的网站并进行检索匹配，以满足用户海量知识问题需求。最后，语音知识库的研发，要遵循数据海量、标引专业、类别丰富的原则。数据海量要求包含的语音知识多达数十万甚至数百万条，以涵盖用户所可能提出的知识问题的方方面面；标引专业要求对每条语音知识都进行了专业的知识标引，以便于语音检索和推荐；类别丰富要求语音知识库能够包含特定专业、行业或领域的完整细分学科，以做到逻辑周延完备，切实充当机器人专家系统的角色。在产业链贯通方面，"内容提供商+技术提供商"的模式，是知识服务机器人的不二之选，这也是打破目前机器人市场用户评价不高、用户感受千篇一律困局的关键所在。对知识服务机器人来说，智能机器人技术应用是前提，是基础，是外化体现；知识服务是目的，是结果，是内在初衷。只有实现智能机器人技术与知识服务内容资源的紧密结合、有机融合，才能真正迎来知识服务机器人市场的光明前景，这也是出版社、出版人介入机器人市场的契机和必然所在。

4. 智能销售机器人

人工智能时代的图书销售步入"新零售"时代，"无人书店+机器人"的销售模式纷纷出现在全国各地：浙江省新华书店、苏州吴江新华书店相继推出了导购机器人"小新"，除了为用户介绍书店历史、图书资源以外，还能够将读者精准引导至图书的货架，实现机器识别、无人支付。2018年3月，北京市通州区推行"新华生活+24小时无人智慧书店"的模式，以智能机器人代替人工值守。店内全程没有任何服务人员跟随，全方位整合了自助结算系统、智能图书识别、远程客服协助、动作识别防盗系统、人脸识别等高新技术。石景山区的新华书店阅读体验中心也配置了无人书店样板间，提供自助购书服务。

智能销售机器人的优势在于：能够提供全天候24小时的导购服务，同时将图像识别技术、语音识别技术、图书识别和智能结算技术集于一身，大大拓展和延伸了传统人工图书销售的服务范围和服务时限。然而，智能销售机器人存在的问题也很突出：其一，博人眼球，多属应景之作，实用性究竟如何？在新零售领域，智能机器人能否在码洋、实洋方面与其他零售途径一较高下，这个问题留待实践去检验和回答。其二，24 小时运营，效益如何，是否能够持续？目前大部分实体书店的经营较为困难，大部分依靠政府主管部门的政策和资金支持，能够拥有较好经济效益的并不多见；"24 小时无人智慧书店+机器人"的经营模式，是否能够持续下去，能否在市场经营中站稳脚跟并取得长足发展，值得深思和作进一步应对。

综上，智能机器人与新闻出版数字化转型升级息息相关，吾辈应以开放的心态，扎实研究智能机器人的基础原理，认真理解和应用智能机器人的关键技术，找寻智能机器人与新闻出版业数据化、智能化发展之间的结合点，在选题策划、智能审校、智能仓储、智能发行、智能产品服务、智慧图书馆建设等方面发掘智能机器人的应用场景，推动我国新闻出版业的数字化转型升级，由数字化、网络化向着智能化的方向演进和发展。

第四节　智能知识服务机器人发展的未来建议

智能机器人、知识服务都属于人工智能范畴，代表着先进生产力，二者之间在专家系统、知识库建设、语音识别等细分领域还多有交叉。在新闻出版数字化转型、媒体深度融合的大背景下，如何将智能机器人技术创新性地应用于知识服务领域，如何将知识服务与智能机器人的本体、传感器、效应器、控制器相结合，属于"十四五"期间需要深入研究的课题。

建议政府主管部门、科研部门、产业部门在以下几个方面着手，以更好地迎接智能机器人在知识服务领域的应用。

一、建立健全法律伦理规范

以人工智能的视角来审视法律体系。过去所有的法律都是以人为中心制定的，要么是自然人，要么是法人。而人工智能第三次浪潮的到来，意味着"去人类中心化"的法律需要逐步出台和不断健全。《新一代人工智能发展规划》指出："人工智能是影响面广的颠覆性技术，可能带来改变就业结构、冲击法律与社会伦理、侵犯个人隐私、挑战国际关系准则等问题，将对政府管理、经济安全和社会稳定乃至全球治理产生深远影响。"杨延超在《机器人法：构建人类未来新秩序》一书中前瞻性地表达出一种观点："公平、正义的法治思维不仅要赋予人也要赋予机器人。机器人时代'算法正义观''数据正义观'的法律理念，从机器人时代的伊始就必须以法律的形式确定下来。这甚至不是哪一个国家的问题，从长远来看，它事关人类社会的共同命运。"由此可知，无论是从智能机器人的维度，还是从知识服务的视角来看，基于人工智能的法律伦理体系的重塑和健全，是迎接智能机器人应用于知识服务领域的大前提。

建立健全人工智能法律法规体系，其一，要加强人工智能相关法律、社会、伦理问题的研究，进而确定保障人工智能健康、可持续发展的法律和伦理框架。其二，要明确人工智能法律人格地位及其权利、义务和责任体系，强化人工智能应用相关的法律责任确认、隐私和产权保护、信息安全利用等法律问题研究。其三，条件相对成熟的自动驾驶、服务机器人、工业机器人等细分领域，可加快研究制定相应的安全法规，为新技术的加速应用提供法律基础。其四，开展人工智能行为科学和伦理等问题研究，建立伦理道德判断体系和伦理框架，制定研发人员道德规范和法律规则。其五，加大宏观调控力度，在宏观调控政策等非规范性文件方面，要加大人工智能领域的财政支持和税收优惠政策，建立适应人工智能发展的教育、医疗、保险、税收等政策体系，有效应对人工智能带来的潜在社会问题。

二、制定贯彻多级标准体系

人工智能应用于新闻出版的标准体系已逐步建立起来，标准先行、标准带动、标准示范的效应已逐步呈现。在标准制定方面，《GB/T 38382-2019 新闻出版 知识服务 知识资源建设与服务工作指南》《GB/T 38378-2019 新闻出版 知识服务 知识关联通用规则》等 7 项新闻出版知识服务系列的国家标准已经于 2019 年 12 月 31 日正式发布，并于 2020 年 7 月 1 日正式生效实施。《CY/T178-2019 出版物 AR 技术应用规范》行业标准也已经正式实施，《出版物 VR 技术应用要求》的行业标准于 2020 年 6 月列入国家新闻出版总署行业标准的研制计划之中。

　　未来智能机器人应用于新闻出版业的标准体系需要及时加以制定。前期重点可以在智能机器人的控制器系统发力，如智能机器人的语音知识元、语音知识体系、语音知识库建设流程、语音知识库接口标准等系列标准的研制；知识服务智能机器人的发展步入产业化阶段时，可从知识服务机器人的内容建设、技术研发、市场运维、市场秩序等方面的规范研制入手。同时，可以考虑遵从企业标准、团体标准、行业标准、国家标准的立项顺序，先易后难、从实践逐步上升到标准的高度，以提高标准规范的实用性。最后，要加强标准规范的宣贯和执行，真正实现标准规范的应有社会价值和预期目标。

三、理解把握应用原理

　　智能机器人应用于新闻出版知识服务领域，两个关键点在于：把握智能机器人技术原理以及把握知识服务原理。

　　如前所述，智能机器人的研发，要把握住感知层、执行层和思考层，对应的是智能机器人三层架构：传感器、效应器和控制器。智能机器人对自身、对环境、对位置的感知，主要依靠声音传感、视觉传感、位置传感等一系列的传感器；传感器的精准度是智能机器人准确作出决策和行动的前提。效应器和执行器，主要解决的是智能机器人的行动问题；作出多大范围的行动，是操作式行为还是运动式行为，这是效应器和执行器要解决的问题。控制器，主要是解决智能机器人自主决策、自主控制的问题，也是机器人智能化、自主化的体现。最后，传感器、效应器、控制器都统一于智能机器人本体——本体，也称机身，是指在各种驱动、传动装置及控制系统的协同配合下，在确定空间范围内运动的实体机械。

　　知识服务的应用原理，遵循知识资源采集、知识元研发、知识体系建设、知识标引、知识关联、知识图谱构建、二次知识发现的基本步骤。知识服务的产品形态可应用于智能机器人的控制器系统：知识元所构成的百科库，可形成机器人智能问答库；专题知识库，可为机器人语音知识库奠定基础；知识标引技术可以极大提高智能机器人精准语音搜索、匹配和应答的速度、效率和精准度。

四、探索实践应用场景

智能机器人应用于新闻出版知识服务，可以探索"图书馆+智能机器人""新闻+智能机器人""出版+智能机器人"三类场景。

智能机器人在图书馆的应用，主要有三种类型：智能管理机器人，主要负责解决图书馆日常服务功能，主要包括智能图书借还、占座管理和预约研讨间等。礼仪机器人/咨询机器人，主要负责解答图书馆内的馆藏资源、使用规则、管理规定等问题。智能盘点机器人，主要实现对图书馆内的图书资源进行统计、分析和盘点，其功能设计要考虑三个方面：针对机器人自检模式、图书馆内馆藏资源的拓扑、机器人在馆内的路线设定以及相关识别技术的运用。

智能机器人在新闻行业的应用，主要包括撰稿机器人、虚拟 AI 新闻主播、人形机器人新闻主播等类型。未来的智能新闻机器人，主要可从海量语料库建设、深度学习技术应用两个方面发力，以切实提高智能机器人在新闻领域应用的时效性和精准度。

智能机器人在出版领域的应用，目前有智能仓储机器人、智能教育机器人、知识服务机器人和智能销售机器人四种形态。智能仓储机器人，以人工智能算法的软件系统为核心，以数据挖掘、深度学习、人机协作、节拍控制、资源控制等技术为支撑，由移动机器人、机器人集群、移动货架、补货、拣货工作站等硬件系统组成，实现图书的上架下架、订单识别、品种拣选、补货退货、智能盘点等流程的完整订单智能履行系统。智能教育机器人是厂家研发的以培养综合能力、激发学习兴趣为目标的机器人系统，包括智能机器人本体、控制软件和教材课本等。智能教育机器人将以教育大数据知识库作为数据池，建立健全学习者个人的信息资料数据库，以语音识别来调取相关资料，以人脸识别来推送精准服务，进而实现与学习者的交流互动。知识服务机器人是以知识库作为内核、提供知识服务的智能服务机器人。对于知识服务机器人来说，智能机器人技术应用是前提，是基础，是外化体现；知识服务是目的，是结果，是内在初衷。只有实现智能机器人技术与知识服务内容资源的紧密结合、有机融合，才能真正迎来知识服务机器人市场的光明前景，这也是出版社、出版人介入机器人市场的契机和必然所在。智能销售机器人，是实现图书销售的自主化、智能化的智能服务机器人，能够提供全天候 24 小时的导购服务，同时将图像识别技术、语音识别技术、图书识别和智能结算技术集于一身，大大拓展和延伸了传统人工图书销售的服务范围和服务时限。

五、推进市场化与产业化

智能机器人作为人工智能的重要组成部分，作为我国人工智能发展规划的重点发展领域，其产业前景一片光明。人工智能作用于新闻出版业已成历史之趋势，是新闻出版业深化数字化转型升级的题中之义，是传统出版与新兴出版深度融合的必然要求，是文化与科技深度融合的重要体现。

目前，战略前瞻的新闻出版机构都在纷纷试水将智能机器人应用于知识服务领域，如新华社、中央电视台、北京师范大学出版集团、中国大地出版传媒集团、人民法院出版集团等，陆续推出了 AI 新闻主播、撰稿机器人、智能教育机器人、知识服务机器人等智能机器人产品。"风起于青萍之末"，这意味着知识服务智能机器人的市场化大幕已经悄然拉开。

为进一步迎接知识服务智能机器人的市场化和产业化，新闻出版业可从以下几个产业链环节进行布局：

在顶层设计方面，将人工智能技术应用纳入中长期发展规划，成立专门的领导小组推动人工智能在企业的落地应用，建立健全鼓励人工智能发展的体制机制，确立短、中、长期发展目标，提供发展必备的人财物各项条件，以推动新闻出版整体转型升级，推进传统媒体和新兴媒体深度融合。

在内容建设方面，研制特定专业、特定学科、特定行业的知识元，构建学科知识体系、行业知识体系和个性化知识体系，储备海量数据池，构建专业知识资源语料库；在此基础上，研发机器人语音知识库、短视频知识库、3D 模型库、AR 知识库、VR 视频库，为智能机器人服务于新闻出版业做好内容准备和知识储备，更好地服务于智能机器人控制器系统的改进、完善和优化。

在技术应用方面，牢牢抓住我国南方制造业基地转型的战略机遇期，充分运用内容资源优势，将先进内容与先进技术有机融合，将传统内容和新兴技术紧密结合，将文化产业与智能制造产业深度融合，以专业、权威、海量的知识资源库推动智能机器人产业的健康、快速、可持续发展。在此基础上，对智能机器人的传感器技术、效应器技术提出改善建议和意见，重点用内容优势提升控制器的高质量发展。最后，以内容为王的优势产业联姻技术驱动机器人产业，将数字化转型升级推向新的高潮。

在产品运维方面，创新营销机制，采取营销新模式，开创营销新业态。分发挥和运用报纸征订、图书发行系统的既有营销优势，将传统新闻出版发行渠道转化为智能服务机器人的营销渠道；全面借鉴机器人产业通用的网络营销、微信营销、电商营销、地面店营销等多种营销方法，在条件成熟之时，独立自主打造一支适应网络化、数字化、智能化形势的数字营销团队。

在人才建设方面，健全数字传播队伍体系，引进 AI 领军人才，培养骨干人才，发展一线人才，建立健全人才激励机制；提高人工智能科研人员的比例，提升现有队伍的智能化素质，逐步形成 支包含内容、技术、运维、资本、管理人才类型在内的全方位人才队伍体系；高度重视科研，构建产学研机制，联合高校产学研一体化基地，及时将最新科研成果应用于企业发展。

综上所述，经过多年的发展，我国新闻出版数字化转型升级已经取得了阶段性成效，制定了 7 项知识服务国家标准，推出了三批 110 家知识服务模式试点单位，研发了数百款知识服务产品，形成了信息服务、知识产品、解决方案的知识服务体系，完善了知识资源采集、标引、关联、图谱在内的知识服务流程，打造了一大批知识服务人才队伍，探索出政策驱动、信息驱动、产品驱动、技术驱动、智慧驱动的五种知识服务模式。

少数先行者在知识服务的道路上继续前行，尝试将知识服务与智能机器人相结合，将新闻出版企业的信息优势、内容优势与智能机器人技术相融合，致力于智能机器人本体、传感器、效应器、控制器的完善和优化，陆续研发和应用了智能盘点机器人、智能仓储机器人、智能教育机器人、知识服务机器人、智能销售机器人等多种智能服务机器人。

随着我国智能制造业的深入发展、媒体融合国家战略的纵深推进，智能服务机器人作为人工智能规划的重点领域，作为文化与科技深度融合的示范性业态，将在不断开拓和探索中，在跨界融合思维火花的碰撞下，实现更有效率、更可持续、更高质量的发展。

第十章　转型调控，迎接智能出版

人工智能作为席卷全球的一场风暴，影响和改变着各行各业，社会各界无不通过各种措施的出台，积极迎接和应对这场技术的盛宴。在新闻出版领域，需要进一步推动人工智能与新闻出版的融合，通过 AI 赋能新闻出版，推进新闻出版业数字化转型向智能化发展的方向迈进。

第一节　出版转型体系

在市场一侧，迎接智能出版，需要继续深入推动出版业数字化转型升级，将智能化涵盖出版业各环节、各方面和各领域，一方面深入推动传统出版的编校印发各环节实现流程智能化再造，另一方面持续发挥工匠精神，优化智能产品服务供给，不断满足人民群众日益增长的美好精神文化生活需要。

一般认为，出版转型萌芽于 2012 年深圳文博会期间的一次小范围智囊团会议，肇始于 2013 年中央文化企业数字化转型升级项目的启动，由中宣部、原国家新闻出版广电总局、财政部三个主管部门联合发起，以新闻出版业"基础软硬件改造""特色资源库建设""行业级运营平台"的"三步走战略"为里程碑，由此揭开了浩浩荡荡的新闻出版业数字化转型升级大幕，开启了全国范围内的出版业转型升级的变革时代。出版业转型，无论是从数字化到数据化，还是从数据化到智能化，都始终离不开"三个层次、五个方面"，换言之，出版行业应该以"三层五面"的转型来迎接智能出版时代的到来。

一、出版转型的内涵与价值

出版转型的标志性工程，无论是出版业的基础软硬件改造，还是特色资源库建设，抑或行业级运营平台构建，贯穿于其中、恒定不变的要素是技术创新与迭代。技术赋能出版，科技重塑出版，提升出版业的科技含量，是出版转型的初心和使命所在。因此，可归纳出版转型的内涵：运用新技术，培育新业态，用好调控政策，优化生产要素，重塑生产流程，用现代科技改造、提升图书出版业的角色、流程和业务，提高出版业的科技含量，实现从传统出版状态转向现代出版状态的持续性过程。较为全面地加以归纳，出版转型的主要特征包括：由低附加值向高附加值转变、由高耗能高污染向低耗能低污染转变、由粗放式发展向集约式发展转变、高度依赖技术创新和政策支持以及转型的多层次与全方位。

出版转型，从最开始的基础软硬件改造升级、数字资源库建设、行业级运营平台的搭建，再到深化转型、提质增效，作为一种在特定历史时期出现的产业现象，其历史价值和贡献不容忽视：其一，开辟了新视野，启发了新理念，开启了出版共同体整体探索数字化产品研发、数字化技术应用、数字化运营推广的新征程。其二，丰富了新兴出版业态要素体系，为出版业发展注入和附加了信息、知识、标准、数据等新动能要素，进而为产生新的增长点提供了理论可能。实践证明，只有"充分发掘并培育壮大新兴出版的新动能，牢牢抓住人工智能时代的战略机遇，才能迎来出版事业的高质量发展，才能迎来出版产业的繁荣昌盛"①。其三，奠定了新兴出版的产品、技术、运维、人才、流程、制度基础，壮大了新兴出版业态实力，为出版融合提供了现实可能。没有数字出版的产品积累、技术运用、数字化营销、人才储备、流程再造、制度重塑，就谈不上新兴出版，谈不上出版融合。其四，作为宏观调控重大举措的出版转型工程，为出版业整体转型提供了理念、政策和资金方面的外部助推力，为出版业融合发

---

① 张新新：《人工智能引领新闻出版转型升级——2018年数字出版盘点》，《科技与出版》2019年第2版。

展纵深推进起到了承上启下的桥梁性作用。

总而言之，涵盖出版业理念变革、流程再造、产品转型、技术升级、渠道创新等出版产业链全环节的数字化转型升级，为出版业高质量发展提供了理念启蒙、制度革新和实践涵养，为出版业高质量发展储备了一批人才，探索了一套流程，锻造了一批产品，遴选了一批技术，拓新了一条渠道。在出版高质量发展的语境下，出版转型始终没有停下脚步，直至步入深度融合的高级阶段。

二、出版转型的三个层次

出版转型分为三个层次、五个方面，涵盖了出版的角色流、工作流和业务流，囊括了编辑、编辑室（分社）、出版机构三个层次的转型，初步实现了产品转型、技术应用、流程再造、渠道融合、制度重塑五个方面的升级。

编辑转型是出版转型的根本所在，是编辑室转型、出版机构转型的主体所在，是出版所有环节转型的根本推动力量。编辑是出版流程的启动者，扮演着"搜猎者""不断找茬的治疗师"与"作者和出版社之间的'双面人'的角色"①。编辑转型，首先是理念（idea）的转型，是创意策划环节的升级。作为出版流程的发起人，编辑的选题创意要实现由单一向多元、由纸质图书向出版产品、由传统产业向数字产业的转变，纸质图书、数字图书、二维码出版物、AR出版物、MPR图书、数据库产品、视听产品等都应成为编辑脑海"选题库"要考虑的产品形态。其次，编辑"搜猎者"角色的转型，体现为选题发现从线下走到线上，从线上走到线上线下一体化。除了用好传统的会议论坛、见面拜访等约稿方式外，编辑还要善于另辟蹊径，从虚拟网络空间发现和培育优秀作者，《滚蛋吧！肿瘤君》就是策划编辑从网络社区中发现的优质 IP，后来随着图书的热卖，还改编成了电影，取得了不俗的销售业绩，实现了社会效益和经济效益的

---

① ［美］杰拉尔德·格罗斯主编：《编辑人的世界》，齐若兰译，北京十月文艺出版社 1993年版，第 15—21 页。

双丰收。最后，编辑转型还涉及自身能力的提升，除了传统的选题策划、编辑加工、流程把控、市场营销能力以外，编辑还要不断增强技术洞察力、学习力和运用能力，用技术赋能的手段对传统纸质图书进行形态重塑、功能再造和多介质内容呈现。编辑"应该持之以恒地学习新技术、应用新技术，以大数据、增强现实、虚拟现实等新技术催生出数据出版、智慧出版等出版新业态"①。

编辑室（分社）的转型主要体现于特定方向的选题规划要充分考虑新兴出版的因素，要着眼技术赋能的机制运用，要培养出一支具备"图书编辑+数字编辑"的"双编辑型"人才。同时，编辑室（分社）转型的重要标志在于重视信息网络传播权，重视对数字版权的立体化开发和综合性运用，不断提高编辑室（分社）的数字版权授权比例。数字版权是传统出版向新兴出版转型、向融合出版升级的根本所在、源头所在；数字版权授权率的高低，将最终决定着出版社转型成功与否，决定着出版社能否适应产业数字化、数字产业化的整体社会环境。

出版机构转型更多是在顶层设计、战略规划和体制机制方面。出版社的顶层设计，关键在于走什么样的发展道路？是继续在做大做强传统出版主业的道路上继续前进，还是由纸质图书服务商转型为知识服务提供商，这是发展道路问题。是基于传统产业背景为主选择发展道路，还是基于产业数字化、深度融合时代确立发展道路，这是一场深刻的思想选择。战略规划的定位，在于将新兴出版、融合发展作为战略补充，还是作为战略方向加以对待，是主路还是辅路的问题？体制机制创新，包含两方面、三个阶段：初期，党和国家宏观调控、企业传统出版支持、包容数字出版的发展；中期，数字出版自我造血机制形成，核心竞争力逐步建立，在出版社、出版业的利润贡献比不断提高；后期，新兴出版反哺传统出版，传统出版和新兴出版一体化的绩效考核机制确立，两种出版动能互为支撑、相得益彰，统一于出版深度融合的发展历程。后期阶段谨防出现的问题是对新兴出版期望值过高，或者过早索取回报，更要避免出现涸泽而渔的情

---

① 张新新：《出版业融合发展的趋势与对策建议》，《中国编辑》2016 年第 5 期。

况，导致立足未稳的新兴出版盈利源泉枯竭。出版社转型的最终目标是成为全方位、立体化、多层次的知识服务提供商，进而摆脱目下以纸质图书作为主要产品供给和盈利业态的现状；知识服务商角色的确立，也是出版业转型升级阶段性成功的标志，也意味着新旧出版业态融合共通、交融共享的状态的出现，意味着传统出版和新兴出版深度融合的达成。

三、出版转型的五个方面

出版转型，具体而言涉及五个方面：产品的数字化转型、技术的创新性应用、流程的融合性再造、营销的数字化重塑以及制度的全方位梳理。

出版产品的数字化转型，一则要注重从单一介质转向多重介质，从过度依赖纸质载体向多层次挖掘互联网载体转变。纸质载体毕竟已占据历史多达 2000 多年，其主流性、统治性地位一时难以撼动；后来软盘、光盘、磁带、录像带等作为载体也曾在出版史上占据一席之地；介质革新至今，伴随第三次科技革命的兴起，互联网、移动互联网甚至是卫星网络成为新兴出版壮大和繁荣的主要介质基础，而这种介质、渠道已经重构了我们每个人的思维方式、工作方式和生活方式，在短时期内很难被其他介质所取代。基于互联网、移动互联网等新载体而研发的出版产品，其生命力是更为长久的，代表着当下最为先进的生产力。二则，出版产品转型要实现从单一图书形态向多形态产品的突破和转变。一直以来，出版社的产品，天然地被认为是图书；出版产品转型要求突破纸质图书的壁垒，尝试将纸书的复制品——电子图书、纸书的碎片化——条目数据、纸书的革命性重构——MPR 出版物、AR 出版物、电纸书、手机书、网络文学等作为出版产品进行重点研发和推广。三则，出版产品转型要求实现从实体到虚拟的转变，从有形到无形的升级，从线下到线上的跨越。相对于有形的纸质书而言，无形的数字出版产品，以其便于携带、储存容量大、传播速度快等显著优势，而能在互联网时代获取新的发展机遇，成为出版业提质增效不可或缺的引擎。伴随 5G 时代的到来，借助 5G 超高速、宽覆盖、低延迟等技术优点，知识服务的个性化推送、精准化供给、定制化订阅将随时随地可以实现，即时下载海量的数字知识资源将成为现实，人人都将成为一个

"行走的数字图书馆"。

出版技术的创新性应用，是出版转型的核心和关键，是出版转型的生产力源泉。同任何产业转型一样，出版转型，也依赖于政策扶持，依赖于技术创新。众所周知，科学技术是第一生产力。把科技的力量注入出版产业，使得古老的出版业插上科技的翅膀，得以在日新月异的变革时代，继续乘风破浪，是出版转型的主体任务。"出版企业要明确出版融合发展不能仅仅满足于在局部环节应用少数新兴技术，而是要让新兴技术深层次、全方位、多角度结合精品内容，使二者发生'化学反应'，流畅自如地创造效益。"① 技术的赋能作用，贯穿于出版转型的各环节，无论是产品转型、营销转型还是流程再造、制度重塑；技术的学习、把握和运用，融汇到出版转型的各层次，无论是编辑转型、编辑室（分社）转型抑或出版机构整体转型。技术的创新性应用须遵循技术洞察和学习、技术原理把握、应用场景探索三个阶段。其中，技术应用原理和应用场景，成为"出版+技术""出版×技术"的内核所在、硬核所在，是出版与技术深度融合、科技与出版紧密结合的策略机枢。如区块链技术应用于版权领域，其核心在于如何将版权资产和区块链技术环节作良好衔接，以解决数据层的时间戳认定、激励层的传播分配、合约层的算法和智能合约，最终落脚点在可编程货币和金融，进而实现预期的社会效益和经济效益。出版技术的创新性应用，一定要有明确清晰的技术阶段布局，出版社是以技术外包的形式、技术合作的形式还是以技术自主研发的形式融入项目建设，这个问题显得格外重要。出版机构要根据自身所处的转型实际情况，合理确定技术外包、技术合作或者是自主研发的技术发展战略，适时进行内容提供商的角色向技术应用商的角色转变。

出版流程的数字化转型，是指通过理念革新、技术应用和角色流、业务流、资金流的重塑，建构起传统出版与新兴出版一体化、协同化和同步化的生产管理流程。出版流程的数字化转型，"推动生产流程融合，实现

---

① 王民：《练就文化内功，用好人才资源，推动融合创新——关于国有出版企业高质量发展的三点思考》，《出版广角》2019 年第 10 期。

传统出版流程与数字出版流程无缝对接，是出版行业数字化转型升级的必由之路"，其"推进纸电同步出版、选题综合策划、提高资源利用率、扩大经营多样性"的重要意义无须多言，已有多人阐述和研究。① 同时，以历史的眼光来审视，流程再造也是中央文化企业数字化转型升级工程启动的首要和初阶任务，但是，时至今日，由于主客观因素的综合作用，该项任务仍然没有实现。出版流程运转目前存在的问题是，传统出版的编校印发流程和数字出版项目策划、产品研发、技术应用、成果转化、市场运维的流程是"两张皮"、两种流程、两套程序。这种现状导致了同样一个版权素材，出版纸质图书适用一套 ERP 程序，而研发出数字图书、AR 出版物等新兴出版产品，则需要重新组织人力物力财力进行生产，资源重复投入、双重资源浪费的问题现实地摆在出版人面前。要解决上述问题，就要构建一体化的出版流程，推动传统出版与数字出版在版权母体、加工制作、发行营销、绩效考核、评估反馈等方面同步展开、同步进行，而非数字出版流程依托于、派生于或滞后于传统出版的编校印发流程。一体化，是指出版流程要能够支持纸质图书和数字产品的一体化策划、一体化制作、一体化传播、一体化运营、一体化管理，进而在出版流程方面实现传统出版和新兴出版的融合。协同化，是指在策划、编辑、制作和发行环节，引入群体智能理念，改变之前单一个体智慧启动出版流程的方式，采用群体智能的"众智众创众筹"理念，调动责编、作者、外编外校的积极性和主动性，构建出支持协同策划、协同撰稿、协同审校、协同发行的协同化生产管理流程。同步化，是"一体化"和"协同化"协同推进、共同作用的结果，是指通过出版流程，能够同步化生产纸质图书、电子图书、专题库、短视频、视听产品、AR 出版物、VR 出版物等，能够实现传统图书产品和新兴数字出版产品的同步策划、同步制作、同步生产和同步上线。一体化、协同化、同步化的生产管理流程，从本质上看，是对出版业生产关系进行调整、优化和再造，许多企业也在瞄准这一领域，积极研发

---

　① 郭同晖：《传统出版单位如何推进传统媒体与新媒体融合发展——以人卫社数字出版转型升级实践为例》，《科技与出版》2015 年第 5 期。

基于上述"三化"理念、全新的出版 ERP 系统。出版流程的转型成功，将会使得"图书编辑+数字编辑"的融合型编辑角色出现，将不再有单独的数字出版部门，出版形态也将不再有传统出版和数字出版之界分。

出版营销转型，是出版转型的"最后一公里"。2020 年 3 月国家新闻出版署发文部署出版物发行行业任务时，旗帜鲜明地指出要"推动发行企业转型升级"，"数字化建设、融合化发展"①，这标志着出版业数字化转型升级的最后一个环节——渠道数字化转型升级的官宣。出版发行环节的转型要积极利用数字化技术、网络化业态，转变发展方式，提高发行效率，创新经营方式和服务模式，深度推动线下实体书店转型和线上图书销售业态创新。近期出现的网络直播图书新零售热潮，直播一姐薇娅两小时，吸引粉丝 800 万，销售千万码洋，就是将线下实体的出版发行渠道，部分转移到线上直播平台，进而为新闻出版营销渠道体系的重构提供了新的经验与机遇。出版营销转型的路径有二：其一，转化型，即原有传统出版渠道的转化。原有传统出版渠道的转化，包括营销对象要从单一的纸质图书扩充为多元化的出版产品，如电子书、知识库等数字出版产品或者 AR 出版物、VR 出版物等融合出版产品。营销人员要提升自身数字营销能力，善于运用"数与网"的销售方式，通过网络电商、微信微博等开展出版产品的销售工作。其二，原创型，即数字出版营销渠道的建设。集独立的产品研发、技术应用和市场销售环节于一体，建构独立的数字出版物营销渠道，是目前国有数字出版企业所采取的主流方法。原创型数字出版物营销渠道的建立健全为国有数字出版企业抢占机构服务市场、提升市场占有率、提高数字出版收入和利润提供了有力抓手。

最后，出版转型制度体系的重构和落实，贯穿于出版产品、技术、流程和营销转型全过程和各方面。出版制度体系重塑，在宏观调控主体层面，要加大法律法规立改废释工作力度，保障出版业数字化转型升级整体推进和纵深推进。要适时修订相关行业法律法规中有关市场准入、主体资

---

① 国家新闻出版署：《国家新闻出版署关于支持出版物发行企业抓好疫情防控有序恢复经营的通知》，《中国新闻出版广电报》2020 年 3 月 19 日。

格、行政许可等方面的规定，完善配套制度措施，更加契合深化出版业数字化转型升级改革方向和发展实际。要持续加强新兴出版流程与管理规范、产业链环节、AR 出版物、知识服务等新业态新模式的国家标准、行业标准和团体标准的制定、修订和宣贯工作。在市场主体层面，出版企业应建立健全传统出版和新兴出版一体化的评价考核和激励机制，明确考评标准和依据，完善考核评价体系。推进出版转型信用体系建设，建立健全企业征信诚信机制，探索建立黑名单、白名单制度，扩大社会监督渠道，加强行业自律自管。最后，要进一步完善公平、公正、公开、充分的市场竞争机制，营造出版业数字化转型升级的良好社会环境和市场秩序。

第二节　出版调控体系

在政府一侧，迎接智能出版，需要推动出版调控体系，尤其是数字出版调控体系的不断健全和优化，坚持以习近平新时代中国特色社会主义思想为指导，坚持马克思主义在意识形态领域指导地位的根本制度，综合运用规划、财政、税收、价格、标准等多种调控手段，不断引导和推动出版企业进行智能化转型。

从宏观布局和整体转型的角度来思考，出版治理体系正在重塑和升级：坚持以习近平新时代中国特色社会主义思想为出版业的指导思想，推进优质内容与先进技术紧密结合，推动传统媒体与新兴媒体深度融合，成为出版事业发展与产业升级的最新共识和必然遵循；马克思主义在意识形态领域指导地位的根本制度的首次确立，成为新时代出版业坚持正确发展方向、践行伟大使命担当的根本制度保障；中共中央宣传部作为出版管理的一线部门，作为出版宏观调控的第一主体，更加科学地理顺了数字出版意识形态属性、文化产业及其属性和技术属性之间的关系，更加合理地统筹了导向管理、文化传播与产业发展之间的关系；中央文化企业国有资本经营预算、数字出版精品项目、数字出版"走出去"、出版学一级学科设置研讨等宏观调控举措颇多，从宏观布局和整体推进的角度引导和促进着出版智能化的发展；出版行业协会积极筹划，架设桥梁，举办多种数字出版论坛，纷纷助力出版智能化转型的繁荣发展；《出版物 AR 技术应用规范》《VR 技术在出版业应用要求》《新闻出版　知识服务系列国家标准》等智能出版领域的标准体系需要逐步健全和深入宣贯。

党的十八大以来，尤其是步入新时代以后，有关出版的宏观调控体系在超越中创新、在扬弃中重塑，已经形成了"强化导向、政府引导、尊重市场、企业主体、整体转型、深度融合、高质发展"的基本格局。出版宏观调控体系是由习近平新时代中国特色社会主义思想为指导的，包含计划调控、财政调控、税收调控、投资调控、价格调控等多种调控手段在内的调控体系。近几年，出版业在宏观调控领域，无论是抽象行政行为还是具体行政行为，都呈现出亮点频出、举措纷呈的局面。

一、指导思想

在指导思想方面，新闻出版主管部门有关负责人在多次会议论坛上旗帜鲜明地提出："要深入贯彻落实网络出版传播习近平新时代中国特色社会主义思想的首要政治任务"，"出版战线要坚持以习近平新时代中国特色社会主义思想为指导"①。习近平新时代中国特色社会主义思想是党和国家必须长期坚持的指导思想，是立足时代之基、回答时代之问的科学理论，拥有系统完备的科学体系、特色鲜明的理论品格，是经过实践检验、富有实践伟力的强大武器，是 21 世纪马克思主义、当代中国马克思主义。只有坚持以习近平新时代中国特色社会主义思想武装头脑、指导实践、推动工作，才能更好地坚守初心和担当使命。

由此，可归纳出新时代我国数字出版的指导思想是：以习近平新时代中国特色社会主义思想为指导，深入贯彻落实党的十九大精神，紧紧围绕统筹推进"五位一体"总体布局和协调推进"四个全面"战略布局，牢牢把握"两个巩固"根本任务，树立和贯彻新发展理念，推进高质量发展，按照党中央、国务院关于坚定文化自信、推动社会主义文化繁荣兴盛的决

---

① 《开班专题研讨数字出版精品 95 项目入围》，《中国出版传媒商报》2019 年 12 月 10 日。

策部署，以融合出版为战略，以内容建设为根本，以先进技术为支撑，以人才建设为抓手，以体制机制为保障，以供给侧结构性改革为主线，全面深化新闻出版业数字化转型升级，大力推进传统出版与新兴出版融合发展，改造提升传统出版动能，培育壮大新兴出版动能，加快推动新旧动能转换，加快构建新型产业体系，加快实现新闻出版数字化生产、网络化传播、数据化运营、智能化服务，推进社会主义文化强国建设，促进我国经济社会创新发展，不断满足广大人民群众个性化、多样化、高品质的精神文化需求，提升人民群众文化安全感、获得感和幸福感，为科技强国、智慧社会和数字中国建设提供有力支撑，为提高国家治理体系现代化、建设现代化经济体系和创新型国家奠定坚实基础。

习近平新时代中国特色社会主义思想作为系统完备的科学体系，其方方面面的论述，对出版业、对数字出版、智能出版的发展与繁荣均可起到指引作用：在全国国有企业党的建设工作会议上所强调的两个"一以贯之"，坚持党对国有企业的领导和建立现代企业制度为数字出版顶层设计优化、体制机制完善指明了方向；"创新、协调、绿色、开放、共享"的新发展理念，启迪着出版业转换发展动力，将创新作为第一驱动力，推动数字出版由高速发展转为中高速发展，提高发展的质量和效益；"全程、全息、全员、全效"四全媒体的思想，是实现传统出版与新兴出版深度融合，实现文化与科技深度融合，推动传统出版整体转型，建立健全内容、技术、运维、管理等数字出版产业链的思想源泉；"不断增强脚力、眼力、脑力、笔力"，增强"四力"，是对新兴出版人才建设的最新要求和最高标准；[1] 习近平总书记关于"互联网日益成为意识形态斗争的主战场、主阵地、最前沿"[2] 的重要论断，是贯彻落实数字出版意识形态责任制的首要坚持，是运用互联网、移动互联网推进知识服务建设的必然遵循。

---

[1]　张新新：《人工智能引领新闻出版转型升级——2018 年数字出版盘点》，《科技与出版》2019 年第 2 期。

[2]　邓海林：《深刻把握习近平网络强国战略思想的思维方法》，求是网。

二、坚持马克思主义在意识形态领域指导地位的根本制度

2019 年 10 月 28 日—31 日，党的十九届四中全会在京召开，会议审议通过了《中共中央关于坚持和完善中国特色社会主义制度、推进国家治理体系和治理能力现代化若干重大问题的决定》，首次明确了马克思主义在意识形态领域指导地位的根本制度，并做出了系列部署。"坚持马克思主义在意识形态领域指导地位的根本制度，是保证我国文化建设正确方向、更好担负起新时代使命任务的必然要求。"[1] 马克思主义在意识形态领域指导地位的根本制度，是确保新闻、出版、广电等社会主义文化事业建设正确方向的根本指针，是数字出版内容、技术、运维、管理等产业链顺畅运行的根本保证，是数字出版从业者守土有责、守土负责、守土尽责的首要坚持。当下，根本制度贯彻落实的重要政治任务在于以习近平新时代中国特色社会主义思想武装头脑、教育人民、指导实践和推动工作。对数字出版而言，明确以习近平新时代中国特色社会主义思想作为数字出版的指导思想并在政策制定、理论研究、产业实践中不断强化和落实，是将马克思主义在意识形态指导地位的根本制度落地生根的迫切需要。

马克思主义在意识形态领域指导地位的根本制度，还关切到数字出版话语体系建设问题。数字出版话语体系，是数字出版理论体系和知识体系的外在表达，是包含意识形态、理论体系、话语权在内的有机统一体。"通过对话语体系的结构分析，将其划分为意识形态、理论、话语权三个部分，意识形态是话语体系的核心内容，理论是话语体系的外在形式，话语权是话语体系的现实手段。"[2] 依上述结构，数字出版的话语体系的建构，要巩固和加强马克思主义在意识形态领域的指导地位，大力推进根本制度的落实落细工作，数字出版要承担起把互联网这个"最大变量"变成最大的"正能量"、变为"最大增量"的时代重任；在理论体系建构方面，

---

[1] 黄坤明：《坚持马克思主义在意识形态领域指导地位的根本制度》，《人民日报》2019 年 11 月 20 日。

[2] 刘勇、郑召利：《中国话语体系的结构分析及其构建路径》，《宁夏社会科学》2018 年 9 月第 5 期。

要通过几代人的艰辛努力，不断建立健全数字出版理论体系，加速形成数字出版本体论、价值论、规范论和运行论的基础理论体系，不断丰富数字出版经济学、数字出版技术学、数字出版管理学等应用学科体系，始终保持与时俱进的理论品格和学术风格；在话语权方面，要通过不断提升数字出版，尤其是国有数字出版的产值和贡献度，不断增强数字出版的行业话语权，同时加大数字出版"走出去"的力度、持续提升国际传播能力，进而逐步建立和强化数字出版国际话语权。

三、规划调控

规划调控，或曰计划调控，作为一种高层次的调控手段，可以统筹和协调财政调控、税收调控、价格调控等其他调控手段。数字出版宏观调控体系中，规划调控和财政调控是两种典型的、常态化的调控手段，两者占比很大，对数字出版多年的发展与繁荣起到了实质性的推动作用。无论是十年的长期规划，还是五年的中期规划，抑或年度计划，党和政府主管部门对数字出版的发展均有相应的宏观调控目标和措施。

2016 年 3 月发布的《中华人民共和国国民经济和社会发展第十三个五年规划纲要》指出"加快发展网络视听、移动多媒体、数字出版、动漫游戏等新兴产业，推动出版发行、影视制作、工艺美术等传统产业转型升级"；2017 年 9 月发布的《新闻出版广播影视"十三五"发展规划（公开版）》规定了国家数字出版创新促进工程、数字出版产业化应用服务示范工程、少数民族文化数字出版促进工程、盲用数字出版工程等多项工程，对数字出版产品研发、技术应用、标准体系、模式创新等做出了翔实规定；而《数字出版"十三五"规划》《新闻出版业"十三五"时期发展规划》则更是对数字出版产业链、生态圈作出了具体目标设定和措施保障。

具体到 2019 年，数字出版计划调控的关键词包括"四全媒体""深度融合""主题出版""精品出版""高质量发展"等。数字出版的高质量发展贯穿始终，成为引领数字主题出版、数字精品出版、数字融合出版的主线，成为数字出版宏观调控和市场调节的发展聚焦和枢纽所在。

（一）四全媒体

2019 年 1 月 25 日上午，习近平总书记在主持中央政治局第十二次集体学习时强调，全媒体不断发展，出现了全程媒体、全息媒体、全员媒体、全效媒体，信息无处不在、无所不及、无人不用，导致舆论生态、媒体格局、传播方式发生深刻变化，新闻舆论工作面临新的挑战。"四全媒体"的重要论断，为数字出版的战略定位奠定了新的高度，将融合出版进一步推进到深度融合的境界，也为智能出版提供了理论依据和思想保障，加速了文化与科技深度融合法规、规章的出台。

（二）主题出版

数字出版的高质量发展，智能出版的题中应有之义，是坚持走主题出版之路，以赋能力更强的 AI、AR、5G 等高新技术，以精品佳作弘扬和传承中华优秀传统文化、革命文化和社会主义先进文化，全方位、立体化、多角度地展示新时代中国特色社会主义文化建设领域的伟大成就和伟大贡献。"主题出版是围绕党和国家重点工作和重大会议、重大活动、重大事件、重大节庆日等集中开展的重大出版活动，为主题阅读提供内容保障。"[1] 主题出版应"成为管理机关部署出版工作的重要抓手，成为出版企业安排出版业务的首要任务，成为编辑出版人本职工作优劣的重要标志"[2]。步入新时代以来，出版业主要调控政策大多涉及主题出版，甚至每年还专门部署年度主题出版工作，如 2019 年初中宣部明确了"加强习近平新时代中国特色社会主义思想的研究阐释、庆祝新中国成立 70 周年"等五个方面主题出版的选题重点；在国家出版基金、中华优秀出版物、中国出版政府奖等财政扶持政策和行业评价之中，数字出版的主题出版任务被不断强化，屡屡有示范性作品见诸报端，如 2019 年 12 月公布的第七届中华优秀出版物（音像电子游戏出版物）奖 30 名获奖作品之中，有《信仰的力量》《将改革进行到底》等 18 部主题出版作品获奖，占比高达

---

[1] 赖义羡：《以战略思维推动主题出版与主题阅读》，《中国新闻出版广电报》2018 年 10 月 16 日。

[2] 郝振省：《主题出版问题研究提纲》，《出版与印刷》2019 年第 2 期。

60%。

(三) 融合出版

融合出版是离智能出版距离最近的出版业态，已经成为传统出版主业转型的主要方向，成为宏观调控的重要抓手，成为出版业评价的重要考量，成为出版企业数字出版的战略性方向。从转型升级到融合出版再到深度融合，是主管部门和市场主体对数字出版的发展规律的认知逐步深化的过程，也是数字出版从业者实践探索升华的过程，反映着我国数字出版的发展不断迭代、超越与扬弃。习近平总书记对宣传思想文化战线应对新一轮科技革命作出系列战略部署，对全媒体时代的媒体融合发展提出了明确要求，在此背景下，2019 年 8 月科技部、中宣部等六部委联合发布了《关于促进文化和科技深度融合的指导意见》。文化与科技深度融合的精髓在于："文化与科技的融合应持续致力于文化领域的关键共性技术研发，建立和健全文化科技创新体系和文化大数据体系，源源不断地将文化科技成果进行市场化推广和产业化应用。"① 2019 年国家出版基金围绕提质增效，聚焦"高质量发展"和"融合出版项目资助方式"，及时将专家建议和意见上升到 2020 年度的申报指南中，是融合出版在国家出版基金领域的最新探索与尝试。作为市场主体的数字出版企业，则纷纷"从融合内容和平台渠道、变革组织结构和管理机制、加强人才队伍建设几方面，实现出版融合商业模式的创新发展"②。

(四) 精品出版

数字出版的高质量发展，智能出版的最现实表达，是坚持走精品出版之路，掌握人工智能、增强现实、区块链、5G 移动通信技术等应用原理，持续打造精品项目、工匠型人才，多出"讴歌党、讴歌祖国、讴歌人民、讴歌英雄"的精品力作。精品出版已经成为出版业宏观调控部门引导产业、管理行业、进行评价的重要抓手，成为出版业各市场主体持续投入人力、物力、财力精心打磨、持续发力的重要方向。2019 年 10 月，国家新

---

① 方卿、张新新：《文化与科技融合概览》，《科技与出版》2019 年第 9 期。
② 黄先蓉、王莹：《出版融合商业模式的创新发展探析》，《出版广角》2019 年第 9 期。

闻出版署公布了 95 个数字出版精品项目，这些精品项目共同特点是："类别丰富、内容优质、创新突出，代表了阶段性出版业融合发展水平，为新闻出版业树立了标杆，提供了示范。"① 通过精品出版战略，人民法院出版社持续推进"法信"大数据平台的研发和推广工作，中国大地出版社不断进行"自然资源数字图书馆"的迭代升级，两社的数字出版收入于 2019 年双双突破 3000 万元，精品出版战略已经成为两社高质量发展、可持续发展的战略支撑和方向。

四、财政调控

财政手段历来都是国家用以宏观调控，实现资源有效配置的重要杠杆。财政调控作为数字出版宏观调控体系的重要组成部分和最有效调控方式，解决的是数字出版公共资金的投入与绩效问题。财政调控同时也是推进出版智能化、智能化出版最重要、可持续的资金支持和物质保障。

（一）中央财政调控

在中央财政方面，2019 年中央级的文化产业发展专项资金主要支持在影视和文化"走出去"两个领域；2019 年财政调控在数字出版领域的运用主要集中于中央文化企业国资预算金以及国家出版基金中涉及融合出版的资金使用部分。2019 年中央文化企业国资预算的申报指南，"仍然延续'规划制'+'绩效制'的方式，按照'退后一步，站高一层'的原则，继续在落实国家重点文化战略、文化领域供给侧改革和文化领域国有资本布局结构三个方向给予重点支持"②。所不同的是，2019 年 6 月中央文化企业国资预算陆续拨付至各企业，资金拨付更鲜明地体现了"扶优扶强、注重示范"的特点：部分市场化程度高、产业化规模初显的企业所得到支持资金更多，国资预算的注入更有利于其做大做强，推进数字出版的产业化发展，进而更好地体现国资预算资金的示范撬动作用。

---

① 《2019 年度遴选推荐数字出版精品项目揭晓》，见 http：//www.xinhuanet.com/politics/2019-10/22/c_1125136476.htm。
② 张新新：《吉光片羽：人工智能时代的出版转型》，清华大学出版社 2019 年版，第 202—203 页。

2019 年 9 月，《财政部办公厅关于编制 2020 年中央文化企业国有资本经营预算的通知》（财办教〔2019〕18 号）文件下发，2020 年中央文化企业国资预算的通知相对于之前三年的文件有较大的变化：

其一，申请文件通过中央文化企业国有资产监督管理平台进行发布，并通过纸质文件下发；没有在网络平台公开发布。自推进新闻出版业转型升级以来，在中央文化企业国资预算资金的申报历史上，首次采用该种通知方式。其二，支持重点调整幅度较大。相对于 2017—2019 年的国资预算通知，2020 年的"支持重点"存在着"变与不变"的显著特点。"不变"的是："落实国家重点文化发展战略、推进文化领域供给侧结构性改革、调整文化领域国有资本布局结构"这三大支持方向没有发生变化，沿袭了前三年的支持方向。变化的部分包括：（1）"落实国家重点文化发展战略"部分，新增了"发展骨干中央文化企业，推动产业关联度高、业务相近的国有文化企业联合重组，推动跨所有制并购重组，促进产业结构优化升级，提高规模化集约化专业化水平。推动全国有线电视网络整合和智能化建设，建立互联互通、安全可控的全国性数字化文化传播渠道。"（2）"推进文化领域供给侧结构性改革"部分，变化最大的是鲜明体现了数字出版发展由初级阶段向高级阶段过渡的特点——由转型升级上升到融合发展，由融合发展升级到深度融合。"支持中央文化企业整合优质文化资源、平台和内容，推进传统媒体和新兴媒体深度融合，支持运用新技术、新机制、新模式，加快融合发展步伐。""中央文化企业数字化转型升级"的表述不再体现，因"转型升级"的历史使命已经阶段性完成，修改为"中央文化企业整合优质文化资源、平台和内容"；推动传统媒体和新兴媒体"融合发展"调整为"深度融合"；新增了"支持运用新技术、新机制、新模式，加快融合发展步伐"的表述，强化 5G 技术、区块链、人工智能等新技术赋能出版的趋势，突出项目、科研、人才、运营等新机制助力融合的重要性，隐含着对数字出版公司制发展模式等传统的部门制发展模式的扬弃与超越。（3）"调整文化领域国有资本布局结构"部分，首次强调文化与科技、旅游、农业、制造业、建筑业等国民经济其他产业的融合发展，体现了文化对经济社会发展的辐射力、助推力和影响力，同时，对中央文化企业的国际传播能力、中华文化的国际话语权有进一步强化的表述。

2020 年 7 月所发布的《财政部办公厅关于编制 2021 年中央文化企业国有资本经营预算的通知》（财办教〔2020〕56 号）中，新增的支持重点，则旗帜鲜明地将"智能出版""文化+智能"色彩很重的"推动国家文化大数据体系建设"作为四个支持重点之一。同时，在支持方向明细表中，则包含了"推进媒体深度融合发展、推动文化与科技深度融合、国家文化大数据体系建设"等多项反映出版智能化、智能化出版的领域。

（二）地方财政

地方性数字出版产业自 2017 年中央文化产业发展专项资金取消直接支持以后，一度陷入迷茫或中止状态，有的出版企业取消或调整数字出版部门，有的出版企业按照公司制发展模式推进体制创新，以适应市场化、产业化的造血机制。值得欣慰的是，在地方财政层面，近几年来，北京、上海、重庆、广东、陕西等各省（市）财政厅局纷纷出台了一系列鼓励、支持和引导数字出版发展的专项政策资金措施。这对中央财政已经中止直接扶持的地方数字出版企业而言，是一种有效的补充和转换。

2019 年各省级主管部门在数字出版财政调控方面的主要举措包括：（1）北京市先后出台了《关于推动北京音乐产业繁荣发展的实施意见》和《关于推动北京游戏产业健康发展的若干意见》等政策文件，分别对数字音乐、数字游戏的研发、制作、传播等关键环节出台了扶持措施；北京市同时加大了财政资金投入力度，按照每年 1500 万元的资金规模，投入到奖励、扶持数字出版精品生产之中。① （2）上海市促进文化创意产业发展财政扶持资金支持原创图书出版、报刊出版转型，支持发行渠道和实体书店建设，支持印刷产业创新、数字出版融合创新，支持版权产业与国际传播。（3）广东省文化繁荣发展专项资金扶持文化产业发展项目资助重点包括传统媒体和新兴媒体融合发展项目、文化创意和设计服务与相关产业融

---

① 《2019 北京数字出版精品内容推介会在京举行》，2019 年 12 月 19 日，见 http：//bj. people. com. cn/n2/2019/1229/c82840-33673191. html。

合发展项目等，资助范围包含数字出版、电子阅读器、数字报刊、网络出版、网络游戏、网络音乐、数字娱乐等文化新业态的生产、营销与服务等全产业链。(4)陕西省省级文化产业发展专项资金项目的支持方向和重点包括：广播影视、出版发行、演艺娱乐等传统产业改造升级项目；网络出版、网络视听、动漫游戏、新兴媒体等文化新业态项目。(5)重庆市文化产业发展专项资金支持了重庆出版集团安全阅读云（文化教育大数据中心）、西南师范大学出版社中小学分级阅读智能数字服务平台等数字出版项目。

五、税收调控

"税收配置资源的职能，也称宏观调控的职能。国家通过税收，参与社会收入的再分配……影响投资与储蓄，影响资产结构和产业结构的调整，影响各类资源的配置。"[①] 税收调控作为一种重要的调控手段，对于作为战略性新兴产业的数字出版业而言，对于高度依赖科技创新应用的智能出版形态而言，能够起到鼓励成长、做大做强的积极调控作用。多年来奉行的税收优惠政策，针对图书出版的增值税、所得税优惠等，在部分没有独立核算的出版社，业已惠及数字出版。在传统出版税收优惠政策之外，实践证明，作为新兴产业，作为独立法人实体的数字出版企业在申请知识产权认定、申报国家高新、申请税收优惠方面，获批和获得减免的概率也比较高。这也是税收调控手段在数字出版市场领域运用的重要体现。(1)企业所得税减免：市场化程度较高的数字出版企业，早在"十三五"开局之初，就积极申报国家高新技术企业，申请企业所得税税收减免优惠，相对于一般企业，可享受10%的减免优惠，由缴纳25%降到缴纳15%。(2)研发费扣除优惠：通过知识产权评估与认定，申请研发税前扣除减免，成为数字出版公司制模式的加速发展的又一有力的配套措施："企业开展研发活动中实际发生的研发费用，未形成无形资产计入当期损益的，在按规定据实扣除的基础上，在2018年1月1日至2020年12月31日期间，再按

---

① 张守文：《税法原理（第五版）》，北京大学出版社2009年版，第9—11页。

照实际发生额的 75% 在税前加计扣除；形成无形资产的，在上述期间按照无形资产成本的 175% 在税前摊销。"① 截至 2019 年，中国大地出版社旗下拥有两家数字出版国家级高新技术企业——中地数媒公司、瑞尔智讯公司，人民卫生出版社电子音像出版社、安徽时代新媒体出版社、易书科技（北京）有限公司等多家数字出版企业获批为国家高新技术企业，还有更多的数字出版市场主体在申请国家高新技术企业的进程中。中地数媒公司自成立以来，通过无形资产评估、高新技术申报以及税务筹划的合理运用，已享受税收优惠近 200 万元。税收调控手段的成功运用，往往能够为企业减轻税负，使得企业能够合理进行税务筹划，为处于初创期、发展期的数字出版业提供强有力的支持。

此外，随着数字出版的发展步入深水区，随着智能出版的趋势日渐凸显，伴随大数据、区块链、5G 技术、AR 技术、VR 技术等科技与出版的深度结合，出版业由融合发展升级到深度融合的发展阶段，其他调控手段也在发挥着平衡总量、优化结构和促进效益的作用。这些调控手段包括税收调控、价格调控、金融调控等。

六、标准规范

截至目前，智能出版的标准规范体系已经具备雏形，国家标准、行业标准、企业标准纷纷出现，已初步形成智能出版的标准化矩阵、集群效应：《出版物 AR 技术应用规范》行业标准、《新闻出版　知识服务国家标准》（7 项）已经正式发布并实施；《出版物 VR 技术应用要求》行业标准、《区块链技术在版权保护中的应用技术要求—文学、图片作品》行业标准已经正式获批立项，处于研制阶段；新闻出版知识服务、AR 出版、VR 出版、出版大数据等企业标准则多达数十项。

具体而言，作为智能出版上位概念的数字出版，其标准规范在承袭前几年发展的基础上，再次取得新的突破，数量不断增长，规模不断扩大，

---

① 《关于提高研究开发费用税前加计扣除比例的通知》，见 http：//www. chinatax. gov. cn/chinatax/index. html。

标准化生态体系在不断健全和完善。通过标准规范的制定和宣贯来引领和带动数字出版产业发展，这种态势不断被巩固和强化。

2019 年 9 月，第二届全国新闻出版标准化技术委员会（SAC/TC527）换届及组成方案进行了公示，第二届新闻出版标委会共由 33 名委员组成，秘书设在中国新闻出版研究院。第二届新闻出版标委会突出的特点在于：人员精简一半，由 67 人调整为 33 人；队伍年轻化，相当一批 70 后、80 后年轻专家入围；数字出版比重加大，入围的委员之中，40% 以上属于数字出版领域的专家学者。

国家标准层面：2019 年 12 月 31 日，国家市场监督管理总局（国家标准化管理委员会）批准发布了 169 项国家标准，《新闻出版　知识服务系列标准》（7 项，GB/T38376-2019～GB/T38382-2019）赫然在列。[①] 所发布的 7 项新闻出版知识服务标准涵盖了主题分类词表编制、基础术语、知识关联通用规则、知识单元、知识元描述、知识资源通用类型以及知识资源建设与服务工作指南。

行业标准层面：2019 年 7 月，国家新闻出版署批准发布了 14 项行业标准，其中有 10 项行业标准属于数字出版行标，涉及数字图书、报纸新媒体、数字阅读、有声读物以及 AR 技术在出版业的应用。具体包括：《出版物 AR 技术应用规范》《报纸新媒体内容传播量统计》《数字图书阅读量统计》《专业内容数字阅读技术》4 项标准——标准体系表、阅读功能与标签、产品封装、多窗口数据通信，《有声读物》3 项标准——录音制作、发布平台、质量要求与评测等。

团体标准的工作取得了开创性的成就：中国音像与数字出版协会 2019年 5 月成立了团体标准化技术委员会，发布了《ISLI 服务注册元数据规范》等 5 项团体标准，立项了《数字内容资源分类规范》等 21 项团体标准。作为新闻出版标准体系的一项新生事物，团体标准的出现，客观上实现了对国家标准、行业标准、企业标准体系的重要补充，填补了我国新闻

---

① 《关于公开 2019 年第 19 号中国国家标准公告中国国家标准全文的通知》，2020 年 1 月 7 日，见 http：//www.gb688.cn/bzgk/gb/nd？no＝902。

出版标准化工作和标准化体系的空白。中国音数协团标委的成立意味着我国新闻出版标准化工作"形成了国家标准、行业标准、地方标准、团体标准和企业标准相互补充、互为融通的多层次发展格局，标志着我国新闻出版行业标准体系建设迈入了市场化探索的新阶段"①。

第三节　智能出版的政策建议

以形而下的视角来审视，迎接智能出版，整个出版行业应该立足鼓励引导、加强扶持的角度，分别从政策资金、标准、人才、法律法规等方面及时进行规划和调整，以更加积极、更加主动的姿态来迎接智能出版时代的到来。

一、政策资金扶持

自 2017 年起，新闻出版转型升级在文化产业发展专项资金扶持范围中已被明确取消。人工智能作为未来 12 年我国技术层面的战略性，与新闻出版的结合，应该有明确的政策支持和资金扶持。

建议党和政府主管部门一方面积极出台扶持新闻出版业人工智能应用的政策性文件，在政策层面规制、指导和调控 AI 细分领域在新闻出版业的应用；另一方面，建议政府主管部门通过文化产业发展专项资金、国有资本经营预算金、改革发展项目库、科技与标准重点实验室等重点资金项目，鼓励、支持和引导人工智能在新闻出版业的应用，确保人工智能技术在弘扬主旋律、传播正能量、讲好中国故事、宣传中国声音方面起到积极、健康和持久的作用。

---

① 王坤宁：《中国音数协团体标准化技术委员会成立》，《中国新闻出版广电报》2019 年 6 月 3 日。

二、标准化体系重塑

人工智能影响的是社会生活的方方面面，其本身包含了智能推理、新闻推荐、机器撰稿、机器视觉、AI 艺术、智能搜索、机器翻译、语音识别、自动驾驶、机器人、深度学习、数据挖掘、知识图谱等诸多领域。所以，人工智能时代的到来，必将在标准化方面引起相关领域标准的制定、修订、废止和增加。

从标准的层级来看，《新一代人工智能发展规划》首先明确了当下人工智能领域标准体系亟待完善的现状，然后将初步建成人工智能技术标准作为战略目标提出。在具体内容中，提出重点培养"人工智能+标准"的横向复合人才，鼓励相关企业参与或者指导制定国际标准，尤其是鼓励智能机器人、智能制造、增强现实、虚拟现实等产业领域形成标准体系，加强安全防范。最后，在保障措施中，专门提出要"加强人工智能标准框架体系研究"，并对技术标准、重点领域标准、国际标准的带动作用等作出了规定。目前《出版物 AR 技术应用规范》的行业标准已经送审，VR 技术、智能机器人的内容设置、语音识别等与新闻出版紧密相关的行业标准也亟待出台，或者至少应该开始多角度、多层次、多方面地展开预研究工作。

新闻出版业所涉及的人工智能领域的标准主要包括出版大数据内容、技术、运营等系列标准，AR 技术在出版业的应用规范，VR 技术应用于新闻出版业的标准规范；同时，未来的智能教育也将遵循智能机器人的相关标准，包括其硬件接口标准、软件接口协议标准以及安全使用标准等。笔者所在的国土资源领域，还将涉及具体的空间机器人、海洋机器人、极地机器人等特种智能机器人相关标准。

三、强化人才培养措施

人工智能时代下的新闻出版业转型同样离不开人才的支撑与保障。未来的人才培养不单单局限于单一知识领域，复合型人才是未来人才培养的趋势。这类人才不仅仅要了解新闻出版业的流程，包括策划、编辑、审校、印刷、发行，还需要了解人工智能与出版业流程结合的原理，以及未来的趋势所在。当前我国人工智能领域的人才缺口已达到 500 万之多，而能把两者相结合的人才更是少之又少。

所以新闻出版业的人才培养要加强"政产学研"的合作，不仅要与新闻出版相关专业的学校、学院建立合作，还要与人工智能、计算机相关学院建立合作关系，真正将人工智能所学运用于新闻出版业，这将为人工智能与新闻出版业的融合发展带来持续稳固的人才储备。同时，建议在国家级、地方级的新闻出版职业资格考试和职称评定中，逐步加大人工智能知识的考核力度，在人才评价机制和评价活动中，有目的、有步骤地塑造和培养复合型新闻出版人才。

四、法律法规的再定位

法理学的名言是：法律一经制定，就落实于社会现实。人工智能的飞速发展必然带来大量法律法规的立、改、废，甚至会引起伦理、道德层面的一些价值冲突。类似的案例发生在工业革命初期，在交通领域，英国议会 1865 年"红旗法案"的出台实质上阻碍了汽车领域技术的研发。而当无人驾驶遇到"电车难题"，又当如何选择？"电车难题"涉及功利主义与道德问题的交叉与对冲，自动驾驶模式下的人工智能究竟会选择撞上正常车道的 5 个人还是废弃车道的 1 个人，这始终是个两难问题。2017 年 10 月 27 日，女性机器人索菲娅被授予沙特公民身份。她也因此成为史上首位获得公民身份的机器人。这在法律的层面已经涉及人格权的调整与重新定义了，索菲亚究竟是否具备法律意义上"人"的概念？是否具备自然人完全所拥有的权利和义务？……这些问题已经现实地摆在了我们面前。

就新闻出版法律法规而言，人工智能可能会给我们带来一系列新的难题：首先，AR 出版物的版权归属问题，图片、文字的版权归属于作者，AR 模型的版权归属于其所有权人，同一作品的多层版权问题由此而来；其次，大数据技术的广泛运用、知识库的纷纷建立，涉及每个章节、片段的"版权碎片化"问题，以及在"版权碎片化"的基础上，围绕同一专题、知识点而重组起来的整个知识库的"集成性创新"的版权归属问题；第三，AR 出版物、智能机器人、智能教育助理等所带来的信息网络安全监管问题，这些产品外化形态的都是人机交互，但是其关联的数据网站均隐藏于后端，内容安全和技术安全是单一部门归口管理，还是不同部门分别管理？……这些问题已经现实地摆在了我们面前。

所以，为迎接人工智能时代的到来，法律必须先行。需要在基本法律、法律、行政法规、地方性法规、部委规章、地方政府规章和非规范性文件方面，提前布局和应对人工智能可能产生的问题，通过立法、执法、司法、释法、守法等环节，确保人工智能在新闻出版业得到正向应用，最大限度发挥其正向作用，限制和减少其负面影响。

主要参考书目

1. 董金祥主编：《基于语义面向服务的知识管理与处理》，浙江大学出版社 2009 年版。

2. 房国志主编：《数字电子技术》，高等教育出版社 2019 年版。

3. 方卿、曾元祥、敖然编著：《数字出版产业管理》，电子工业出版社 2013 年版。

4. 国家新闻出版广电总局出版专业资格考试办公室编：《数字出版基础》，电子工业出版社 2015 年版。

5. 国家新闻出版广电总局数字出版司主编：《新闻出版业科技十三五时期发展规划预研究成果汇编》，中国书籍出版社 2015 年版。

6. ［美］杰瑞·卡普兰：《人工智能时代》，李盼译，浙江人民出版社 2016 年版。

7. 李开复、王咏刚：《人工智能》，文化发展出版社 2017 年版。

8. 李彦宏等：《智能革命》，中信出版集团 2017 年版。

9. 项立刚：《5G 时代：什么是 5G，它将如何改变世界》，中国人民大学出版社 2019 年版。

10. 数字编辑专业技术资格考试指导用书编委会：《数字编辑实务》，北京联合出版公司 2015 年版。

11. ［英］维克托·迈尔-舍恩伯格、［英］肯尼斯·库克耶：《大数据时代》，盛杨燕、周涛译，浙江人民出版社 2013 年版。

12. ［英］维克托·迈尔-舍恩伯格、［英］肯尼思·库克耶：《与大数据同行：学习和教育的未来》，赵中建、张燕南译，华东师范大学出版社 2015 年版。

13. 谢新洲 :《数字出版技术》，北京大学出版社 2002 年版。

14. 徐丽芳 刘锦宏 丛挺 编著：《数字出版概论》，电子工业出版社 2013 年版。

15. 徐明星、刘勇、段新星、郭大治 :《区块链：重塑经济与世界》，中信出版集团 2016 年版。

16. 张新新 :《变革时代的数字出版》，知识产权出版社 2016 年版。

17. 张新新 :《人工智能时代的出版转型》，清华大学出版社 2019 年版。

18. ［美］Maja J. Mataric :《机器人学经典教程》，李华峰译，人民邮电出版社 2018 年版。

责任编辑:贺 畅 周 颖
责任校对:杜凤侠

图书在版编目(CIP)数据

智能出版:现代出版技术原理与应用/张新新 著. —北京:人民出版社,
 2021.5
ISBN 978－7－01－022634－7

Ⅰ.①智…　Ⅱ.①张…　Ⅲ.①电子出版物-出版工作-研究　Ⅳ.①G237.6

中国版本图书馆 CIP 数据核字(2020)第 220865 号

智能出版:现代出版技术原理与应用
ZHINENG CHUBAN:XIANDAI CHUBAN JISHU YUANLI YU YINGYONG

张新新　著

人 民 出 版 社 出版发行
(100706　北京市东城区隆福寺街 99 号)

环球东方(北京)印务有限公司印刷　新华书店经销

2021 年 5 月第 1 版　2021 年 5 月北京第 1 次印刷
开本:710 毫米×1000 毫米 1/16　印张:17.25
字数:256 千字

ISBN 978－7－01－022634－7　定价:67.00 元

邮购地址 100706　北京市东城区隆福寺街 99 号
人民东方图书销售中心　电话 (010)65250042　65289539